ABBÉ CHAUVEAU
CURÉ DE GIÈVRES

LES AMÉRICAINS A GIÈVRES

PRÉFACE
DU GÉNÉRAL RADIGUET

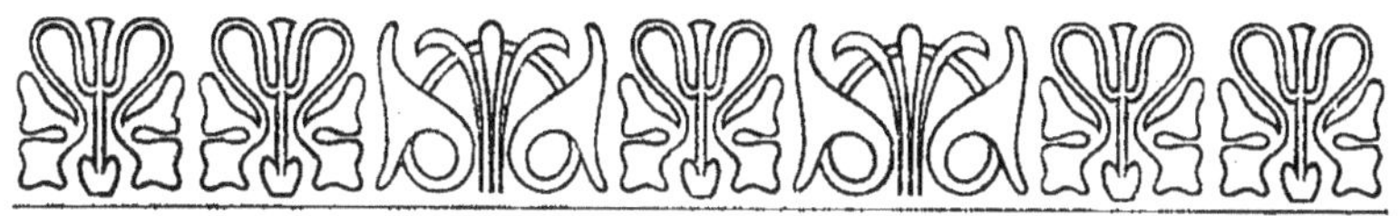

Histoire

d'un

Camp Américain

NANTES

Imprimerie " UNIC "

5 et 7, rue de Strasbourg, 5 et 7

—

1922

Général Edgar JADWIN

Général John J. PERSHING

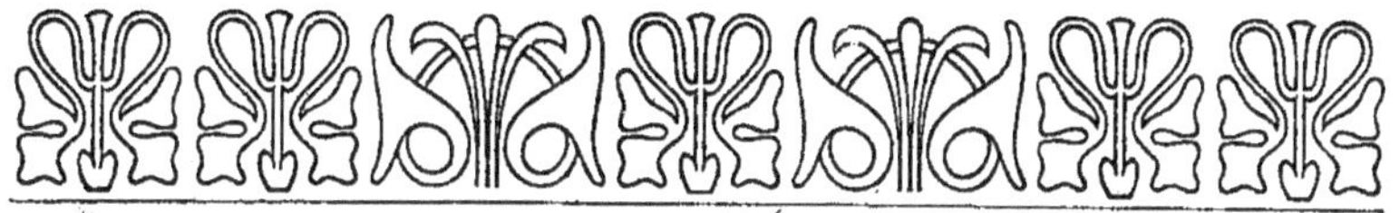

PRÉFACE

NANTES, 11 Octobre 1921.

Mon Cher Curé,

Connaissant ma sympathie pour nos amis Américains, vous m'avez demandé de présenter au public le Livre si documenté, si intéressant, que vous consacrez au souvenir du passage de leur superbe armée dans votre région de Gièvres.

Je suis convaincu que votre Ouvrage n'avait nullement besoin de mon modeste patronage. C'est toutefois, avec grand plaisir, que je me prête à votre désir.

Vous avez, à Gièvres, accueilli les Américains avec un si bel élan, une si grande générosité, que votre souvenir restera vivant dans le cœur de tous ceux qui vous ont connu. Les Autorités Américaines se sont d'ailleurs fait un devoir de vous témoigner leur reconnaissance.

Vous ne vous êtes pas contenté d'ouvrir, à deux battants, les portes de votre Eglise aux Catholiques ; votre home est devenu, sans distinction de culte, la maison ouverte à tous ceux qui ont eu la bonne fortune d'en franchir le seuil.

Votre Ouvrage produira son plein effet, lorsqu'il sera traduit en Anglais, lorsqu'il sera à la portée des Officiers et Soldats Américains qui ont passé par Gièvres.

Nos Amis constituent un peuple jeune, tant soit peu méprisant, et parfois à bon droit, de notre esprit de routine.

Peut-être, parce qu'il est jeune et que son histoire est récente, il est traditionnaliste à un haut degré, pour tout ce qui le touche.

Permettez-moi une comparaison qui donnera du poids à mon affirmation :

Les écoles militaires de Saint-Cyr et de West-Point datent à peu près de la même époque. On ne saurait comparer le rôle militaire, joué dans le Monde, par les promotions que ces écoles ont fourni en cent ans.

Jusqu'en 1917, West-Point a à son actif : la guerre contre les Indiens, la guerre de Sésession, Cuba et les Philippines.

Saint-Cyr a fini les guerres de l'Empire ; ses élèves ont fait l'Afrique, la Crimée, l'Italie, la Chine, 70, la Tunisie, le Tonkin, le Maroc. Je passe sur bien d'autres guerres lointaines.

Allez à West-Point, vous y trouverez un musée merveilleux : tableaux de batailles, portraits, souvenirs de campagnes, remarquable bibliothèque.

Il y a vingt ans à peine que l'on a songé à créer un musée à Saint-Cyr.

Cette comparaison suffira à vous démontrer que tout soldat Américain de la Grande Guerre, qui aura connaissance de votre Livre, voudra, s'il a passé par Gièvres, l'acquérir à tout prix.

Ce succès, au-delà de l'Océan, sera la récompense légitime de tous les sacrifices consentis, pendant deux ans, par votre patriotisme, pour accueillir nos Alliés, leur faire aimer la France et emporter d'Elle un souvenir digne de notre grand et beau Pays.

Respectueusement à vous.

Général R. RADIGUET.

DÉDICACE

La génération présente, dévorée d'activité, oublie avec une promptitude étonnante, et l'homme peut dire, avec plus de vérité que jamais :

« Le moment où je parle est déjà loin de moi ».

Qui se souviendrait de l'immense et magnifique camp de Gièvres, dans un demi-siècle et même moins, si personne n'en fixait les contours et n'en décrivait les détails ? Et pourtant, n'a-t-il pas joué un rôle appréciable, pendant la dernière guerre ?

Il ravitaillait toute l'armée américaine de Dunkerque en Italie, comme il l'a ravitaillée, jusqu'à la fin, en territoires occupés et en France. L'usine frigorifique, qui n'a pas coûté, paraît-il, moins de vingt-huit millions, a contenu jusqu'à dix mille tonnes de viande. Cela revient à dire qu'elle pouvait, sur la base de cinq cents grammes par personne, nourrir, pendant un jour, la population entière de New-York, de Chicago, de Londres et de Paris. Sont-ce là des choses dépourvues d'intérêt ?

L'histoire enregistre des batailles, des règnes, des crimes ; mais elle oublie souvent des choses importantes. C'est le fleuve...
« levia et inflata tollit, gravia et solida mergit... »

A la description du camp, il m'a paru bon d'ajouter quelques chapitres :

Soit pour retracer la vie des Américains chez nous ;

Soit pour mettre en lumière la différence des deux mentalités française et américaine ;

Soit pour répondre aux attaques ou insinuations perfides des ennemis de la France ;

Soit pour faire mieux connaître les trésors artistiques de notre belle contrée.

Que de souvenirs éveillera, chez nos anciens hôtes, la description de ces châteaux gothiques, de ces palais de la Renaissance, où ils ont été si cordialement et si chaleureusement fêtés ! Ce n'est pas la partie de ce travail qu'ils liront avec le moins d'intérêt.

Mon rôle, au cours de la guerre, n'a pas toujours été facile. Absolument seul, pendant quatorze mois, pour pourvoir à l'administration spirituelle d'une population civile et militaire, flottant de 25.000 à 30 et 40.000 âmes; largement aidé dans la suite, mais encore en plein contact avec cette agglomération de peuples différents, je me suis efforcé de me faire tout à tous, dégageant les intentions de l'enveloppe de procédés, que des coutumes différentes légitimaient ou excusaient, allant de l'un à l'autre, pour entretenir l'estime mutuelle et la bonne entente.

Mes efforts ont peut-être donné leur note dans le concert de cordiale harmonie qui a, chez nous, persévéré jusqu'à la fin. Les remerciements que le Président Wilson et le général Pershing ont bien voulu m'adresser, ont été, pour moi, une récompense que je n'attendais pas.

Ces lignes traduiront ma reconnaissance, et seront un témoignage public de sympathie à l'adresse de tant d'officiers et de soldats, qui m'ont honoré de leur estime et de leur confiance, pendant leur séjour à Gièvres, et dont la fidèle amitié ne s'est pas

démentie depuis leur départ. C'est à eux que j'offre particuliè-
rement ce modeste ouvrage.

Aux Officiers et Soldats
Du Camp de Gièvres
Je dédie ces lignes.

Ch.-E. CHAUVEAU,
Curé de Gièvres.

Gièvres, Octobre 1921.

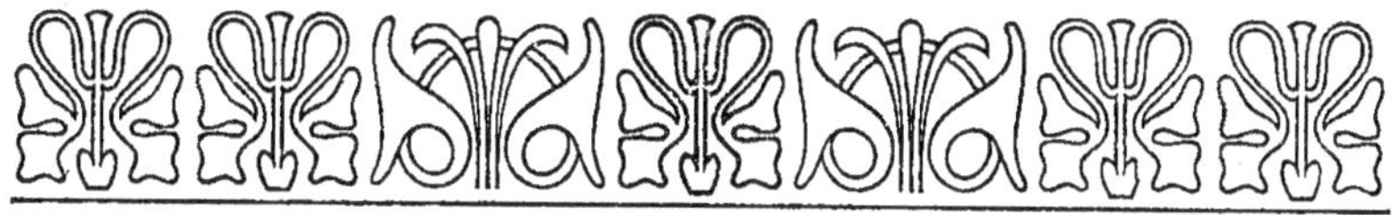

AVERTISSEMENT

Il n'est pas hors de propos de prévenir le lecteur que cet ouvrage a été composé, non pas d'une seule traite, mais à mille reprises différentes, au hasard des heures de liberté. Certains chapitres ont été écrits plus d'un an après certains autres, de telle sorte que, dans l'intervalle, bien des modifications ont pu se produire. C'est ainsi, par exemple, que le chiffre de nos dettes envers l'Amérique, calculé à un moment où le dollar valait 16 francs de notre monnaie, ne s'est plus trouvé le même après la baisse de cette unité monétaire américaine.

L'intérèt de l'ouvrage, sa véracité et sa sincérité réclamaient, de leur côté, un choix judicieux du temps et des circonstances. La promenade que je fais faire au lecteur, à travers l'immense Camp de Gièvres, s'effectue au moment où ce dernier était en pleine activité. Il en est de même pour la description de l'Usine Frigorifique, fermée aujourd'hui. D'autres partiés du livre, au contraire, n'ont été et ne pouvaient être composées que beaucoup plus tard, comme, par exemple, le chapitre V : Le Camp après le Départ des Américains. Agir autrement, eût été faire de la fantaisie et non de l'histoire.

Au chapitre I de cet ouvrage, j'ai engagé ceux qui ont appris l'anglais, pendant la guerre, à correspondre en cette langue avec les soldats américains dont ils ont fait la connaissance et j'ai également donné, à ces derniers, le conseil de correspondre, en notre langue, avec leurs amis de France. La rédaction de cet amical courrier, expliquai-je, forcera, de part et d'autre, à recourir à la Grammaire et au Dictionnaire et constituera un excellent exercice.

Me permettra-t-on de compléter cet avis, en conseillant de lire le présent ouvrage dans les deux langues. Comme il s'agit, dans ces pages, de choses que le lecteur connaît, en majeure partie, et dont un grand nombre de gravures donnent la représentation, son attention sera mise en éveil et il retiendra beaucoup plus aisément les mots, les expressions et les tournures de phrases, qu'il l'eût fait, en se servant d'un manuel classique. Il verra, surtout, comment rendre exactement une idée, quel tour et quelle longueur donner à chaque phrase, suivant le génie de la langue à laquelle elle appartient.

Assurément, je n'ai point la prétention d'ériger en maîtres l'auteur et le traducteur de ce modeste ouvrage. Mon intention est tout autre, et je ne suggère cette idée, que pour donner, au lecteur, une plus parfaite compréhension des deux belles langues française et anglaise. Cet avis s'adresse évidemment à ceux qui ont, à plusieurs reprises, sollicité mes conseils, soit à la suite du cours que je faisais aux soldats, pendant la guerre, soit depuis l'armistice et le départ des troupes américaines, par correspondance.

Nul n'ignore aujourd'hui que, parmi les Français et les Américains, il en est qui ont gardé, les uns des autres, une idée fâcheuse, par suite des défauts que présentaient ceux qu'ils ont fréquentés. On rencontre, chez nous, des gens bien élevés qui reprochent aux Américains leur manque de culture, comme il se trouve, aux Etats-Unis, des Américains qui nous tiennent rigueur de la rapacité malhonnête de certains commerçants français de bas étage. Ces reproches mérités par des individus ne sont point imputables aux collectivités.

J'ai rencontré, dans les hautes sphères des Etats-Unis, une politesse exquise et je puis faire le même éloge des représentants de plusieurs Administrations ou Sociétés Américaines qu'il m'a été donné d'approcher. Au moment où j'écris ces lignes, je suis *encore sous le charme de l'accueil si cordial, si respectueusement empressé que j'ai reçu du Colonel Cabot Ward, représentant de l'Américan Légion à Paris ; de M. Hearn, directeur pour la France, de l'Association des Chevaliers de Colomb ; de M. Richard Myrrs, directeur pour l'Europe, de la publicité de l'American Express Company. Bien plus, je ne crains pas d'affirmer que, chez la plupart des Américains auxquels on peut reprocher leur manque de culture, on découvre, contrebalançant ce défaut superficiel, des qualités de premier ordre : la bonté du cœur, la loyauté, la vivacité de l'intelligence, la force de la volonté et le sens des affaires.*

Nos Alliés impartiaux reconnaîtront également que la France compte un grand nombre d'hommes absolument désintéressés, pleins d'idéal et d'enthousiaste dévouement. L'Étude de Mœurs que renferme le Chapitre VII : Les Américains en Visite, rectifiera, j'ose l'espérer, plus d'un jugement prématuré.

On peut en dire autant de l'exposé, fait dans ces pages, de « l'œuvre scientifique splendide » de la chirurgie française pendant la guerre, notamment en ce qui concerne la sérothérapie de la gangrène gazeuse, l'excision et la suture des plaies de guerre ; ainsi que des travaux du lieutenant de vaisseau Le Prieur pour empêcher la dérive en avion. Ces récentes conquêtes de l'esprit français donneront à réfléchir aux gens impartiaux et constitueront un argument ad hominem à l'adresse de nos ennemis.

Avec une audace qui n'a d'égale que leur perfidie, ils ne cessent de faire, aux États-Unis comme ailleurs, une propagande anti-française. A les entendre, nous ne sommes que des dégénérés ; et, pour un peu, ils répéteraient, en parlant de la France, ce que disait Nathanael en parlant de Nazareth : « Peut-il sortir quelque chose de bon de ce pays-là ! » (1).

---

(1) A Nazareth aliquid boni esse potest. Jean, I, 46,

Quelques lecteurs trouveront, peut-être, que je me suis un peu trop étendu sur la description des châteaux de notre contrée ; je l'ai fait pour répondre à la demande expresse de nos alliés. Il faut avouer, d'ailleurs, qu'un grand nombre, même parmi les Français, n'ont jamais visité certains de ces châteaux, comme ceux du Moulin et de Selles-sur-Cher, par exemple ; ils ignorent complètement leur passé historique ; et pourtant, ces différents châteaux fournissent, sur notre histoire nationale et sur les mœurs des siècles écoulés, des renseignements aussi curieux qu'intéressants. Encore, faut-il ajouter que l'histoire, apprise de cette façon, est cent fois plus profitable que celle qu'on étudie dans les manuels scolaires ; elle se grave à tout jamais dans l'esprit. Un prélat, auquel j'ai soumis ces pages, m'a dit, en me le rendant : « Cette étude est fort instructive et votre livre est un de ceux que les pères de famille ont tout intérêt à mettre entre les mains de leurs enfants. »

En recueillant ces souvenirs, mon but a été de réunir, dans un seul et même livre, qu'il est toujours facile de consulter, quand on l'a sous la main, des renseignements qu'on ne pourrait trouver ailleurs qu'en lisant bien des volumes. Je serai pleinement récompensé de mes efforts, si je contribue, pour ma modeste part, à faire connaître, chez nous et à l'étranger, les trésors artistiques d'une contrée que certains auteurs ont le tort de désigner, encore aujourd'hui, sous le nom de « triste et marécageux pays de Sologne. » (1).

---

(1) On trouvera, dans mon ouvrage en préparation : *Gabris ou Gièvres Gallo-Romain*, l'explication des différentes phases par lesquelles est passée la « Sologne », depuis les époques les plus reculées. Originairement pays fertile et boisé, elle est devenue, beaucoup plus tard, par suite des circonstances mentionnées dans l'étude précitée, insalubre et marécageuse ; mais, dans notre siècle, son état a été bien amélioré. Des travaux d'assainissement, des plantations bien comprises, de meilleurs procédés de culture, l'emploi des engrais chimiques et surtout des phosphates de chaux, lui ont enlevé, en très grande partie, ce cachet d'insalubrité et d'aridité.

SOMMAIRE

*Les Embarquements — L'Arrivée à Gièvres — Le Campement initial —
Le Tracé d'une Route — La Pose des Rails — Les Baraques — Le Roi
Louis XVI et le Duc de Liancourt — Ignorance des Langues — Pic de
la Mirandole — Ateliers — Propreté et Hygiène — Nourriture.*

CHAPITRE I

L'Arrivée des Américains

Les Débuts de leur Installation à Gièvres

'EST le 8 mai 1917 que le premier vaisseau amenant les troupes américaines a quitté les eaux des Etats-Unis. Il avait à bord les éléments de l'hôpital n° 4 qu'accompagnaient les membres du personnel médical et du corps hospitalier. Ce jour-là, l'Eglise faisait la fête de St Michel Archange, le chef de la milice céleste, n'était-ce pas d'un bon augure, pour le succès de cette campagne ?

Le 20 mai 1917, le général Pershing s'embarquait avec son état-major, puis s'échelonnèrent les embarquements dont la liste est donnée ci-dessous, en même temps que le nombre d'hommes affectés à chacun d'eux.

1917. — Embarquement de Mai....... comprenant 1.718 h.
— — Juin ...... — 12.260 h.
— — Juillet..... — 12.988 h.
— — Août...... — 18.323 h.
— — Septembre — 32.523 h.
— — Octobre... — 38.259 h.
— — Novembre. — 23.016 h.
— — Décembre. — 48.840 h.
1918. — Janvier ... — 46.776 h.
— — Février ... — 48.027 h.
— — Mars...... — 83.811 h.
— — Avril...... — 117.212 h.
— — Mai....... — 244.345 h.
— — Juin ...... — 276.372 h.

Le 23 juillet 1918, le secrétaire parlementaire de la navigation anglaise faisait, à la Chambre des Communes, la déclaration suivante: « L'organisation du transport des troupes américaines, à travers l'Atlantique, se poursuit au taux d'environ 200.000 hommes par mois, dans les vaisseaux britanniques contrôlés seuls, outre 100.000 dans les vaisseaux américains (1) ».

Trois mois après le premier embarquement, au commencement d'août 1917, les premiers soldats du Génie américain faisaient leur apparition à Gièvres (2). Détachement d'élite, sélectionné peut-être, ces premiers légionnaires, élégants et

____

(1) On sait que les forces américaines comptaient à l'armistice 4.800.000 hommes dont 2.086.000 en France.

(2) Sur le menu d'un dîner servi à la compagnie D, du 15e Génie américain de Gièvres, à l'occasion de la Thanksgiving Day, le 29 novembre 1917. je trouve les renseignements suivants:

« Conformément aux instructions reçues dans S. O. 20. W. D, du 31 mai 1917, la compagnie D. du 5e régiment de réserve du Génie a été, à cette même date, rappelée à l'activité et organisée. Le 1er juin 1917, elle était rassemblée dans le service fédéral, sous le commandement du capitaine Earle B. Butchers et du lieutenant Lester C. Mc Candlis. Le premier, ayant été relevé de son emploi et envoyé à l'hôpital pour cause de maladie, la formation a été instruite par des exercices militaires variés et par des manuels techniques. L'appellation de la compagnie fut changée le 1er juin et le lieutenant Lloyd C. Ritchie fut désigné pour commander vers le 15 juin 1917. Le régiment fit sa première apparition en public, comme unité militaire, à la démonstration patriotique de Pitisburg, le 4 juillet 1917, et reçut la première place. Le régiment entier sveltes, produisirent la meilleure impression et conquirent immédiatement toutes les sympathies. Dès que leurs tentes furent dressées, ils se mirent, sans aucun retard, à la besogne.

Tous les regards les suivaient, dessinant des tracés, prenant des notes, arpentant le terrain. En visitant leur campement initial et rudimentaire, le long du chemin qui relie le hameau des Brosses à celui de la Matière, qui donc pouvait se faire une idée de la véritable ville qui sortirait en quelques mois, et comme par enchantement, de leurs calculs industrieux? Nos bons cultivateurs, épiant leurs allées et venues, l'ampleur de leurs tracés, n'étaient pas sans inquiétude ; car, de cette terre, qui leur avait coûté tant de sueur et d'efforts, qu'allait-il leur rester? — Mais le Génie américain, à la conception vive, à l'exécution rapide, (1) élaborait, dans un calme mystérieux et sans agitation stérile, ses gigantesques travaux.

La *fig.* n° 1 représente le tracé d'une route. Il est bon de prévenir le lecteur, soucieux de la topographie, que la plupart des gravures sont tirées du camp de l'Aviation. On sait que les Américains avaient chez nous deux camps immenses : le camp de Gièvres sans épithète, couvrant une grande partie de la commune (2), et le camp de l'Aviation dont le quartier ouest se trouvait seul sur le territoire de Gièvres. Ce dernier était ordinairement désigné sous le nom de camp de Pruniers. L'emplacement et les dimensions de ces deux camps seront donnés ultérieurement.

---

quitta les Etats-Unis, pour partir en service étranger, le 9 juillet 1917. Il embarqua sur le Baltic de la compagnie White Star Liner de New-York, et, après un voyage assez doux, arriva en Angleterre, où il campa une semaine dans un camp de repos anglais. En quittant cet endroit, nous fûmes dirigés sur Southampton où nous embarquâmes pour *quelque part* en France. Sur ces entrefaites, le lieutenant John W. Bickford, affecté précédemment à la compagnie G, fut transféré dans notre formation. La désignation de cette dernière fut changée en 15° régiment d'Ingénieurs, et, sous ce nom, nous faisons notre devoir *pour battre le kaiser.*

(1) Les plans, parait-il, étaient tracés à Washington, probablement sur les indications fournies par les ingénieurs qui avaient étudié le terrain sur place. Ils étaient ensuite retournés au Génie américain de Gièvres qui les mettait à exécution.

(2) Les américains l'appelaient ordinairement le G. I. S. D. abréviation de Général Intermediate Supply Dépôt.

Toutes les baraques se ramenaient à quelques catégories et étaient toutes construites sur le modèle-type de la catégorie respective à laquelle elles appartenaient. Le fait, pour une baraque, d'être prise dans tel ou tel endroit ne revêt donc aucune importance. Les baraques ou constructions présentant un intérêt particulier feront l'objet d'une description spéciale.

Ce n'était pas une petite affaire que d'installer ce camp à travers bois, vignes ou champs de céréales, car il fallait préalablement préparer le terrain. Sans plus tarder, les braves légionnaires s'armèrent de la hache et de la pioche. En lisant la vie d'un des premiers apôtres du Berry, Saint-Sylvain, on voit combien fut déconfit le Seigneur de Levroux, à la suite de la permission qu'il avait octroyée, à ce thaumaturge, de couper lui-même, dans sa forêt, à l'aide d'une serpe, des branches d'arbres pour bâtir une église. Le soir, en inspectant cette même forêt, il la trouva complétement rasée ; le bon saint avait miraculeusement tout abattu en moins de l'espace d'une journée. De semblables surprises furent réservées à bien des propriétaires ou fermiers par les prodigieuses avances des équipes américaines (*fig. 2*).

Une fois le terrain déblayé, on procédait à la pose des rails (*fig. 3*). On verra, plus loin, le nombre fantastique de voies ferrées qui sillonnèrent bientôt, dans tous les sens, une bonne partie du territoire de notre commune. N'était-ce pas, en effet, le grand agent de liaison, entre le port de débarquement et l'intérieur du camp ?

Le matériel arrivait d'Amérique série par série, classé, étiqueté, tout prêt pour l'emploi. On se serait cru sur les quais de la Joliette, en voyant l'interminable alignement des stocks de toutes espèces : poteaux télégraphiques, panneaux de baraques, tôles galvanisées et ondulées, fermes métalliques (*fig. 4*), etc… Il est juste de reconnaître qu'un grand esprit d'ordre a présidé à tous ces convois, à l'entrepôt des marchandises et à leur emploi méthodique.

Courage ! braves soldats, bientôt vous ne coucherez plus sous la tente. Voici que s'étagent, sur les sables

quartzeux de votre domaine, les différentes parties de vos habitations futures ; en un clin d'œil, elles vous ouvriront leurs portes.

Toutes les baraques, destinées au logement de la troupe, étaient faites sur le même modèle et mesuraient généralement 30 mètres en longueur sur 6 en largeur ; celles des officiers comptaient 8 mètres de long sur 4 mètres 50 de large. Quand elles étaient neuves et bien alignées, décorées, sur le devant, d'arbustes, de plantes volubiles, de parterres de fleurs ou de mosaïques en petits cailloux polychromés, elles ne manquaient pas de coup d'œil.

Dans les villes où les américains ont établi des camps, elles ont obtenu droit de cité, et, peintes uniformément de couleur brune, elles ne déparaient nullement les boulevards et les avenues. Ce n'était pas la première fois, d'ailleurs, qu'on voyait ces baraques dans nos grandes villes.

Le 1er janvier 1789, le roi Louis XVI interpella, en ces termes, le duc de Liancourt qui se présentait pour lui offrir ses vœux: « Eh bien, duc, donnez-nous des nouvelles de Paris ; j'apprends que vous en arrivez tout fraîchement. » Le duc se mit alors à raconter, à son souverain, que les principales artères de Paris étaient remplies de baraques de bois, peintes en vert ou en gris. Leur construction, sur les boulevards, venait d'être autorisée et les petits commerçants avaient rivalisé de zèle pour se créer une habitation à bon marché. Près de la porte d'entrée, se lisaient des enseignes comme celles-ci: « A la Perle des Iles ». — « Au Génie Flamand ». Il paraît que le boulevard du Temple, l'un des quartiers les plus mouvementés de l'époque, regorgeait de promeneurs et que tout ce monde était en liesse.

Intéressée par la conversation du duc, Marie-Antoinette observa, d'un air enjoué: « D'après ce que vous dites, on s'amuse fort aux petites baraques ; j'ai envie d'y aller ». Pauvre reine ! elle était loin de songer, alors que, bientôt elle serait prisonnière dans la forteresse qui longeait ce même boulevard du Temple, rempli de tant d'animation, et que son fils y serait malmené par le geôlier Simon (1). Celle qu'on nous représente si altière et si dédaigneuse n'eut, dans la circonstance, d'autre désir que de se mêler au peuple de Paris et de partager sa joie.

L'histoire ne dit pas si Marie-Antoinette fit son tour de baraques ; toujours est-il qu'un édit révolutionnaire les supprima en 1793, ainsi que les étrennes qu'on y vendait, comme « institutions anticiviques ». Napoléon se montra non moins ombrageux, et les baraques perdirent le droit de cité pendant toute la durée de l'Empire, pour ne reparaître que sous la Restauration.

Le 1er janvier de l'année 1818, les flâneurs parisiens faisaient encore leur tour de baraques et ne rentraient pas chez eux sans avoir acheté, près de la porte St-Martin, des pistaches grillées, de si alléchante façon, qu'elles faisaient courir tout Paris. De 1829 à 1836, elles n'eurent que peu de vogue, disparurent de nouveau jusqu'en 1852 où l'usage s'en rétablit.

Pendant la dernière guerre, sur le front, comme dans les camps de l'arrière, les baraques ont rendu d'immenses services ; la *fig.* n° 5 représente quelques unes de ces baraques fraîchement montées et à peine meublées ; elles n'ont pas encore reçu les enjolivements dont il a été question tout à l'heure.

La construction des hangars réclamait plus de solidité ; on commençait par faire des assises en ciment pour supporter les piliers destinés à soutenir l'édifice. La *fig.* n° 6 représente quelques-unes de ces assises, préparées d'avance, sur l'emplacement où devait s'élever un hangar. Ces derniers étaient en bois (*fig.* 7) ou en fer (*fig.* 8), simples (mêmes figures) ou doubles (*fig.* 10). La *fig.* 9 complète cette leçon de choses et le lecteur pourra suivre le travail complet de la construction d'un hangar. On se fera une idée de la rapidité avec laquelle ils étaient mis

---

(1) On sait qu'un historien de nos jours prétend que le rôle de Simon a été, jusqu'ici, chargé dans l'histoire. Le lecteur pourra se reporter aux intéressants travaux publiés par M. Lenôtre, dans la *Revue des Deux Mondes* ; sa *Vie de Louis XVII*, ses *Vieilles Maisons, Vieux papiers*, sont palpitants d'intérêt.

sur pied, quand on saura que le hangar métallique n° 8 a été monté en 48 heures. Certains hangars mesuraient jusqu'à 300 mètres de longueur.

Les intérieurs des baraques se ramenaient, eux aussi, à un certain nombre de types, suivant la destination de chacune. Voici, à titre de spécimen, deux intérieurs de bureau (*fig. 11*) ; on y voit les dactylographes en face de leurs machines à écrire. On sait que nos alliés ont fourni, avec un matériel perfectionné et des plus modernes, un travail remarquable de classement et de préparation. S'ils avaient un grand nombre de dactylographes stylés, ils manquaient par contre, presque totalement, de secrétaires connaissant le français d'une façon convenable. Lorsque ces derniers voulaient écrire notre langue, non seulement ils en écorchaient l'orthographe, ce qui aurait pu passer à la rigueur, mais ils se méprenaient sur le sens des mots qu'ils employaient, ce qui est beaucoup plus grave. J'ai, en ma possession, un grand nombre de lettres qui trahissent cette impéritie qu'on aurait grand tort d'ailleurs de tourner en ridicule, mais qui n'en était pas moins regrettable. Nos alliés ont probablement fait la même remarque à notre sujet et cette imparfaite compréhension réciproque a été la cause de beaucoup de froissements et de malentendus. Un homme affairé qui discute avec un interlocuteur, sans le comprendre parfaitement et sans en être clairement compris, est porté à s'impatienter et à l'évincer. A une époque comme la nôtre, les trois langues française, anglaise et allemande devraient être enseignées simultanément à tous les élèves des établissements secondaires, dans les pays de l'Entente.

Une langue s'oublie rapidement, quand on ne la pratique pas ; aussi, ne peut-on qu'engager ceux qui ont étudié l'anglais à correspondre, en cette langue, avec les Américains qu'ils ont fréquentés pendant la guerre. Ces derniers trouveront, à cet échange de lettres, le même profit, s'ils s'astreignent à répondre en français. La rédaction de cet amical courrier forcera, de part et d'autre, à recourir à la grammaire et au dictionnaire et constituera un excellent exercice. J'ai fait moi-même la double expérience de l'oubli rapide d'une langue et de l'avantage qu'on retire de cet échange épistolaire. Je me suis trouvé à Barcelone, au commencement de la guerre, et j'ai pu me tirer d'affaire dans la langue espagnole ; or, vers la fin des hostilités, en 1918, j'étais fort embarassé pour comprendre les Espagnols qui faisaient alors partie de l'élément mobile et cosmopolite de ma paroisse. En moins de quatre ans, j'avais presque tout oublié. Au contraire, depuis l'armistice, j'ai conservé ce que j'avais acquis dans la langue anglaise, et l'ai même développé, en répondant aux lettres de nos alliés, dans leur propre langue.

Pic de La Mirandole prétendit jadis qu'il était prêt à soutenir un examen sur toutes les langues et, bien plus, sur n'importe quel sujet, *de omni re scibili* ; à quoi des malins ripostèrent : « *et de quibusdam aliis* — et sur certaines autres choses encore ». Tout le monde n'arrive pas à conserver autant de connaissances que le patricien de Modène ; encore faut-il faire la part de sa jactance, car les Italiens sont non moins hâbleurs que leurs rivaux les Marseillais. Quand il publia sa liste de 900 propositions sous le titre de « *Conclusiones philosophicœ, cabalisticœ et theoligicœ* », en déclarant qu'il était prêt à les soutenir, contre les plus grands docteurs, il ne put donner à sa déclaration la suite qu'elle comportait, et fut contraint de quitter son pays pour se réfugier en France.

Les *fig.* 12 et 13 représentent deux ateliers pris au hasard, entre beaucoup d'autres. On sait que nos alliés en avaient un grand nombre de toutes espèces : forges, menuiseries, carrosseries, serrureries etc. etc... La lecture des chapitres suivants, et surtout du chapitre IV, montrera au lecteur quel nombre de spécialistes entendus renfermaient le G. I. S. D. et le camp de l'Aviation.

Tous ceux qui ont visité les camps n'ont pas été sans remarquer avec quelle propreté ils étaient tenus et le grand souci de l'hygiène qu'ils dénotaient. Dans tous les groupements de baraques, on voyait, suspendues, des outres, pour la conservation de l'eau stérilisée, des robinets et lavabos, des installations hydrothérapiques pour le bain et la douche.

Les Français ont également observé que les Américains étaient excessivement propres sur leur personne. Qu'on les visitât au commencement, au milieu ou à la fin de la semaine, on les trouvait toujours aussi soignés. Il m'est arrivé, plusieurs fois, d'aller prendre, à leur baraque, les commandants des différentes sections du camp, pour une visite à quelque personne notable de la région : « Eh bien, colonel, disais-je, êtes vous prêt à partir ? » — « Un instant, s'il vous plaît, me répondait-il, juste le temps de me faire la barbe » ; et, pourtant, il paraissait rasé à la pierre ponce. Beaucoup se servaient, pour la toilette, de savons antiseptiques dont l'odeur semblait de prime abord désagréable, mais à laquelle on s'habituait aisément dans la suite.

Le même souci de l'hygiène se faisait remarquer dans l'alimentation. Chaque semaine, on achetait des légumes frais pour contrebalancer la mauvaise influence qu'aurait pu exercer, dans l'organisme, l'usage exclusif des viandes et autres produits de conserve.

Parfois, de bonnes aubaines venaient s'ajouter à l'ordinaire, par exemple lorsqu'un soldat, pêcheur émérite, capturait une belle pièce ; c'est ainsi qu'un superbe brochet vint, un jour, mettre en émoi les cuisiniers d'une cantine. A quelle sauce fallait-il l'accomoder ?

> *Le Sénat mit aux voix cette affaire importante*
> *Et le « brochet » fut mis à la sauce piquante* (1).

Le pain, d'une blancheur de neige, était préparé avec un grand soin, mais, chose curieuse, les Américains lui préféraient le pain français. Un paysan s'excusait un jour, auprès d'un légionnaire, qu'il avait invité à sa table, de lui servir du pain beaucoup moins blanc que celui du camp ; mais le soldat l'interrompit : « Je préfère votre pain au nôtre, riposta-t-il, et, si j'avais le choix, je n'en mangerais jamais d'autre. »

Et maintenant que les baraques sont montées, que le camp

------

(1) Juvénal. — Le texte porte « turbot »

est complètement organisé, que tous les services fonctionnent, nous allons, cher lecteur, lui faire une visite détaillée. Ne craignez point, la sentinelle ne nous arrêtera pas, car je suis muni de mon laisser-passer d'aumônier militaire en bonne et due forme.

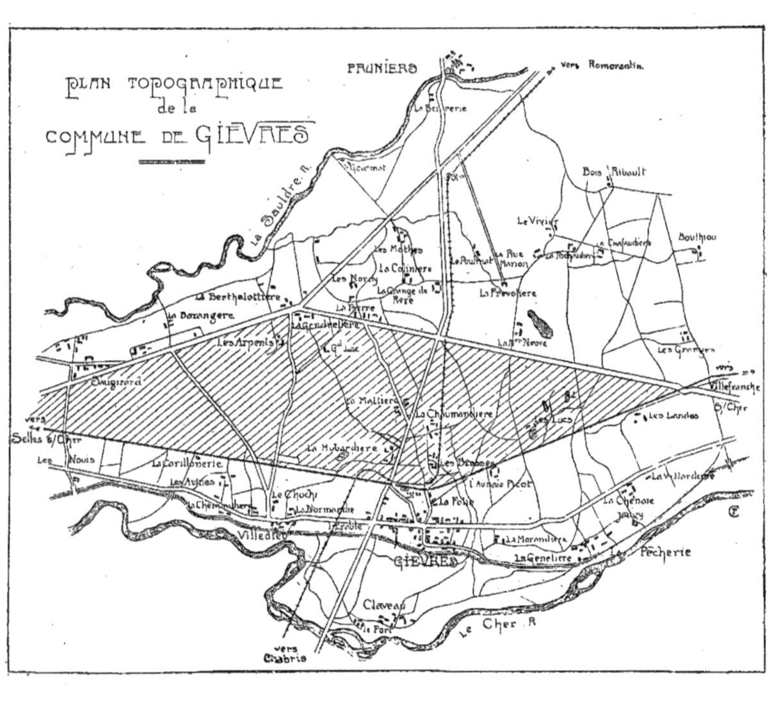
PLAN TOPOGRAPHIQUE
de la
COMMUNE DE GIÈVRES
PRUNIERS
vers Romorantin.
La Bergerie
Gourmot
La Sauldre R.
Bois Ribault
Le Vivier
La Chaudière
Boulhiou
Les Mothes
La Rue Marion
La Colinière
Le Poulmat
Les Noyers
La Grange de Néré
La Prévotière
La Berthelottière
La Patte
La M. Neuve
La Basangère
La Gendrelière
Les Arpentis
Le Gd Jac
Les Graniers
vers n° 9
Gauginard
Villefranche
S/Cher
La Maltière
La Chaumandière
Les Lucs
Les Landes
vers
Selles S/Cher
La Hubardière
Les Nouis
La Carillonerie
Les Bragets
La Villordene
Les Aulnes
L'Aunais Picot
Le Choch
La Chênaie
Jallry
La Chenoulière
La Normandie
Villedieu
La Folie
Crolle
GIÈVRES
La Morandière
La Genelière
Pêcherie
Claveau
Le Fort
Le Cher. R.
vers
Chabris

SOMMAIRE

—◦•◦—

Forme du Camp — Limites — Position Centrale — Désignation — Commandant et principaux Officiers — Quartier Général — Bureaux — Voies ferrées et Aiguillages. — Nombre des Magasins — Principaux Services — Service de Santé — Parc Automobile — Magasins de la Sous-Intendance — Gril (Classification yard) — Dépôt d'Essence et Huiles — Service des Gaz — Dépôt de Remonte — Hôpital Vétérinaire — Departement du Génie — Warehouse — Hôpital Militaire — Prison — Meules de Foin et de Paille — Dépôts du Service des Liaisons — Magasins du Service de Santé — Dépôts de l'Artillerie — Prison Militaire Principale — Service des Épaves — Approvisionnements de Bois et de Coke — Parcs de l'Artillerie — Magasins de l'Intendance — Usine Frigorifique — Grils de Classification — Atelier de Réparation des Locomotives — Souvenirs Personnels — Noël 1917 — Une Fête chez les Noirs.

❦ ❦ ❦ ❦ ❦

CHAPITRE II

—◦•◦—

Promenade à travers le G. I. S. D.

—◦•◦—

A forme du camp de Gièvres est celle d'un losange orienté ouest-est, dans le sens de la longueur, et limité de façon très nette : au nord, par la route nationale Tours-Nevers ; au sud, par la voie ferrée Tours-Vierzon. Il ne mesure pas moins de dix kilomètres de long, et de trois de large, et s'étend entre Selles-sur-Cher à l'ouest, Villefranche à l'est, Pruniers et Romorantin au nord, et, enfin, Gièvres au midi. Bien entendu, la vaste installation de l'aviation n'est point comprise dans ces limites. Elle forme, à son tour, un second camp dont il sera parlé ultérieurement.

A cause de sa position centrale, notre localité a été choisie pour cette entreprise colossale, l'une des merveilles militaires de notre époque. Gièvres se trouve, en effet, au cœur même de la France ; de Brest, de Saint-Nazaire, de la Rochelle, de Bordeaux, de Marseille, toutes les voies ferrées convergent vers la Sologne. De là, elles montent vers le théâtre de la guerre, en s'ouvrant en éventail.

Les Américains désignaient le camp de Gièvres sous le nom de General Intermediate Supply-Depot, c'est-à-dire Principale Station-Magasin Intermédiaire. Ce G. I. S. D. a été commandé successivement par le général Jadwin, le général Symmonds et le colonel David. Le mérite de sa merveilleuse organisation revient aux deux premiers ; le colonel David, arrivé après l'armistice, est resté peu de temps, assez néanmoins pour conquérir, par son amabilité et ses qualités d'homme du monde, les sympathies des Français.

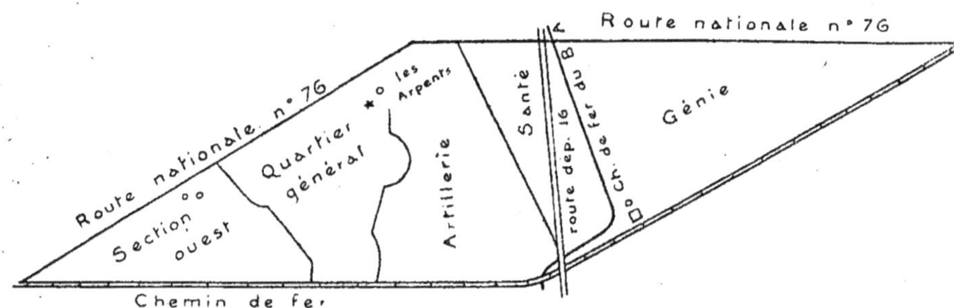

Au moment où ont été recueillies les données qui ont servi à composer ce chapitre, le colonel C. J. Symmonds U. S. Cavalry, était assisté du major O. C. Warner, Coast Artillery Corps, officier régulateur et du sous-lieutenant C. D. Christman U. S, 5e Région, Cavalry Adjoint. Le lieutenant Hardre, de l'Etat-major de la 5e région, était officier de liaison.

Et maintenant, cher lecteur, saluons ces représentants de la grande nation amie et pénétrons dans leur camp. « A

tout seigneur, tout honneur » ; commençons, si vous le voulez,
par le Quartier Général. Au millieu d'un bouquet d'arbres, une
des rares oasis du camp, s'élève la ferme des « Arpents » dé-
signée aussi sous le nom de « Château. »

Ce n'est pas assurément l'oasis de Biskra, avec sa fertilité
merveilleuse et ses variétés de dattes, vous n'y cueilleriez pas
de fruits savoureux, et les modestes constructions en pierre
ne rappellent en rien le fort de Saint-Germain ; néanmoins
elles ont leur utilité. C'est dans leurs bâtiments, transformés
en bureaux, que résident le Commandant du camp et son Etat-
major immédiat. Là, nous trouvons : les bureaux de l'officier
régulateur et de ses adjoints, les bureaux de l'adjoint-principal,
le bureau du personnel, ceux des statistiques, de la Mission
française, le Bureau central des écoles du camp, celui des
librairies, etc. En fait, ces bureaux sont ouverts pendant 24
heures.

Le bureau régulateur est en communication incessante
avec le front. Allo ! Allo ! Les appels téléphoniques, les timbres
électriques retentissent sans arrêt et ne cessent de transmettre les ordres et les commandes. On se rappellera, en effet, que
le G. I. S. D. ravitaillait toute l'armée américaine, de Dunkerque en Italie, comme il l'a ravitaillée, jusqu'à la fin, en
territoires occupés et en France. Dans le bureau régulateur,
la majeure partie du travail concernant le ravitaillement est
faite par télégraphe et téléphone, entre 9 heures du soir et
2 heures du matin.

Deux cent treize kilomètres de voies ferrées ont été posées,
avec cinq cent cinquante-cinq aiguillages (1).

---

(1) Malgré la fabuleuse quantité de marchandises transportées et la com-
plication forcée de ce service intensif, on peut dire que les accidents
ont été relativement rares, grâce à la capacité des techniciens américains
et des deux chefs de gare successifs de notre localité, MM. Roy et
Vasseux, hommes très prudents et très entendus, bien secondés par le
dévouement de leur personnel. M. Roy est mort, hélas ! victime de son
devoir, sous mes yeux, et ses funérailles ont été l'occasion d'une imposante manifestation de sympathie et de regrets. Les visiteurs du camp
gardent un excellent souvenir du colonel Collins qui fut chargé, pendant
un certain temps, de la manutention des marchandises.

Plus de deux cents magasins, couvrant plus de trente six hectares, plus de quatre cent trente baraques pour la troupe, couvrant plus de huit hectares, ont été construits. Aux trente-six hectares, couverts par les magasins (presque quatre millions de pieds carrés), il faut ajouter environ dix millions de pieds carrés de dépôts en plein champ.

La *gravure* N° 14 représente un de ces immenses magasins en tôle ondulée et galvanisée. Les panneaux qui ne sont pas encore posés permettent d'apercevoir l'intérieur. Ces magasins étaient tous reliés par des rails avec les grandes voies ferrées, de telle sorte que le déchargement et le stockage des marchandises se faisaient sans aucune perte de temps.

Il me fallait quelques instants de réflexion pour m'y reconnaître au milieu de ces alignements de rails et de monceaux de matériel et de marchandises de toutes sortes. Un étranger, revenu récemment d'Egypte, et qui traversait avec moi ce dédale, me disait en souriant: « Je me demande si je suis encore au Caire »

Voici les principaux services représentés au G. I. S. D. :

Le Service des gaz. — Chemical Warfare Service.

Les dépôts d'essence et huiles. — Gazoline and oil.

Le Génie. — Engineers.

Les boulangeries de campagne. — Bakeries.

La Sous-Intendance du camp. — Post Quatermaster.

L'Usine frigorifique, annexe du D. Q.

Le Service des liaisons. — Signal Corps.

Les magasins du Service de Santé. — Médical Supply-Depot.

L'Artillerie. — Ordnance.

Le Bureau central des Postes d'Incendie. — Bureau of Fire Prevention.

Enfin, les magasins de la Croix-Rouge, de l'Y.M.C.A. (1), des
Chevaliers de Colomb, de l'American Library Association, etc.
C'est une vaste ruche avec ses alvéoles ; les officiers et les soldats vaquent à leurs occupations ou se rendent à leur travail,
dans un ordre et un silence que le visiteur ne peut s'empêcher
de remarquer et d'admirer.

Laissons le quartier général et descendons jusqu'à la
route nationale Tours-Nevers, pour tourner ensuite sur la
droite. La première route importante, qui s'enfonce dans le
camp, nous conduit au Service de Santé. Toutes les ressources
de l'art médical sont accumulées là, depuis la purgation
bénigne, jusqu'aux instruments de précision nécessaires
au chirurgien.

Faisons un circuit, par des routes secondaires, pour visiter
les magasins qui dépendent de ce service et nous voilà devant
le Parc Automobile. En contemplant ces innombrables véhicules de toutes formes et de toutes marques, un enfant me disait
naïvement: « N'est ce pas, Monsieur le curé, que si l'on mettait les automobiles bout à bout on irait jusqu'à Paris !... »

Après le Parc Automobile, voici les magasins de la Sous-
Intendance ; ils renferment toutes sortes d'approvisionnements:
habillement, alimentation, combustible, fourrages, etc..., pour
le ravitaillement du camp seulement.

Revenons sur la route nationale Tours-Nevers, pour obli-
quer sur la droite. Là, se trouve un « gril » (classification yard)
de vingt voies ferrées. Si le physicien blésois Denis Papin qui
découvrit la force élastique de la vapeur, et le mécanicien anglais, Stephenson, l'inventeur des locomotives, voyaient toutes
ces lignes et les services qu'elles rendent à ceux qui combat-
tent, ils ne pourraient se défendre d'un légitime orgueil.

Avançons toujours vers la droite et nous arrivons au
dépôt d'essence et d'huiles. Voici quatre grands réservoirs de
tôle contenant chacun 2.270.000 litres, puis d'énormes tas de

---

(1) Abréviation de Young men's christian Association.

barils, de bidons de toutes sortes d'huiles à machine et d'huile
de ricin pour les avions. Faisons l'ascension d'un de ces mon-
ticules de caisses et nous aurons une vue superbe de cette section du camp. Au loin, on aperçoit le magasin du Service des
Gaz et des amoncellements de matériel du Génie. D'autres réservoirs à essence, de dimensions plus modestes, se trouvent
encore dans d'autres parties du Camp, et, ici-même, on construit
des citernes de dimensions et de formes variables pour les besoins d'autres dépôts en France.

Suivons la route nationale jusqu'au passage à niveau et
regardons toujours à droite, dans le camp. Voici le Service des
Gaz, avec ses sept magasins où sont entreposés les projectiles
à gaz, les masques et autres appareils de protection.

Un peu plus loin, nous arrivons au quai d'embarquement
du Dépôt de Remonte ; tous les trains d'animaux ou de ravitail-
ment sont déchargés là. Nous atteignons le chemin vicinal de
Villefranche à Gièvres, nous tournons à droite, et nous voici
au dépôt de Remonte No 22. Ne manquons pas de saluer le
commandant de cet important dépôt, le colonel Jakson. C'est
un homme aimable, intelligent et enjoué, que tout le monde
connaît. Les enfants courent après lui, les châtelains des environs se l'arrachent, et le curé de Gièvres déclare qu'il n'est
pas de meilleur homme en France et en Navarre. La *gravure*
No 15 le représente marqué d'une + au millieu d'un groupe
de ses officiers.

Toujours sur la droite, voici les écuries et le parc, pouvant
contenir vingt mille chevaux et mulets et où des cowboys rat-
trappent au lasso les bêtes fugitives. A gauche, les baraques
pour la troupe, toujours faites sur le même modèle et analogues
à nos baraques Adrian.

Continuons quelques centaines de mètres et nous arrivons
à l'Hopital Vétérinaire. C'est encore un ami, le major Summer-
ville, qui dirige cet hôpital. Il vous montrera comment on attache, sur une planche verticale, l'animal malade qui doit être
opéré. Cette planche à bascule prend alors la position horizontale et le praticien se trouve tout à l'aise, devant une sorte de

vaste table sur laquelle la pauvre bête est solidement fixée.
L'instinct de la conservation, si fortement marqué dans tout
ce qui respire, rendait en horreur aux chevaux l'approche de
la salle d'opérations. L'odeur du sang et des drogues les faisait
reculer avec tant de persistance, qu'on eut mille peines à se
saisir d'un cheval pour me montrer comment la pauvre bête
était attachée, enlevée et étendue sur la table d'opérations.
Les cavaliers représentés sur la gravure appartiennent au
personnel de l'Hôpital Vétérinaire; le commandant, le major
Sommerville est marqué d'une + (*fig. 16*).

Laissons l'hôpital vétérinaire, passons devant le cimetière
paroissial et prenons, à l'angle de la place de l'église, la rue qui
tourne sur la droite. Nous rentrons dans le camp par le passage à niveau et nous voici dans la section du Génie; de cet
endroit nous avons une bonne vue d'ensemble que reproduit
la *gravure* N° 17.

Le « département du Génie » comprend plusieurs services,
par exemple des ateliers de machines et une fonderie. Cette
dernière sert pour le cuivre et la fonte; les ateliers sont montés
pour le travail des métaux et du bois.

Nous trouverons, dans les magasins, toutes sortes de matériaux et d'approvisionnements : machines et outillage pour le
forage des puits, pompes, tracteurs, outillage pour la construction ou la réparation des routes, matériaux de construction de
toutes sortes, outillage pour la réparation des phares, matériaux et ingrédients pour le camouflage, matériaux de construction de voies étroites ou de voies normales et tant d'autres
choses, qu'il serait fastidieux d'en faire l'énumération. Notons
néanmoins qu'il y a, dans un endroit, plus de 1.000 hangars en
fer, démontés, prêts à être expédiés.

Nous passons maintenant à travers le quartier du Génie
(Engineer's Depot), et, en le quittant, notons un grand magasin
en tôle, près de la gare de Gièvres P. O. On l'appelle « L. C. L.
Warehouse ». Ici, sont concentrées les expéditions de faible
tonnage à envoyer sur différents points.

De là, nous traverserons la route de Gièvres à Romoran-

17
18

13
14
15
16

tin et reprendrons le chemin de la Matière, ou route du Service de Santé. Notons, sur la droite, dans la plaine, l'hôpital du camp ; tout y respire la propreté et l'hygiène. Les habitants de Gièvres et des environs doivent un souvenir reconnaissant aux médecins de l'armée américaine, pour tous les services rendus gratuitement par ces derniers, dans un nombre considérable de cas. Ces services étaient d'autant plus appréciables, que, pendant la guerre, un grand nombre de médecins étaient mobilisés et que beaucoup de villages en étaient dépourvus. Ces bons docteurs m'avaient demandé de délivrer, dans tous les cas sérieux, une fiche de visite, et, sur la présentation de cette fiche, le malade était immédiatement introduit ou visité à son domicile.

Notons aussi, sur le bord du chemin précité, une prison militaire ; derrière les treillis de fil de fer, les détenus jettent des regards d'envie aux passants ou à leurs camarades qui travaillent en toute liberté. A gauche, d'immenses meules de foin et de paille recouvertes de bâches, puis les dépôts du Service des Liaisons. C'est un volumineux amas de poteaux téléphoniques et télégraphiques, occupant des hectares de terrain et dont la valeur se chiffre en millions de dollars. Voici maintenant les dépôts de la Croix Rouge et des Y. M. C. A., dépôts principaux d'où l'on expédie directement aux unités combattantes et aux cantines de France et des territoires occupés.

Avant de quitter la route du Service de Santé, mentionnons une vingtaine de magasins appartenant à ce dernier. On y trouve des approvisionnements pharmaceutiques de toutes sortes, des lits d'hôpital, des brancards, des fourneaux de campagne, des poêles etc. etc...

Prenons la route de Nevers à Tours, sur notre gauche ; nous y verrons, toujours à gauche, les dépôts de l'artillerie. On y trouvera de tout, sauf le matériel d'artillerie et les obus. Pour avoir une idée plus complète de ce dépôt, avançons jusqu'au delà de la Prison militaire principale.

C'est là que sont gardés tous les soldats de l'armée amé-

3

ricaine punis de prison ; ils sont employés à travailler pour le service des épaves, Salvage Departement. Ce service, rudimentaire d'abord, compta dans la suite : un atelier de cuir, une fabrique de savons, un atelier de transformation de rations avariées en nourriture pour la volaille, etc., etc...

Nous entrons maintenant dans le camp par le quartier de l'Artillerie. En passant, remarquons, à droite, les approvisionnements de bois et de coke de l'Intendance, mais surtout les parcs de l'Artillerie : voitures, fourgons, charriots de toutes sortes. Voici encore des piles de pièces détachées pour chariots. Elles sont placées de telle façon que le chariot peut-être commencé à un bout, en assemblant les roues sur un essieu, puis une seconde paire de roues sur un autre essieu, et ainsi de suite, si bien que, lorsque le chariot a dépassé le dernier tas, il est complet et prêt à être roulé sur la plate-forme de chargement pour être envoyé au front.

La même route nous conduit à travers les magasins de l'Intendance, et Dieu sait s'il y en a, ils dépassent la centaine. Dans ceux de gauche, s'amoncellent les bagages des officiers et des hommes de l'armée américaine, envoyés par les différentes unités et de tous les coins de la France. Ces bagages sont triés, classés, entreposés ou expédiés, d'après les ordres de leurs possesseurs. Dans d'autres, vous pouvez voir des rations de toutes espèces ; dans d'autres encore, des poêles, des câbles, etc...

D'après des calculs que j'emprunte aux techniciens qui les ont faits, si tous les magasins de l'Intendance étaient placés bout-à-bout, la longueur totale atteindrait près de dix-neuf kilomètres. Si chaque homme, chaque femme, chaque enfant de New-York roulait personnellement sa cigarette, il y aurait, dans ces magasins, assez de tabac et de papier, pour leur donner une ration journalière de douze grammes de tabac pendant seize mois. En même temps, chaque habitant de Chicago serait approvisionné, pour onze jours, en tabac à chiquer et il y aurait assez de cigarettes pour donner une ration journalière à chaque habitant de Philadelphie. Fumeurs impénitents, qui séchiez de dépit devant votre pot à tabac absolument vide, qu'eussiez-vous dit en face de cet amoncellement de solanées nicotianées ?

Nous voici à la limite sud du camp, nous faisons un détour qui nous conduit près de deux grils de classification d'une vingtaine de voies chacun. Quittons les baraquements des légionnaires, les parcs pour les animaux, les derniers entrepôts et regardons à droite, voici l'usine frigorifique. Elle est surmontée de ses quatre grandes cheminées, et, près d'elle, un énorme amoncellement de charbon qui a contenu, à certains moments, cent mille tonnes de houille.

Nous avons maintenant à traverser un des plus importants grils de classification. Jetez un coup d'œil sur l'atelier de réparation des locomotives, où vingt d'entre elles peuvent être reçues et réparées à la fois, vous aurez alors un aperçu frappant de la puissante activité de la Station-Magasin. Cette extrémité du camp, avec ses rails pressés, ses immenses files noires de wagons, ses locomotives qui vont et viennent en hurlant, les vapeurs, les fumées, le fracas, tout cet ensemble vous donne l'impression d'être dans une gare de la plus grande importance. La gravure N° 18 donne une idée assez exacte de cet endroit et de toute l'extrémité ouest du G. I. S. D.

Une moyenne de soixante-quinze locomotives américaines circulent constamment sur les voies du camp, d'autres sont employées sur les chemins de fer français, le reste est en réserve. Chaque jour, il entre dans le camp une moyenne de 520 wagons pleins et 250 vides, sans compter 4.000 à 5.000 wagons vides, garés sur les voies. En un mot, si tous les wagons trouvés sur les voies du camp, en un seul jour, formaient un train unique, la longueur de ce train varierait entre 45 et 65 kilomètres. Les wagons reçus sont concentrés au gril du dos d'âne où se manipulent, chaque jour, une moyenne de 1.650 wagons. Par le dos-d'âne ces wagons sont classés dans deux grils de vingt et de quinze voies.

Comme on le pense bien, cette visite, à travers le camp, se colore et s'anime pour ceux qui, comme moi, ont été en relations constantes avec ses premiers habitants. En passant devant telle ou telle baraque, on revoit ceux qui l'occupaient, on retrouve ces souvenirs qui, d'après Emile Augier :

« *Comme un vol de perdrix se lèvent sous nos pieds.* »

Ces souvenirs sont tantôt tristes et lugubres, tantôt encourageants et gais.

Je me rappelle, tour à tour, ces malheureuses victimes d'accidents tragiques, ces bureaux où j'ai servi d'interprète et plaidé la cause de paroissiens en litige avec l'autorité militaire, ce réfectoire où le général Jardivin, commandant du camp, voulut m'avoir à déjeuner le jour de Noël 1917. Aimablement, il me pria de bénir la table, au milieu d'un silence absolu et me fit asseoir à sa droite. A l'issue du repas, on me conduisit sur une estrade préparée en plein air, et là, au milieu de tous les officiers et soldats, de la population française qui avait été publiquement invitée à cette seconde partie de la fête, le premier aumônier du camp, le chapelain H. Vernon Baker, lut une adresse en anglais, pour me remercier, ainsi que mes paroissiens, de la façon si cordiale dont nous les avions accueillis. Puis, pour associer tout le monde à la joie de ce saint jour, il me remit, pour les pauvres, le produit d'une collecte et invita tous les enfants à s'approcher de l'estrade. Aidé de plusieurs officiers, il les combla de jouets, de friandises et de bonbons ; après quoi, la foule se rendit à l'église pour la gracieuse cérémonie de la vénération de l'Enfant-Jésus, les vêpres et le salut.

En parcourant l'emplacement occupé par les Noirs, au delà de l'usine frigorifique, je me rappelle cette petite fête donnée, en mon honneur, par leurs officiers. Dans une baraque, décorée de verdure et de lanternes vénitiennes, à la suite d'un cordial repas qui nous fut servi par les nègres, ces derniers exécutèrent les chants et les danses de leurs pays. Les chants étaient une sorte de mélopée, ressemblant à nos vêpres ; les danses, dont ils marquaient la mesure, en frappant du talon, étaient exécutées avec le plus grand sérieux. Ce décors, ces figures noires, ce chant qu'ils accompagnaient eux-mêmes de la guitare, ces dansés archaïques, tout donnait l'impression d'une fête indigène dans le centre de l'Afrique. Tous ces souvenirs se présentent en foule à mon esprit, et, comme l'a dit Virgile, les cerfs paîtront dans les champs de l'azur, avant qu'ils en soient effacés.

Ante leves ergo pascentur in œthere cervi

. . . .

Quam nostro illius labatur pectore vultus.

SOMMAIRE

Importance — Capacité — Direction Militaire — Direction Civile — Différentes Parties — La Salle de Chauffe — La Salle des Machines — La Fabrique de Glace — L'Entrepôt — Les Quais de Chargement — L'Atelier — La Blanchisserie — Quelques Critiques.

CHAPITRE III

L'Usine Frigorifique

'USINE frigorifique et électrique, bâtie par les Américains, à l'ouest et non loin de la ferme des Arpents, est la plus importante de France, et, dans le monde entier, elle vient immédiatement après celle de Chicago.

La chambre frigorifique forme un bâtiment de trois cents mètres de long, sur quarante mètres de large. Sa capacité maxima est de huit mille tonnes de viande, soit, sur la base de cinq cents grammes par personne, de quoi nourrir, pendant un jour, la population entière de New-York, de Chicago, de Londres et de Paris. On projetait, avant l'armistice, de doubler la chambre frigorifique et d'installer une usine de torréfaction et de mouture de café, capable de fournir un million de rations par jour, mais la cessation des hostilités a fait abandonner le projet.

Cette usine (*fig*. 19) a été construite en douze mois environ, entièrement avec du matériel américain. Les énormes compresseurs ont été envoyés de Milwaukee (Wisconsin) et les grandes chaudières de Chattanooga (Tennessee). Tous les plans ont été revus par le Major Evans et la direction a été confiée au Capitaine Laffetty, ingénieur de la Compagnie York-Manufacturing.

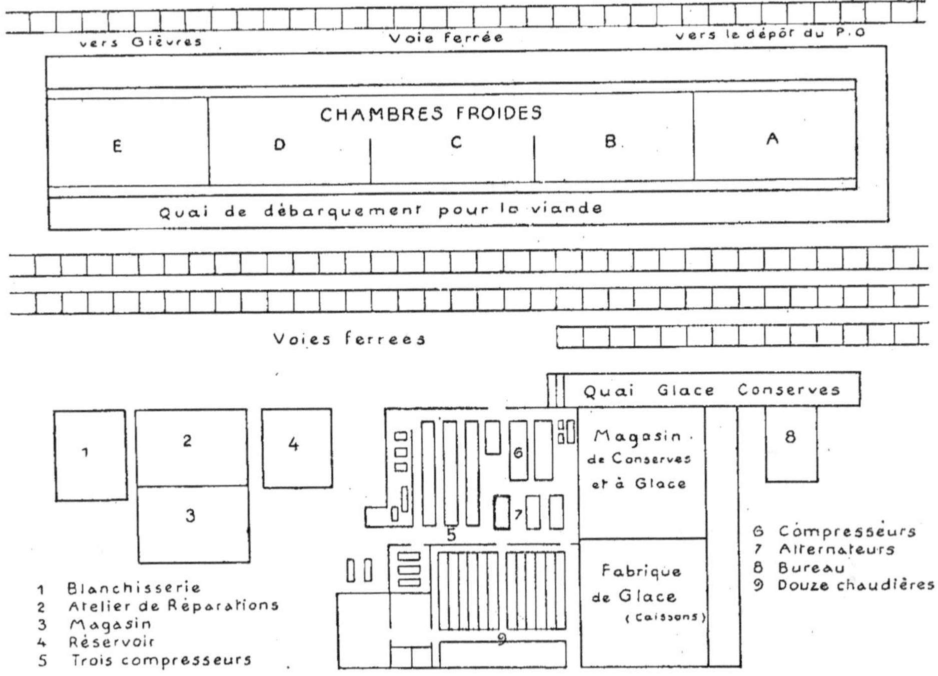

Lors du départ du capitaine Laffety, la direction civile de l'usine a été confiée à M. Delalande, à l'amabilité duquel je suis redevable des renseignements qui vont suivre. Son personnel a été recruté et dressé par lui, pour le fonctionnement des compresseurs. La bonne volonté et le dévouement de ces nouvelles recrues ont permis de continuer utilement l'œuvre commencée par nos alliés. L'usine contenait alors un stock d'environ cinq à six mille tonnes de viande (bœuf, mouton, porc), servant au ravitaillement des départements limitrophes.

19
22
21
23

Les bâtiments sont en pitchpin, avec double cloison. La fabrique de glace et l'entrepôt ont, outre ces cloisons, trois épaisseurs de papier spécial, des copeaux de bois et de liège pour former un matelas isolant.

L'usine proprement dite comprend : la salle de chauffe — la salle des machines — la fabrique de glace — l'entrepôt avec ses deux quais de chargement — l'atelier — la blanchisserie et un bassin en ciment servant de réservoir à l'usine (Voir le plan au commencement du chapitre).

Nous avons d'abord à nous occuper de la salle de chauffe. Les chaudières tubulaires à retour de flamme, fournissent la vapeur nécessaire au fonctionnement des génératrices. Elles sont divisées en deux groupes, lesquels sont encore subdivisés en trois autres groupes ; en d'autres termes, deux chaudières sont accouplées sur la même cheminée.

Sur ces douze chaudières, quatre sont en cours de montage, c'est ce qui explique que, de l'extérieur, on ne voit que quatre cheminées au lieu de six, comme la description ci-dessus le laisserait entendre.

Pour alimenter ces chaudières en eau, trois pompes puisent dans les châteaux d'eau de la Compagnie des Chemins de Fer d'Orléans.

La salle des machines se compose de trois compresseurs Vilter (*fig.* 20), à double détente de vapeur, faisant chacun 500.000 frigories. Après essai de vingt-quatre heures, la fabrique de glace n'ayant pas été utilisée, le personnel n'a jamais eu à les faire fonctionner.

Deux compresseurs York, à machine horizontale, compresseurs verticaux de 350.000 frigories chacun (*fig.* 21), servent pour le maintien du froid dans l'entrepôt. Tous ces compresseurs sont à ammoniaque anhydre Az. H^3 au N. H^3.

Les chambres froides sont au nombre de cinq et sont isolées latéralement par un couloir. Les batteries d'évaporateurs sont disposées au plafond et sur deux rangées. Chaque chambre a onze batteries, représentant un total de sept kilomètres de tuyaux 50/60 où se produit la détente. Toutes les chambres sont identiques, ce qui porte à trente cinq kilomètres la longueur des évaporateurs tous placés paralièlement aux dérivateurs, sur un collecteur de refoulement et d'aspiration.

L'ammoniaque gazeuse et chaude (105°) part du refoulement des compresseurs vers les condenseurs Az. H³, où, sous l'action du froid produit par un courant d'eau sur des tubes en serpentins, il se liquifie pour aller dans le collecteur de refoulement des chambres. Le liquide arrive au robinet de détente de chaque batterie, sous la pression de onze à douze kilogrammes.

L'aspiration se fait, du compresseur par le collecteur d'aspiration des chambres, à travers les trente-cinq kilomètres de tubes composant l'évaporateur ; la pression est d'environ trois à quatre kilogrammes.

C'est cette différence de pression qui permet au liquide, après passage au robinet de détente, de s'évaporer, et, par conséquent, d'absorber la chaleur environnante nécessaire au travail d'évaporation.

Pour compléter ce circuit, il faut ajouter un appareil intercalé entre l'aspiration du compresseur et l'aspiration des chambres destinées à séparer le gaz du liquide qui ne s'est pas évaporé après son passage dans la détente, et à éviter un retour du liquide dans le cylindre. Ce retour peut amener, malgré les tuyaux compensateurs, un accident grave : les calottes des compresseurs sautent.

Plus haut, il a été parlé du liquéfacteur (*fig.* 22), ou des condensateurs Az H³. Ce liquéfacteur est placé sur le toit de l'Usine, protégé, latéralement, par des cloisons dont les planches sont inclinées à 45°, non jointives, de façon à avoir un courant d'air constant. L'eau ruisselle sur les serpentins et tombe sur un plancher incliné, construit en pitchpin, et recouvert d'asphaltine. L'audace de cette conception mérite de retenir l'attention. L'eau est recueillie dans la partie basse pour retomber dans le bassin. L'eau nécessaire est fournie par une usine, située au bord de la Sauldre, laquelle alimente le bassin en ciment figurant sur le plan et contenant environ 1.200 mètres cubes.

Les machines nécessaires à l'élévation de l'eau consistent en deux groupes moto-pompes (1) électriques de 100 H/P, marchant sous une tension de 2.200 volts et en deux groupes de secours avec moteurs à explosion, six cylindres 90 H/P.

L'eau est puisée dans le bassin de l'Usine par des pompes centrifuges, au nombre de trois, actionnées par des turbines à vapeur de 50 H/P et élevée suivant les besoins :

1° Dans les châteaux d'eau pour servir :

a) à l'alimentation des chaudières de l'Usine ;

b)   —   tenders (chemins de Fer P. O.) ;

c)   —   bouches d'incendie.

2° Aux condensateurs Az H^3 où elle tombe dans des gouttières, destinées à faire une répartition égale d'eau sur toute la longueur du serpentin.

Dans la même salle des machines, se trouvent quatre groupes destinés à l'éclairage de ce camp et de celui de l'aviation. Chaque groupe se compose d'une machine à vapeur Ridgway de 230 H/P, avec, en bout d'arbre, un alternateur de 60 périodes, 220 volts triphasés et une excitatrice 125 volts (*fig.* 23).

Ce courant est envoyé dans trois transformateurs élévateurs de tension qui distribuent chacun :

1°   220 volts pour les pompes de la Sauldre ;

2° 5.200   —   pour l'alimentation lumière du G. I. S. D ;

3° 11.000   —   —   —   camp de l'aviation.

---

(1) Pompes centrifuges.

Les camps sont divisés en secteurs, ayant un transformateur, abaisseur de tension, pour distribuer les 110 volts nécessaires à l'éclairage. L'un de ces transformateurs est représenté *au chap. IV, fig. 28.*

Pour compléter l'installation, on a établi un atelier de réparations pourvu de machines-outils : raboteuses, fraiseuses, taraudeuses, tours, meules émeri. Il est possible, avec des ouvriers appropriés, d'exécuter la majeure partie des réparations. Il est adjoint à l'Usine un magasin de pièces de rechange et de matières premières indispensables pour parer aux accidents de machines.

On a également ajouté à ces bâtiments une installation de blanchisserie mécanique.

Le linge sale est mis avec du savon en pâte et un peu de chlore, dans une des barboteuses mues par un moteur électrique tournant alternativement dans un sens et dans l'autre.

Ce linge est rincé dans la même machine et passé ensuite dans l'essoreuse qui tourne à 1.800 tours. Par la force centrifuge, l'eau est projetée sur les parois à claire-voie et s'échappe ainsi du linge. Quand ce dernier est bien essoré, (ce dont on se rend compte quand l'eau ne coule plus), on procède au séchage, dans un appareil chauffé à la vapeur. Il faut compter quarante-cinq minutes pour laver, essorer et sécher trente paires de draps.

Outre cela, un rouleau à repasser, un grand et un petit fer électriques permettent de donner au linge l'aspect qu'il présente, lorsqu'il sort des mains d'une lingère. Durant le séjour des Américains et depuis, j'ai vu plusieurs fois du linge qu'on rapportait de cette blanchisserie ; rien ne permettait de reconnaître qu'il n'avait pas été lavé et repassé par les procédés ordinaires.

Après cette description sommaire de l'Usine frigorifique, on me permettra quelques critiques, fruit de l'expérience de son dernier directeur M. Delalande.

D'une manière générale, et probablement par suite des

circonstances, l'installation a été faite d'une façon hâtive, sans chercher, en quoi que ce soit, l'économie.

1° Les chaudières ont encore le chargement à main ; elles n'ont pas de réchauffeurs : il s'en suit que l'eau d'alimentation est froide, ce qui nécessite une dépense plus grande de combustible. La vapeur d'échappement est bien condensée, mais au lieu de servir à nouveau pour les chaudières (ce qui serait un avantage double : économie d'eau et économie de charbon, car l'eau du condensateur a toujours une température de 30° environ), elle est rejetée dans un collecteur retournant à la Sauldre.

2° La circulation d'ammoniaque porte de nombreux joints sujets à fuites. En général, au lieu d'avoir des brides, les installations françaises emploient des tubes soudés à l'autogène et éprouvés à 20 kilog. de pression.

3° Au lieu d'avoir une détente directe dans les chambres, pouvant entraîner des fuites d'Az H³, on emploie couramment un frigorifère destiné à refroidir l'air ; on a donc, dans les chambres, simplement un courant d'air froid. On emploie également, dans le même but de sécurité, une circulation de saumure refroidie par une détente d'ammoniaque. Cette saumure peut être de l'eau additionnée de chlorure de sodium ou de calcium.

4° Les évaporateurs, placés au plafond, ne permettent le dégivrage que dans une chambre vide. Il y a donc avantage, même si on emploie la détente directe, à placer les évaporateurs le long des parois latérales des chambres. On peut encore installer des sortes de gouttières, afin d'éviter que l'eau ou le givre tombent sur les viandes.

5° Il n'existe pas, dans les chambres, de système d'aération ; aussi, est-on obligé, quand il fait un temps sec, d'ouvrir les portes extérieures et de produire un courant d'air. Mais un inconvénient se présente quand le temps n'est pas sec, car alors l'humidité de l'air se précipite vers les évaporateurs et augmente ainsi rapidement la couche de givre, ce qui forme un matelas mauvais conducteur du froid.

6° La manutention de la viande en quartier est longue, parce que l'entrepôt ne possède pas de voies aériennes (monorail). De cela, voici la raison : la viande américaine est presque exclusivement en caisse de quarante ou cinquante kilogrammes, très maniables et facilement transportables sur chariots, ce qui n'est pas le cas pour les quartiers.

Malgré ces petits défauts, on peut considérer l'Usine frigorifique et électrique de Gièvres comme un chef d'œuvre et aussi comme une installation surprenante, quand on songe à la rapidité de sa construction. Pour se faire une idée de son importance, il suffit de savoir que 10.000 tonnes de viandes en caisses y ont été entreposées, et que la production journalière de glace pourrait atteindre 500 tonnes.

Malheureusement les bâtiments de cette magnifique construction sont en bois, et, par conséquent, prennent l'humidité, de telle sorte que, dans dix ou quinze ans, ils tomberont en ruine. Ce qu'il faudrait refaire, c'est un entrepôt en ciment; mais, loin de faire quoi que ce soit, on a fermé l'usine, à l'étonnement général.

Si nous avions en France, comme en Amérique, disait-on, des installations frigorifiques, nous pourrions avoir de la viande congelée, ce qui serait une grande ressource pour les familles nombreuses et les petites gens. L'usine est créée, merveilleusement installée, et voici qu'on l'arrête en plein fonctionnement, alors que les besoins sont impérieux. Dans toute la région, on n'arrive plus à trouver une femme qui consente à laver le linge des particuliers, pourquoi ne pas utiliser cette blanchisserie mécanique ?

L'Usine de Gièvres se trouve dans une bonne position, en plein centre de la France, reliée par les voies ferrées avec les grands ports : Saint-Nazaire, La Rochelle, Bordeaux, Marseille... D'immenses travaux ont été faits pour l'entourer de lignes la rattachant aux chemins de fer de la Compagnie Paris-Orléans, à quoi serviront désormais tous ces travaux ?

Si on objecte que l'usine serait mieux placée près de l'un de ces ports, on peut répondre qu'il faudra toujours qu'une grande partie de la viande arrive dans le centre pour les besoins de cette immense région. Qu'elle fasse ce trajet un peu plus tôt ou un peu plus tard, qu'importe, les frais sont toujours identiques.

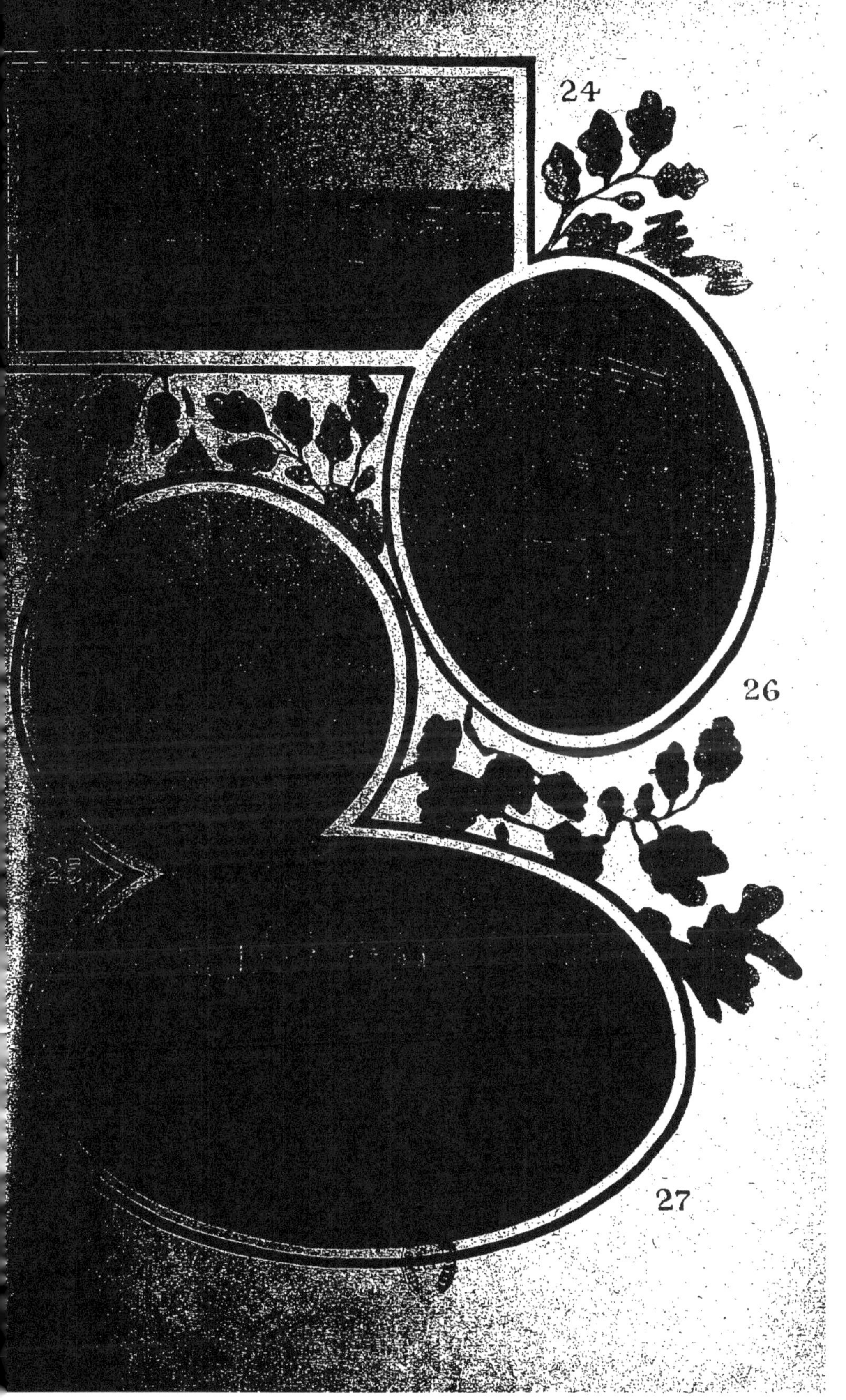

24
25
26
27

CHAPITRE IV

Le Camp de l'Aviation

IL est moins aisé de parler du Camp de l'Aviation que de son frère le G. I. S. D., par la raison qu'il a été, depuis le départ de nos alliés, utilisé par l'autorité militaire française et se trouve actuellement en pleine activité. La défense nationale est une question toujours subsistante, il serait donc maladroit et imprudent de livrer à la publicité des renseignements dont nos ennemis pourraient tirer parti. Mais, il y a manière de faire, « *est modus in rebus* », et le lecteur ne sera pas moins intéressé par ce que je dirai, qu'il l'eût été par ce que je suis obligé de taire.

Ce vaste camp, comprenant plusieurs centaines d'hectares, s'allonge sur le terrain des communes de Pruniers et de Gièvres, depuis le carrefour dit des « Quatre Routes », près de la station du chemin de fer du Blanc à Argent, jusqu'aux abords de la ville de Romorantin. Dans toute sa longueur, il est traversé, au centre, par la route de Selles à Romorantin ; le côté nord était primitivement réservé aux baraquements de la troupe ; le côté sud aux constructions techniques, (ateliers, hangars) et au terrain d'aviation, jusqu'à une certaine distance, à partir de laquelle il abritait également un grand nombre de baraques affectées au logement des hommes.

La *fig.* 24 donne un aperçu de ce que fut, à la première heure, l'embryon de ce vaste camp. Quelques semaines plus tard les tentes étaient remplacées par des baraques en planches (*fig.* 25) ; les soldats commençaient à respirer. Il y a, en effet, une grande différence de confort, entre la tente où le soldat est resserré, privé de ses aises, exposé au froid, à l'humidité ou à la chaleur, et la baraque où il se crée une sorte de « home ». Isolée de terre par un parquet, garnie d'une double cloison de bois et d'épais carton, d'un double plafond, munie de chassis vitrés et bien chauffée, une chambre de baraque présente un certain confort. Le soldat y installe son lit, sa table de toilette, un portemanteau, une table de travail, une bibliothèque rudimentaire ; il suspend aux cloisons des portraits qui lui rappellent la famille absente, des gravures, des dessins faits par un... « as », ses pipes, un calendrier où il pointe les jours, une fleur odorante, dans un vase de sa fabrication et... il s'y plaît, jusqu'au jour de sa libération qui lui paraît beaucoup plus plaisant encore.

Ici, comme au G. I. S. D, le premier soin des Américains a été d'amener l'eau dans toutes les parties du camp. Puisée dans la Sauldre, cette eau était élevée dans de nombreux châteaux d'eau dont le montage est représenté sur la gravure ci-jointe (*fig.* 26). Cette eau était ensuite envoyée dans toutes les directions, après avoir été rendue potable, et son évacuation se faisait également dans la rivière, comme le montre la *fig.* 27.

L'éclairage fourni en haute tension, c'est-à-dire en courant triphasé (10.000 wolts), était ensuite transformé en courant réduit (110 volts), permettant ainsi de donner la lumière dans les moindres endroits. La *fig.* 28 représente un de ces transformateurs abaisseurs de tension.

Qu'il était beau, avec sa profusion de clarté, cet immense camp vu le soir ! Il faisait songer à cette parole de nos livres saints : « *et nox sicut dies illuminabitur* » (1). Sa grande artère étincelait ; on se serait cru sur l'un de nos grands boulevards parisiens. Ne fallait-il pas d'ailleurs qu'il en fût ainsi pour permettre le travail de géants entrepris par ces auxiliaires énergiques, travail opiniâtre de jour et de nuit, sans aucune interruption.

Un embranchement particulier permettait l'arrivée des trains de matériel, depuis la gare de Gièvres jusque dans l'intérieur du camp et sur les chantiers de construction. Ces trains, chargés de matériel disposé dans l'ordre d'installation et d'utilisation, étaient pleins à craquer (*fig.* 29). Ils servaient également à amener les innombrables équipes de travailleurs à leurs chantiers respectifs (*fig.* 30). La *fig.* 31 représente un groupe de ces travailleurs disposés en grappe sur un toit et le long des murs d'une baraque.

La main d'œuvre étrangère fut largement utilisée par nos alliés qui employèrent un grand nombre de travailleurs chinois. La *fig.* 32 représente ces derniers autour de leur baraque, et la *fig.* 33 les montre en équipe, se rendant au travail. Ces hommes furent précieux pour les gros travaux de peine : défrichage, construction des routes (*fig.* 34), creusage de fosses, etc...

Les étrangers, qui arrivaient à Gièvres, étaient fort intrigués par ces représentants de la race mongole, au teint jaunâtre, à l'angle de l'œil très peu enfoncé, aux sourcils fins et peu arqués, au nez large et aplati, aux pommettes saillantes,

---

(1) Ps cxxxviii-12. La nuit sera illuminée comme le jour.

aux lèvres grosses et charnues, au menton court. Sont-ils intelligents et bons ouvriers ? me demandait-on fréquemment. Je ne puis guère avoir sur eux d'idée personnelle, ne les ayant point fréquentés, mais j'ai entendu dire par un homme entendu, M. Hardi, Directeur du Parc Automobile, qu'il se trouvait, parmi les Chinois qu'il employait, des ouvriers fort habiles en ébénisterie. J'ai vu, de mes yeux, des ouvrages délicats sortant de leurs mains, et j'ai entendu dire, par le Commandant Péres, si apprécié et si regretté de nous tous, qu'à la condition qu'on les traitât avec un grand esprit de justice et qu'on leur donnât abondamment le riz et les autres aliments dont ils sont friands, on en faisait ce qu'on voulait. Quelques-uns de ces Chinois, convertis par les missionnaires, étaient des chrétiens édifiants. Ils restaient parfois fort longtemps en prière dans l'église, lisant dans des manuels de piété ou faisant le chemin de la Croix. Un jour, un officier français qui me répondait la messe ayant été appelé pour son service, un Chinois, qui se trouvait à l'église, vint le remplacer et se tira fort bien d'affaire.

Tous les travaux du camp étaient exécutés avec le maximum d'aide mécanique, témoin cet énorme cater-pillar « Holt » d'une force de 40 H/P, transportant et chariant des poids énormes de dix à quinze tonnes. Les Américains s'en servaient aussi pour tirer de l'ornière des chariots embourbés (*fig.* 35).

Les magasins, préparés pour recevoir les stocks de toutes espèces, étaient reliés par des rails à la voie ferrée. D'immenses hangars, de 25 à 30.000 mètres carrés de superficie, abritaient les avions, les moteurs et tout le matériel nécessaire à leur entretien (*fig.* 36).

Les avions arrivaient par trains, en caisse, comme le représente la *fig.* 37. Ils étaient ensuite confiés à des spécialistes (*fig.* 38), qui, rapidement, les mettaient en état de vol, dans les ateliers représentés (*fig.* 39-40). La première de ces deux gravures permet de se rendre compte de l'importance et de la dimension de ces superbes ateliers. En y entrant, on se sentait pénétré d'un sentiment d'admiration pour le génie de ce peuple éminemment pratique et plein d'audace dans ses entreprises.

Les spécialistes savaient joindre la rapidité d'exécution au fini du travail ; il leur fallait peu de temps pour agencer ces beaux appareils qui remportèrent bon nombre de lauriers sur le front (*fig.* 41, 42, 43) et dont les boches eurent à souffrir, à en juger par les quelques exemplaires descendus dans les lignes américaines par les pilotes des Etats-Unis (*fig.* 44, 45, 46). Un dispositif très ingénieux de lance-bombes montre également que nos alliés offrirent aux Allemands quelques spécimens assez bruyants d'explosifs. La *fig.* 47 représente le dessous d'une aile d'avion de bombardement avec les lance-bombes.

Le lecteur peut se faire une idée du nombre formidable de réserves apportées et stockées pour une prévision de cinq années de guerre. La *fig.* 48 représente un hangar de pièces détachées de moteurs d'avion ; la *fig.* 49 un lot de moteurs Salmson, type Canton-Uni 230 H/P ; la *fig.* 50 une immense réserve de moteurs Hispano-Suiza, pour les appareils de chasse. Ces différentes gravures permettent de se rendre compte de l'effort incroyable réalisé par nos alliés pour s'assurer la suprématie de l'air.

Quand les avions revenaient du combat, ou avaient été brisés en de glorieux exercices d'entraînements, on les soumettait à la réparation de spécialistes, tant pour les appareils que pour les moteurs. La réparation des hélices, en particulier, est un travail fort délicat réclamant de véritables artistes. La mise au point des moteurs d'avions nécessitait un aménagement très spécial et très compliqué (*fig.* 51-52) et ce travail ne pouvait être exécuté que par un personnel de choix.

Le lecteur se demandera peut-être ce que représente la *fig.* 53 ; c'est un amas formé par les glorieux débris des avions morts au champ d'honneur ; on a donné à cet endroit le nom de cimetière des avions. Sa vue fait surtout penser à ces pauvres pilotes, tués en plein ciel, avant d'avoir pu aborder, comme ils le souhaitaient, le « vautour boche ».

Les *fig.* 54, 55, 56, 57, reproduisent différents groupements de ces troupes d'élite appartenant aux Aéro-Squadrons. Les *fig.* 58-59, représentent deux groupes d'officiers aviateurs ; au milieu de ceux qui sont assis se tient le Major Bates, commandant le camp d'aviation avant le colonel Summer, mort si tragiquement d'un accident de side-car. Tous les deux étaient profondément dévoués à la France et furent, durant leur séjour ici, les amis du presbytère où ils aimaient à se rencontrer avec les représentants de notre armée et les meilleures familles de la région. Sur le dos de la photographie qu'ils m'ont offerte, ils avaient aimablement écrit ces mots suivis de leur signature : « To my friend the Curé of Gièvres ».

Les *fig.* 60-61, nous font assister à deux cérémonies de baptême d'avion partant au front. Les blanches toilettes des marraines tranchent sur la sombre couleur des uniformes américains. Un bon nombre d'officiers français étaient venus, dans la circonstance, s'associer à nos alliés et leur apporter le témoignage de leur sympathie.

Les Américains ont trouvé, à leur arrivée en France, un matériel de télégraphie sans fil très perfectionné. Nous avions devancé les Allemands de près de dix-huit mois, notamment en ce qui concerne la T. S. F., par ondes entretenues. Nos alliés se sont donc contentés, tout en créant quelques nouveaux appareils, d'adopter ceux de la Radiotélégraphie militaire française. Les grands constructeurs, qui travaillaient pour notre armée, ont alors satisfait aux commandes américaines. A l'heure actuelle, il reste à Gièvres une grande quantité de matériel.

La *fig.* 62 représente l'écoute au Poste Radio. La *fig.* 63 reproduit un magasin de matériel radiotélégraphique. On voit, dans les casiers du bas, de gauche à droite, des transformateurs pour postes radio-aériens, des capots en aluminium pour alternateurs d'avions, des rouets d'antenne en ébonite, des alternateurs d'avions, lesquels servaient :

a) à fournir l'énergie électrique nécessaires aux émissions de T. S. F.

b) à alimenter les projecteurs d'atterrissage.

c) à chauffer les passagers, grâce aux résistances électriques introduites dans les gilets spéciaux.

On aperçoit, en haut, un lot de fiches avec cordons pour prises de courant.

Le lecteur a peut-être entendu parler du chauffage électrique des pilotes et des passagers d'aéroplanes. L'équipement comprend spécialement un double plastron qui se place sous les habits fourrés de l'aviateur. Ce gilet est constitué de deux tissus superposés, entre lesquels on a logé une maille métallique, conductrice de l'électricité, mais offrant une grande résistance au courant. (Les fils sont vraisemblablement de maillechort, revêtu d'une enveloppe d'amiante). L'électricité, en parcourant cette maille, se transforme en chaleur. Le gilet est construit de façon à pouvoir entretenir, sous une température ambiante de — 20°, une chaleur de + 40°, dans les vêtements de l'aviateur.

Le service automobile était non moins bien organisé et comptait un nombre inimaginable de véhicules de toutes sortes : motocyclettes, side-cars, camions et automobiles. Rien ne manquait pour la rapidité des communications et des transports : on peut en juger par les deux garages représentés sur les gravures ci-jointes *(fig. 64, 65)*. Ils sont pris au hasard, parmi les nombreux garages en plein air, avec atelier, que renfermait le camp.

Avant de terminer ce chapitre, disons un mot des deux hôpitaux de ce superbe camp. Le premier, établi en baraque, comme la plupart des autres services, était utilisé pour les cas ordinaires Le second, installé dans le Pensionnat libre de Jeunes Filles de Romorantin, servait pour les cas compliqués ou nécessitant l'emploi du radium. Les gravures ci-jointes peuvent donner une idée de cette double installation. La *fig. 66* montre une salle d'opérations en baraque ; les *fig. 67, 68, 69* appartiennent à l'hôpital de Romorantin ; sur la dernière, on voit les chirurgiens opérant un malade.

J'ai été maintes fois, pendant la guerre dans les hôpitaux,

soit du G. I. S. D., soit du camp de l'Aviation, et j'ai constaté
quel luxe de propreté et d'hygiène s'y faisait remarquer. On
sait que nos alliés, surtout dans les hôpitaux du front, adop-
tèrent les méthodes françaises pour le traitement des plaies
de guerre.

C'est un Américain, le chirurgien général Finney, qui a
demandé que la méthode française de la sérothérapie de la
gangrène gazeuse fût appliquée dans toutes les armées de
l'entente.

Un des grands maîtres de la chirurgie, M. Pierre Duval,
nommé à la chaire d'opérations et d'appareils à la Faculté de
Médecine de Paris, a consacré sa première leçon à « l'œuvre
scientifique splendide » de la chirurgie française pendant la
guerre. Avant cette catastrophe mondiale, la biologie de la
plaie de guerre était « totalement inconnue ».

» C'était, dit-il, en 1918. Je revenais d'Amérique pour une
session de la conférence interalliée, et pus arriver à temps
pour prendre part à la discussion sur la sérothérapie de la
gangrène gazeuse.

» Notre président, Tuffier, donna tour à tour la parole aux
délégations des différents pays pour faire connaître les résultats qu'ils avaient obtenus.

» Les communications furent courtes. L'Angleterre, la première, dit simplement que ses résultats étaient nuls ; la Belgique de même ; nuls les résultats dans l'armée Américaine,
nuls ceux de l'Italie, du Portugal, du Japon. Et ces communications, faites par les premiers savants de tous ces pays,
étaient dites à voix basse, comme si ces hommes eussent été
honteux que leur génie n'eût pu trouver remède au grand
mal qui tuait nos enfants.

» La France prit la parole la dernière. Je me levai, rempli
d'une douce émotion. Les notes que je tenais étaient lourdes...
Elles résumaient d'immenses travaux. C'était l'étude de différents agents de la gangrène gazeuse, poursuivie depuis trois
ans, par notre Institut Pasteur ; c'étaient les sérums préparés

dans le silence par des hommes qui s'appellent Veillon,
Weinberg ; c'étaient les résultats obtenus par une large expérimentation de la sérothérapie faite depuis de longs mois
dans plusieurs de nos armées, sous le contrôle de M. Roux
lui-même. La sérothérapie préventive nous avait permis d'a-
baisser la fréquence de la gangrène gazeuse à 4 pour 100 contre
16 pour 100, dans cette période, chez les grands blessés des
membres. La sérothérapie curative avait réduit la mortalité
des trois-quarts.

» D'un bond, Finney, chirurgien général des armées américaines, se lève. Il demande, devant ces résultats, que la méthode
française soit adoptée dans toutes les armées de l'Entente...
Tous acquiescèrent... Et tous ces hommes qui, la minute
d'avant, venaient de dire leur impuissance, saluaient dans une
admiration reconnaissante, le génie de la médecine française,
dont la clarté venait une fois de plus de diriger les peuples ».

Ajoutons que c'est encore un Français, Henri Gandier, qui
est l'inventeur de l'excision et de la suture primitive des plaies
de guerre. Coïncidence touchante, « c'est la ville de France
qui a le plus souffert de la guerre », la glorieuse cité de Lille,
« qui nous a donné le sauveur de ceux qui se battaient pour la
ramener à la patrie. » (1)

Un autre médecin français, dont le nom est absolument
connu et respecté aux Etats-Unis, le docteur Carell, de l'hôpital Rockfeller à New-York, déjà célèbre par ses travaux sur la
greffe humaine, eut, pendant le dernier conflit mondial, la direction de l'hôpital de Rambouillet, où il pratiqua, sur les plaies
de guerre, l'emploi du Dakin. Cet hôpital devint une véritable
école où passèrent successivement les chirurgiens français,
pour se pénétrer de l'emploi de cette méthode qui a sauvé
tant de membres à nos blessés. Je me reprocherais de ne pas
rappeler ici les immenses services rendus par cet homme
éminent.

Bien que mon nom se prête quelque peu à cette trans-

____

(1) G. B. *La Croix*, 28 janvier 1920,

formation, on ne me taxera pas de « chauvinisme » si je fais
remarquer, en terminant ce chapitre de l'Aviation, que c'est
également à un Français, le lieutenant de vaisseau Le Prieur,
qu'on doit la nouvelle méthode pour empêcher la dérive en
avion et en ballon dirigeable (1).

« Devant lui, l'aéronaute a une feuille transparente de
papier ou de celluloïd, maintenue horizontale, à travers
laquelle il aperçoit le sol. En mettant l'œil a un viseur fixe, au-
dessus du transparent, il vise un point du sol bien reconnais-
sable, et il le pointe au crayon ou à l'encre sur le transparent.
Quelques secondes plus tard, il vise de nouveau le même point
et il le marque encore sur le transparent. A une ou deux
reprises encore, il répète l'opération.

» De toute évidence, si l'air est en repos, le point visé n'a
fait que se déplacer apparemment dans la direction de l'avant
vers l'arrière ; les trois ou quatre points, qui, sur le transparent, en marquent les traces succesives, sont donc alignés suivant l'axe même de l'aéronef. Dans ce cas, la dérive est nulle.

» S'il existe, au contraire, un vent régulier soufflant de
travers, les trois ou quatre points marqués sur le transparent
sont encore en ligne droite, mais cette ligne se trouve cette fois,
plus ou moins oblique par rapport à l'axe de l'aéronef.

» Si le vent n'est pas régulier, la ligne pointillée peut
être légèrement courbe ; sa direction générale indique quelle
est la dérive moyenne que le vent a imposée à l'aéronef, et
c'est justement cette dérive moyenne qu'il est utile de connaître.

» Pour plus de sûreté, on recommence l'opération avec
d'autres points du sol bien reconnaissables, et ainsi, en
moins d'une minute, on obtient la direction de la dérive
moyenne.

. . . .

----

(1) On sait également que les premiers sous-marins viables : *Le
Gymnote, Le Goubet* et *Le Zédé* sont nés en France.

» La nouvelle méthode permet d'envisager la navigation aérienne dans des conditions de sécurité inconnues jusqu'à présent, puisque, au fur et à mesure que se déroule le voyage, on peut faire la correction de dérive. Il n'est pas nécessaire pour cela d'identifier sur la carte les points du sol que l'on vise ; il suffit que ces points soient visibles et distincts.

» Pour les voyages au-dessus de la mer, où il n'existe pas de repères naturels, on crée des repères artificiels en lâchant de l'aéronef de petites bouées de phosphure de calcium, qui s'allument au contact de l'eau ; en ajoutant du carbure de calcium, il se produit de l'acétylène, qui augmente l'éclat de la flamme (1) ».

----

(1) Article paru dans *La Croix*, sous la signature B. L.

SOMMAIRE

Fait et Modalité de l'Intervention Américaine — Son But — Ce que serait une Nouvelle Guerre — La Société des Nations — Réhabilitation de M. Wilson — La Paix Universelle deviendra-t-elle une réalité — L'Intervention Américaine au point de vue Moral, Matériel et Financier — Les Américains sur les Champs de Bataille — Leurs Pertes — Nos Dettes envers l'Amérique — Leur Réduction — Propagande Allemande — Proposition d'un Groupe de Capitalistes — Projet Penrose — Déclaration de M. Viviani — Un Aspect de l'Effort Américain.

CHAPITRE V

Après la Visite des Camps

UNE pensée vient à l'esprit de tout homme intelligent qui achève sa visite à travers les camps de Gièvres : « Quel dommage que ces installations merveilleuses aient été utilisées si peu de temps ! Combien il est regrettable que l'intervention des Américains, dans la dernière guerre, n'ait pas été plus hâtive ! — Pourquoi ont-ils tant tardé ? »

Les Américains ont, eux-mêmes, répondu à cette question et nous ont fourni des explications très nettes sur le fait et les modalités de leur intervention.

Leur honneur est de n'avoir plus hésité à agir, du jour où ils ont compris que la neutralité devant le crime devenait une honte.

Et, d'abord, à ceux qui leur reprochaient de s'immiscer dans les affaires des autres peuples, ils répondaient que là où s'implante le despotisme, il n'y a pas de peuple. Faire disparaître le despote, c'est appeler le peuple à l'existence, et, par conséquent, c'était travailler pour l'Allemagne en la débarrassant de son tyran.

A ceux qui leur disent: « Pourquoi n'êtes-vous pas intervenus plus tôt ? » ils répondent : « Nous avons d'abord voulu protester au nom du droit et de l'humanité et comme, à la suite cette protestation, l'Allemagne a suspendu momentanément les torpillages, nous avons attendu... »

« Espérant qu'une paix juste, respectueuse du droit, serait possible, nous avons prié les belligérants d'expliquer leurs buts de guerre. Seuls, les gouvernements démocratiques ont répondu ; quant à l'Allemagne, s'estimant perdue, elle a recommencé les méfaits des sous-marins. »

C'est alors que les Etats Unis, se sentant atteints dans leurs intérêts, comme dans leurs droits, ont prononcé la condamnation de l'Allemagne. Ils avaient dès lors un double but : la restauration de l'ordre troublé, l'organisation d'un régime juridique international empêchant le retour de nouvelles guerres.

C'est quelque chose de lancer une idée dans le monde ; souvent il faut attendre pour en voir la réalisation, ce qui n'empêche pas l'idée de faire son chemin. C'est donc une gloire, pour l'Amérique, d'avoir tenté de rendre impossible le retour de nouvelles guerres.

Quand on songe à l'effroyable carnage que serait la guerre de demain, on ne peut s'empêcher de frémir. Tout ce qu'on a vu d'atrocités, pendant la dernière guerre, pâlirait devant ce déluge de feu. N'a-t-on pas inventé un canon pouvant lancer, à 400 kilomètres, un obus de 500 kilos ; des avions géants qui font 250 kilomètres à l'heure et peuvent, de 5.000 mètres de hauteur, lancer, sur les cuirassés, des torpilles de 1.000 à 2.000 kilos, capables de crever les ponts les plus puissamment blindés.

La Bertha, qui fit parler d'elle, ne tient déjà plus le record.

Un nouvel engin, « Le Turbo », inventé par le lieutenant Delmare-Maze, vient d'être essayé au camp de Vivegnis, près de Liège. Ce canon aura une portée triple de la pièce qui bombarda Paris en 1918. Les gaz dégagés par l'explosion provoquent, paraît-il, une accélération continuelle donnant à l'obus une vitesse qui n'a pas encore été atteinte.

D'après les journaux américains, un anglais, John Temple, a créé un nouveau canon capable de lancer un projectile, pesant cinq tonnes, à une distance de 200 à 300 milles, avec une vitesse de un à cinq milles à la seconde. Avec un canon miniature de ce type, un ancien mécanicien en chef du laboratoire Edison a fait un essai au cours duquel un projectile, long de trois pouces, a pénétré la moitié de l'épaisseur d'une plaque d'acier, sans faire plus de bruit que celui d'une frappe de machine à écrire.

On peut déjà prévoir, pour l'aviation, une époque prochaine où l'électricité permettra de diriger des avions, sans aviateur, sur des points désignés d'avance et d'y faire éclater les engins les plus terribles. Aucune poudrière, aucun dépôt de munitions ne seront, à des centaines de kilomètres, à l'abri d'une explosion provoquée par l'ennemi.

Les laboratoires de chimie de l'armée américaine annoncent la découverte d'un poison liquide dont trois gouttes, posées sur la peau d'un homme, suffiraient à le tuer. Ce poison, tombant, comme une pluie, de tuyaux fixés sur un avion, détruirait presque tous ceux qu'il trouverait sur son passage. La plupart des nations possèdent les matières premières nécessaires à la fabrication de ce liquide, laquelle est limitée seulement par l'énergie électrique disponible.

Honte de l'humanité, au vingtième siècle nous en sommes encore à la cruauté des âges barbares ! Bien plus, cette cruauté a été centuplée. Les Actes des Martyrs ne signalent pas de supplices aussi multipliés, et aussi atroces, que ceux qui ont été infligés à des milliers d'êtres innocents. L'agonie de certaines de ces malheureuses victimes, exposées en plein champ, ou le long d'une rivière, a duré des semaines et plus.

Qui donnera au monde la compréhension de ce grand précepte de Jéhovah : « Tu ne tueras point » ? — Ce sera, d'après nos alliés d'Amérique, leur propre nation, éprise surtout de réalités, la seule qui n'ait point connu de despotes, la seule où l'homme a toujours été un citoyen, jamais un sujet.

Washington avait écrit, dans un élan prophétique : « Nous avons jeté une semence de liberté et d'union qui germera peu à peu dans toute la terre. Un jour, sur le modèle des Etats-Unis d'Amérique, se constitueront les Etats-Unis de l'Europe. »

Pour garantir le monde contre le retour possible de nouvelles guerres, le président Wilson a proposé la Société des Nations : « Expliquons clairement notre but, qui est la défense des principes de paix et de justice contre les puissances autocratiques et égoïstes, en même temps que l'établissement, parmi les peuples vraiment libres et se gouvernant eux-mêmes, de l'unité d'objectif et de moyens qui assureront à jamais le respect de ces principes. »

« Les nations doivent comprendre qu'il existe une vie commune qu'il leur importe de consolider, à l'aide d'associations pratiques, contre les attaques d'une puissance autocratique quelconque. » (1)

« Il faut une constitution des Etats-Unis du Monde » ; il faut une « Cour internationale suprême », c'est-à-dire « un organe de liaison entre toutes les nations libérées. » — « Et alors, les peuples du monde entier, libérés, devront se grouper sous une forme de convention commune quelconque, dans une coopération pratique et sincère qui aura pour effet de combiner leurs forces, pour assurer la paix et la justice dans les rapports des nations entre elles. » — « La fraternité universelle ne doit plus être une phrase creuse, on doit la rendre réelle, en lui fournissant une base solide. » (2)

Toute idée de guerres, d'accroissements territoriaux, d'attentats à la liberté des peuples ne doit plus hanter la génération

---

(1) Wilson. Message au peuple russe.
(2) Id. ibid. Notification au peuple russe.

nouvelle. « Ce qu'il faut tuer, c'est la guerre » et, pour cela, dit le président Wilson, l'Amérique est prête à tous les sacrifices : « Nous sacrifierons notre vie, notre fortune, tout ce que nous possédons, à un tel devoir, avec la fierté de savoir qu'enfin le jour est arrivé où l'Amérique veut donner son sang pour les mêmes principes d'où elle est née, ainsi que pour le bonheur et la paix dont elle a pu jouir. Dieu aidant elle ne saurait agir différemment. »

Sans entreprendre ici une étude approfondie des idées de l'ex-président Wilson, sans nier que certaines de ses vues, (notamment (1) en ce qui concerne l'acceptation inopportune de la paix, proposée par nos ennemis et la réparation des dommages de guerre), nous ont été grandement préjudiciables, on doit reconnaître que certaines de ses conceptions ont quelque chose de profondément humanitaire.

Ne serait-il pas souverainement désirable que les conflits inévitables entre les différents états fussent dorénavant réglés, sans effusion de sang, par un tribunal international formé de représentants des différentes nations et de celui qui représente, ici-bas, la plus haute puissance morale, le chef de la catholicité.

Il me paraît équitable d'observer que « l'hostilité contre la Société des Nations a été, aux Etats-Unis, bien plus une machine politique d'un parti contre un autre, que l'expression d'une répulsion motivée et fondée en raison. En somme, on en reprend l'idée, si même on le confisque. Et cela même est le commencement d'une réhabilitation pour M. Wilson. Le commencement seulement, car, — j'aurai l'audace du paradoxe, — la réhabilitation ne s'arrêtera pas là.

» M. Wilson eut des défauts, des lacunes, des faiblesses ;

---

(1) Je dis « notamment », car ce ne sont pas les seuls points où M. Wilson a fait le jeu de l'Allemagne. Dans un article publié par *Le Temps*, en date du 12 septembre 1921, M. Poincaré a établi que dans les négociations qui, lors de la Conférence de la Paix, aboutirent à l'organisation actuelle des garanties résultant de l'occupation de la rive gauche du Rhin, MM. Lloyd George et Wilson se déclarèrent hostiles à toute occupation militaire. Ce n'est qu'après bien des palabres que la France obtint l'occupation de 15 années.

il n'en reste pas moins que c'est le seul de ses partenaires, dans la conduite de la guerre et de la paix, à avoir eu le sens d'une politique universelle, ou comme on dit mondiale. Et cela lui assure une place à part dans l'histoire, où ne lui manquera pas la consécration de la plus injuste ingratitude. Il a voulu la Société des Nations avec un entêtement qui a fini par la créer. Elle est imparfaite, vagissante, malhabile, tout ce que l'on voudra, — mais elle existe, — et, pour la première fois, la vieille utopie se trouve réalisée quoique imparfaitement (1). Sous une forme ou sous une autre, elle ne peut plus disparaître (2). Même une autre institution qui l'absorberait en vivrait, parce qu'elle est l'expression d'un sens nouveau dans le monde contemporain : le sens de l'interdépendance mondiale.

» La grande faiblesse, la grande faute de M. Wilson fut une faute d'orgueil. Au début de sa campagne, il eut l'idée d'écouter l'appel qui lui vint du Vatican, et nous serons, quelque jour, édifiés, sans doute, sur les négociations dont le cardinal Gibbons fut l'intermédiaire et où tant d'espoirs commençaient à fleurir. Dans sa pensée, — très noble, — d'altruisme univer-

---

(1) La Société des Nations, on le sait, s'est réunie en assemblée générale à Genève. Dans son discours du 16 septembre 1921, le Président de la Société, M. Van Karnebec, a dit, d'une voix grave et légèrement émue : « Messieurs, un acte international de la plus haute importance politique et morale vient de s'accomplir.

» La Société des Nations a réussi là où la seconde Conférence de la Paix, en 1919, avait échoué. Plus de quarante Etats, représentant toutes les parties du Globe, se sont mis d'accord, par un système d'élections des plus ingénieux, sur le choix des quinze hommes d'élite, qui auront pour mission d'exercer la plus haute justice que l'histoire ait jamais connue.

» Inclinons-nous respectueusement devant cet évènement historique qui marque une ère nouvelle dans la vie de la communauté internationale ».

(2) Au commencement de novembre 1921, un message de *Exchange Telegraph*, de New-York, signalait que, suivant le correspondant du *New-York Herald*, à Washington, les délégués américains, à la Conférence, ont l'intention de soumettre, à cette dernière, un projet d'association volontaire des nations, ayant pour but principal, la réduction générale des armements. Ce projet proposé comme devant remplacer le covenant de la Société des Nations, réclamerait, en outre, la constitution d'une Cour internationale de justice. On voit que les Américains reprennent l'idée de la Société des Nations qu'ils avaient abandonnée précédemment.

sel, M. Wilson pouvait, dès lors, trouver dans le Pape un collaborateur d'autant mieux préparé que, pour celui-là, l'idée-mère de la Société était aussi vieille que la religion dont il est le chef. Je marquai, ici-même, dès cette époque, la faiblesse de M. Wilson d'avoir voulu être, à lui seul, un Pape laïque. Son impuissance relative, les difficultés où il a fini par sombrer datent de là ; il était, dès lors, facile, sans la moindre divination, de le prévoir : il suffisait de raisonner sainement. Mais cette faute, qu'il a si durement expiée, ne saurait empêcher de lui rendre la justice qu'il mérite. Dans le monde laïque, il fut le créateur obstiné d'un sens nouveau et de l'organisme qui devait en assurer l'exercice. Au moment où son œuvre, même si elle doit être transformée ou adaptée par d'autres, donne une preuve de sa vitalité, il est équitable, après qu'elle lui a valu tant de reproches et tant d'ironies, de lui en reporter l'honneur. M. Wilson fut en retard sur notre Eglise, mais il fut en avant sur son temps. » (1)

Ces beaux rêves de paix universelle, deviendront-ils une réalité ? Les guerres sont-elles appelées à disparaître ? On peut en douter, quand on songe aux idées de revanche de l'Allemagne (2), à celles d'impérialisme de l'Angleterre et au danger mondial créé par le bolchevisme. De récents articles nous signalent un mouvement pan-nègre à Libéria et il ne serait pas impossible que la race noire prenne un jour conscience de sa force et cherche à l'imposer aux autres. (3) Les nègres, mêlés aux évènements de notre époque, ont ouvert les yeux et si, dans leur nombre, il ne se trouve pas beaucoup d'hommes intelligents, il s'en trouve néanmoins quelques-uns, qui pourraient, un jour venant, diriger ce mouvement.

---

(1) Article paru dans le *Correspondant* du 25 juillet 1921. Interim.

(2) Un officier français, revenant d'Allemagne, me rapportait dernièrement cette parole dite par un lieutenant boche : « Après notre revanche, il faudra un écriteau pour indiquer où se trouvait Paris. »

(3) Un récent ouvrage d'un Américain, M. Lothrop Stoddart : « La Marée montante des races de couleur contre la suprématie des blancs, » est venu justifier pleinement ce que j'écrivais, il y a quelques mois.

En dehors des espérances sus-mentionnées et en restant
sur le terrain des faits acquis, l'intervention américaine n'a
pas été sans grand profit pour nous, tant au point de vue militaire, qu'aux points de vue moral, matériel et financier.

Ce fut l'arrivée des Américains en France qui soutint le
courage de nos soldats, un peu ébranlé, pendant cette terrible
année 1917, qui vit l'échec de notre tentative du Chemin-des-
Dames, pour crever le front boche, et l'effondrement du front
Russe, miné par la propagande bolcheviste. C'est la certitude
de la prochaine entrée en ligne des soldats de Pershing qui
nous aida à tenir le coup quand, à la fin de mars 1918, le front
Anglais fut crevé du côté de Péronne, et quand, à la fin de
mai, l'ennemi, ayant rompu nos propres lignes, arriva jusqu'à
Château-Thierry.

Il convient de remarquer que la rapidité avec laquelle se
sont formées les armées américaines a permis au commandement suprême de leur confier la garde de grands secteurs
peu menacés, d'en enlever de nombreuses troupes françaises
et anglaises et de former les armées de réserve qui, de
juillet à novembre, ont joué le rôle décisif. (1) Ajoutons en
outre, qu'au moment de l'armistice, de nombreuses divisions
françaises et américaines, devaient, sous les ordres du général
Mangin, entreprendre, vers le 15 novembre, dans la direction
de l'est, un mouvement auquel les Allemands étaient dans l'im-
possibilité de résister et qui eût coupé la retraite vers l'Allemagne à plus d'un million de leurs soldats.

Je trouve dans le journal *Le Télégramme*, du 19 juillet 1918,
les lignes suivantes qui montrent le bel entrain dont faisaient
preuve les troupes américaines sur les champs de bataille :

---

(1) On sait que le 20 juillet 1917 fut conclu, entre le gouvernement
américain et le haut commissaire français aux Etats-Unis, M. André
Tardieu, un accord aux termes duquel le gouvernement américain adoptait
les deux principaux matériels d'artillerie française, le canon de 75 de
campagne et l'obusier rapide de 155. Dès son arrivée en France, le corps
expéditionnaire du général Pershing reçut des autorités françaises son
artillerie de campagne, son artillerie lourde à tir rapide et son artillerie
de tranchée, ce qui accéléra naturellement son entrée en ligne.

La belle ardeur des Américains

« Quand les Américains, à 4 h. 45, ce matin, s'élancèrent à l'attaque dans le secteur de Soissons, ils étaient appuyés par un certain nombre de tanks britanniques. Ils atteignirent rapidement leurs objectifs. L'ennemi offrit d'abord quelque résistance, mais bientôt il abandonna mitrailleuses, équipements et tout ce qui pouvait l'embarrasser dans sa fuite. Les cris des camarades saluaient les Américains victorieux, qui, atteignant les objectifs une heure plus tôt qu'on ne l'avait prévu, combattirent avec une résolution et une ardeur stupéfiantes.

» Les blessés étaient vraiment pleins d'enthousiasme. Ils n'avaient vu dans toute cette opération qu'une belle aventure. « Quand je vis fuir ces Allemands, me dit l'un d'eux, un gars rude et vigoureux, je fus joliment content » ; et un autre : « C'était un amusement de cueillir les Boches. »

» Les hommes ont avancé si rapidement aujourd'hui que les cuistots s'en sont plaints à moi : « Ils avancent si vite, me dit l'un d'eux, que nous ne pouvons pas les suivre. Nous avons couru après eux toute la journée. »

Les Grenadiers malmenés par les Américains

« Avec les armées américaines. Mercredi. Les troupes américaines ont encore combattu aujourd'hui vaillamment avec les Français ; elles se sont battues à l'est de Reims, ces jours derniers, et se sont comportées avec leur distinction habituelle. Mais c'est la résistance américaine à l'attaque allemande sur la Marne, dès le début de l'offensive, qui joue le premier rôle.

» Dans les récits du jour, j'ai déjà dit combien le commandement français avait apprécié la conduite de cette unité. Il paraît que, lorsque les Allemands traversèrent la Marne, les Américains refusèrent de se replier. L'ennemi s'efforçait d'atteindre les objectifs, mais bientôt il se trouva dans un péril extrême, car les mitrailleurs et les riflemen américains lui tiraient dans le dos.

» Les Allemands furent rapidement contraints de se retirer

sur la rive opposée du fleuve. En quelques endroits, ils ne tentèrent même pas de franchir la Marne, tant le barrage de l'artillerie était violent.

» Un régiment de grenadiers allemands fut mis en pièces. Les deux rives de la Marne sont couvertes de cadavres boches ».

Ces succès remportés par nos vaillants alliés n'ont pas été sans leur coûter bien des hommes. L'armée Américaine a perdu 115.000 hommes, dont 50.000 tués au combat. Il faut y ajouter 206.000 blessés. Dans la seule bataille de l'Argonne, en 1918, 120.000 Américains ont été mis hors de combat. Voilà ce que nous ne devons pas oublier.

Quant au point de vue moral, matériel et financier, l'appui que nous a prêté l'Amérique a été, sans contredit, considérable. Voici ce qu'écrivait, à la date du 15 avril 1917, le journal l'*Echo de la Sologne* :

» Depuis l'entrée de l'Angleterre dans le conflit mondial, aux premiers jours d'août 1914, l'intervention des Etats-Unis est, à coup sûr, l'évènement le plus sensationnel de la grande guerre, celui qui doit avoir, dans les suites et les résultats de la lutte, les conséquences les plus immédiates, les plus considérables et les plus certaines.

» Et ce n'est pas par l'apport militaire de notre nouvel allié que ces conséquences se feront le plus directement sentir. Les conditions de la guerre moderne ne sont plus les conditions de la guerre d'autrefois. A côté de la force des armes, d'autres facteurs, jusqu'ici à peine entrevus, pèsent d'un poids énorme sur la conduite des évènements. A ce dernier point de vue, l'intervention des Etats-Unis revêt un caractère de toute exceptionnelle importance. Ce sont, en effet, la puissance financière formidable du Nouveau-Monde, ses énormes facultés de production en matériel et approvisionnements de toutes sortes, ses ressources alimentaires inépuisables mises tout entières à la disposition des peuples de l'Entente.

. . . .

» Etonnant contraste des choses de l'histoire ! Il y a quelque cent trente années, la France, vengeant la perte du Canada, faisait, contre l'Angleterre, l'indépendance des Etats-Unis ; le drapeau fleurdelysé des Capétiens flottait en maître sur les mers du monde, et le traité de Versailles effaçait les tristesses du traité de Paris.

» Aujourd'hui, les drapeaux alliés de la France et de l'Angleterre, unis bientôt au drapeau étoilé de l'Union, flottent côte à côte devant les hordes des barbares !

» Le flambeau de la liberté allumé par nos pères aux rivages du Nouveau-Monde nous renvoie aujourd'hui sa lumière. » (1)

L'appui matériel que nous ont prêté les Etats-Unis est de haute importance. Le tonnage total d'approvisionnement, amené d'Amérique en France, a été de 7.500.000 tonnes. Quant à l'appui financier, il vaut la peine que nous nous y arrêtions. Sait-on quel est le bilan de nos différentes dettes envers les Etats-Unis pour 1921.

D'après M. S. Lauzanne, il s'établit comme suit :

a) Deux milliards et demi de dollars représentés par les emprunts contractés pendant la guerre et dûs par la France au Gouvernement des Etats-Unis.

b) Quatre cents millions de dollars dûs par la France au Trésor des Etats-Unis et représentés par les stocks et le matériel de guerre laissés en France.

c) Cent millions de dollars dûs par la France au groupe Morgan et représentés par l'emprunt contracté au moment du remboursement de l'Anglo-French.

d) Cinquante millions de dollars dûs par la ville de Paris au groupe Morgan et représentés par des obligations municipales placées dans le monde américain.

e) Cinquante millions de dollars dûs conjointement par les villes de Bordeaux, Lyon et Marseille à différents groupes

---

(1) L'intervention Américaine. — Joseph Thirion. — *Echo de la Sologne*, 15 avril 1917.

financiers pour des obligations municipales analogues aux précédentes.

Dette totale : trois milliards cent millions de dollars, ce qui, à 16 francs le dollar, représente, en chiffre rond, cinquante milliards de francs. (1)

Cet exposé, comme on a pu le remarquer, contient deux catégories de dettes, la première se rapporte à l'Etat américain, la seconde à des groupements financiers américains.

Les dettes envers l'Etat américain s'élèvent à deux milliards neuf cents millions de dollars, (quarante six milliards quatre cents millions de francs) ; ce sont les plus importantes. Les dettes envers les groupes financiers américains ne dépassent pas deux cents millions de dollars, un peu plus de trois milliards de francs.

Cette distinction s'impose, car les groupes financiers américains n'ont pu et ne pourront consentir aucune remise de la dette en capital, ni aucune réduction de l'intérêt. Au contraire, l'Etat américain n'a, jusqu'à ce moment, sur les quarante six milliards de francs qui lui sont dûs, réclamé à la France ni un centime de capital, ni un centime d'intérêt. C'est un des plus grands, des plus nobles et des plus magnanimes exemples de désintéressement qu'ait jamais donné une vaillante nation, à travers le cours des âges.

Voilà ce que rappelait tout dernièrement encore M. Jusserand, ambassadeur de France aux Etats-Unis, à la cérémonie

---

(1) On sait que le dollar a baissé depuis que ces lignes ont été écrites. Postérieurement à cette baisse, c'est-à-dire en septembre 1921, *Le Daily Express* a donné le chiffre de nos dettes envers l'Amérique. D'après ces derniers calculs, la France devrait à l'Amérique 23 milliards de francs environ. Le même journal fixe comme suit les dettes des autres nations envers les Etats-Unis :
Grande-Bretagne : 58 milliards de francs environ.
Italie : 17 milliards de francs environ.
Belgique : 4 milliards de francs environ.
Autres Pays : 2 milliards de francs environ.
Ajoutons toutefois que, comme on le verra plus loin, le taux du dollar n'entrera probablement pas en ligne de compte dans le règlement de nos dettes envers l'Amérique.

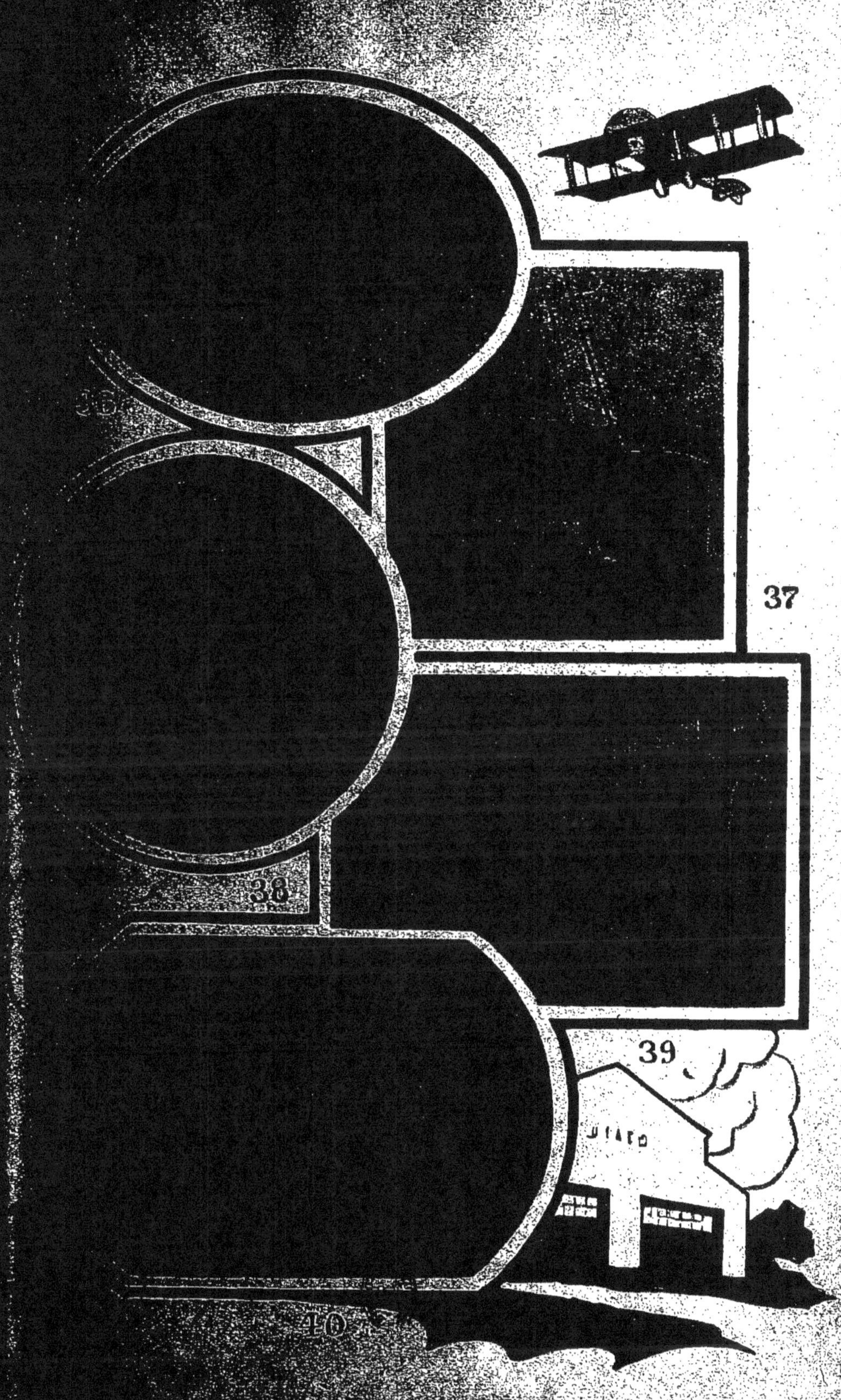
36
37
38
39
40

d'inauguration du monument commémoratif de Saint-Haon-le-Châtel, le 11 septembre 1921. Après avoir magnifié les héros de la grande guerre, il a rendu un public hommage à la générosité du peuple Américain, qui n'a pas craint d'entrer dans la lutte et qui n'a demandé aucune indemnité pour ces sacrifices.

L'idée d'annuler les prêts entre alliés a été soutenue, à différentes reprises, en Angleterre, notamment par M. John Maynard Keynes. Cet auteur, très malveillant pour la France, estime que le règlement de la dette interalliée est un préliminaire indispensable à l'examen des indemnités que devront verser nos ennemis. Mais si, dans l'enthousiasme de la guerre, on aurait pu donner à ces prêts le caractère d'un emprunt bénévole, faut-il espérer qu'il en sera de même aujourd'hui ? Doit-on supposer que nos alliés d'Amérique consentent ce sacrifice ?

« Un des Français qui connaissent le mieux les Etats-Unis, M. Georges Chartier, signale à ce propos que les débats du Sénat américain, au cours de ces derniers mois, ne peuvent laisser à ce sujet aucune illusion. La Commission des affaires étrangères vient de voter deux résolutions du sénateur Walsh, dont l'une interdit tous nouveaux emprunts à l'étranger et l'autre réclame des éclaircissements sur tous ceux déjà consentis. D'autre part, les divulgations faites récemment à Birmingham, par M. Chamberlain, concernant une demande d'annulation des dettes interalliées, ont soulevé dans la presse et l'opinion américaines une vive émotion.

» Il faut dire que l'opinion américaine, puissamment travaillée par la propagande allemande, nous est assez peu favorable. Cette propagande utilise contre l'Angleterre les déplorables évènements d'Irlande. Contre la France, elle use de l'argument du soi-disant impérialisme qui nous porte à entretenir à grands frais des forces militaires supérieures à nos besoins, pour établir notre domination en Syrie et en Cilicie. On nous reproche aussi notre occupation des Pays Rhénans et l'emploi des troupes noires, pour tenir en respect des populations blanches, ce qui est dénoncé comme un attentat à la civilisation. Ces calomnies ne réussissent que trop bien à indisposer contre nous une partie des Américains, si bien que l'idée d'un arrangement pour notre dette rencontre auprès d'eux beaucoup d'opposition. Tout ce que nous aurions chance d'obtenir, ce serait la tranformation des dettes de guerre en obligations à long terme à un taux d'intérêt peu élevé. Il y a pourtant des exceptions à cet état d'esprit : quelques Américains de marque, en exprimant leur sympathie pour la France, ont déclaré que les sacrifices que nous avions consentis pour la cause commune méritaient des concessions. En Angleterre aussi, on entend quelquefois le même son de cloche : le journal libéral, la *Westminster Gazette*, a publié tout récemment, de son correspondant de Paris, un article très significatif dans ce sens et d'un ton auquel ce journal ne nous a pas habitués.

» Au fond de tout ce qui se dit à propos de l'annulation des dettes, écrit-il, il y a en France le sentiment que sa dette n'est nullement la dette de la France, la guerre étant la guerre des alliés. La France a donné ce qu'elle pouvait, et les alliés ont donné ce qu'ils pouvaient. Vous ne pouvez pas limiter vos charges et demander à une seule nation de supporter plus que sa part équitable des dépenses. Parmi les dépenses de la France, il faut compter les régions dévastées.

» Au moment où l'Amérique entra dans la guerre ses responsabilités ne s'arrêtèrent pas ici ou là. Elle en avait fait sa guerre. Si elle a « prêté » de l'argent, il fut dépensé pour elle. L'argument de la France, c'est qu'on devrait répartir convenablement les frais, et que les sacrifices devraient être égaux, c'est-à-dire égaux par rapport aux moyens des divers belligérants. Et je ne pense pas qu'il puisse y avoir de réplique sérieuse à cette argumentation. Impossible de parler plus clairement ; la conclusion qui s'en déduit est très nette : ou bien il faut faire payer l'Allemagne (1) pour restaurer la

---

(1) Les acclamations enthousiastes prodiguées en Amérique aux hommes d'Etat Français, comme celles dont nous entourons les hommes d'Etat Américain, ne sont pas tout. A propos de la Conférence de Washington, M. P.-O. Dolbert a fait, dans *Ouest-Eclair*, la judicieuse remarque suivante : « Les représentants de la France seront fêtés avec

France, ou bien faire remise à la France d'une partie de ses dettes.

» Il y un an, au mois de février 1920, la presse américaine avait lancé la nouvelle qu'un groupe de capitalistes américains aurait proposé, au gouvernement français, une somme de quarante milliards en échange de l'exploitation, pendant vingt-cinq ans au moins, de notre monopole des tabacs. On parla aussi d'une annuité de deux milliards représentant l'affermage de nos tabacs et de nos allumettes. Cette combinaison, qui aurait eu un heureux résultat sur notre change, fut officiellement démentie. Qu'elle eût été, le cas échéant, bien accueillie aux Etats-Unis, c'est incontestable. Comme nous l'avons déjà dit ici, les Américains ont autant d'intérêt que nous-mêmes à voir cesser la dépréciation du franc par rapport au dollar, qui entrave singulièrement leurs ventes en France, tout en facilitant nos importations chez eux. Il en résulte pour leur industrie une crise plus forte que celle dont nous souffrons nous-mêmes (1). Pendant la guerre, ils ont créé de toutes pièces d'énormes entreprises pour accroître leur production afin de

---

effusion en Amérique, comme nous fêtons Pershing quand il arrive en France. Seulement il y a une large ligne de démarcation entre les manifestations populaires et les actes diplomatiques. Les premiers font plaisir, mais les seconds seuls comptent pour l'histoire. Il nous faudrait là-bas, comme partout ailleurs, un homme qui, se souciant peu des acclamations, saurait parler le langage réaliste des marchés et des entreprises ».

(1) « De retour à Paris après un voyage de six semaines aux Etats-Unis, M. John Lewis, vice-président de la Guarantee Trust Company of New-York, vient de déclarer à un rédacteur du *New-York Herald* que, à son avis, la dépression générale des affaires qui existe aux Etats-Unis a atteint son maximum. Quoiqu'il n'y ait pas d'indications immédiates d'un changement prononcé, il ne doute pas que dans quelques mois il y aura le commencement d'une reprise et d'une confiance plus grande dans l'avenir, qui seront l'indice du retour à la prospérité.

» Actuellement, chacun procède avec la plus grande prudence. Mais les mouvements de baisse sensationnels sont passés et une nouvelle ère est en préparation. Ce sera celle d'une solide reconstitution après les dérangements occasionnés par la guerre. Quand les affaires se traitent aussi prudemment qu'actuellement, on ne peut pas espérer des développements soudains et les progrès ne peuvent s'établir que pas à pas. Néanmoins, M. Lewis croit qu'on peut s'attendre à une amélioration prochaine de la situation ».

Tiré du journal *Documentation Financière*, 7 mars 1921, Paris, 7, rue Laffitte.

subvenir aux besoins de l'Europe. Aujourd'hui que la demande est arrêtée, ces entreprises végètent, et toutes celles qui ne sont pas solidement établies sont menacées de disparaître. Pas d'autre moyen de remédier à cet état de choses que de restaurer l'Europe, à la prospérité de laquelle est intimement liée celle des Etats-Unis, et alors, en présence de la difficulté d'étendre les relations commerciales et d'accorder aux pays européens de nouveaux crédits, l'idée qui se fait jour aux Etats-Unis est que les Américains doivent s'introduire directement dans les entreprises européennes avec leurs propres capitaux et leurs organisations techniques. Cette manœuvre se trouve facilitée par l'état du change qui permet l'achat, dans des conditions très avantageuses, des actions des entreprises anciennes ou la création, à bon compte, avec l'argent américain d'entreprises nouvelles. Il y aurait là un asservissement économique contre lequel nous devons réagir de toutes nos forces. Les Américains ont la part assez belle dans d'autres pays sans venir nous exproprier chez nous. Ce serait bien mal reconnaître ce que nous avons fait pour la cause commune. » (1)

Il est en outre à craindre que, sous le nom d'Américains, les Allemands ne prennent dans nos affaires des intérêts, ou n'exercent des contrôles que nous ne supporterions pas s'ils se présentaient à visage découvert.

Le *Journal of Commerce* de New-York, publiait, en juin 1921, une dépêche de Washington d'après laquelle les Etats-Unis et la grande Bretagne seraient arrivés à un accord, proposant un délai de quinze ans pour le payement des dettes alliées.

La Croix, qui rapportait ce fait, dans son n° du 16 juin 1921, ajoutait qu'un projet d'accord concernant le remboursement de toutes les dettes de guerre des alliés vis-à-vis des Etats-Unis, venait d'être envoyé à Londres aux fins d'examen.

Le même journal, à la date du 25 juin, annonçait que M. Penrose, président de la Commission des Finances, avait présenté au Sénat un projet de loi relatif aux emprunts de guerre consentis aux alliés par les Etats-Unis.

---

(1) Antoine de Tarbé. Article paru dans le journal *La Croix*.

« Ce projet donne au Secrétaire du Trésor, sauf approbation du président, pleins pouvoirs pour faire la conversion ou prolonger la durée des emprunts ou du service des intérêts, pour accepter les valeurs étrangères en payement des intérêts et pour régler toutes les revendications pour lesquelles il n'y a pas aujourd'hui de gages ou de garanties. Le projet de la loi Penrose a l'approbation du président Harding. »

Ce qu'on peut dire de plus clair sur la question est que la récente visite de M. Viviani au nouveau président de la République Américaine a, pour le moment, réglé cette question des dettes, que les Allemands cherchaient à exploiter contre nous. Le gouvernement français n'a jamais songé à renier sa dette ou à en solliciter l'annulation, a dit M. Viviani, mais il demande, (ce que les Etats-Unis sont d'ailleurs disposés à lui accorder), un long crédit pour le payement des intérêts et le remboursement du capital, jusqu'à ce que la question des réparations, dans laquelle l'Amérique ne saurait manquer de soutenir la France, soit résolue. Il semble qu'un accord ait été fait, ainsi que cela a eu lieu pour l'achat des stocks, aux fins de fixer le remboursement de la dette française à un taux de change fixe, qui serait de 7 francs par dollar, tant que le franc ne sera pas au pair ; mais la situation économique de l'Amérique devient de plus en plus grave et ne paraît pas devoir s'améliorer tant qu'il existera un grand écart de changes ; aussi, si le Sénat paraît hostile, pour le moment, à l'idée d'une annulation ou d'une réduction de dettes, il semble, au contraire, qu'un mouvement très favorable à cette annulation ou à cette réduction se produit dans le monde financier. industriel et producteur des Etats-Unis. Ce n'est encore qu'un mouvement, mais il pourrait devenir une réalité : cette question des dettes est une question d'économie politique mondiale sur la résolution de laquelle l'avenir seul nous éclairera. (1)

____

(1) Personnellement j'ai confiance dans le sentiment de justice, très marqué chez les Américains, et j'espère que nos Alliés ne nous demanderont pas plus que nous pouvons donner. La guerre a ruiné la France et dévasté la partie nord et est de son territoire, tandis qu'elle a puissamment contribué à la prospérité des Etats-Unis. Ces faits sont de notoriété publique et les deux tableaux comparatifs suivants les confirment en les précisant.

Je terminerai ce chapitre en reproduisant l'appréciation d'un homme très compétent, qui visita en détail les camps de Gièvres. En 1918, j'eus l'honneur de recevoir à la cure le général français Radiguet et de l'accompagner dans sa visite au G. I. S. D. et au camp de l'aviation ; il a retracé ses impressions dans les lignes qu'on va lire. Les suppressions sont celles de la censure, qui régnait en maîtresse quand parut l'article.

LA DETTE MONDIALE

Ce tableau montre que la France est la plus endettée de toutes les nations, même de l'Allemagne, si l'on tient compte du nombre de ses habitants. On y voit le bond prodigieux fait par les dettes mondiales de 1913 à 1920 : de 44 milliards de dollars, avant la guerre, ces dettes atteignent aujourd'hui 298 milliards.

	1913	1920
France	6.346:129	46.025.000
Allemagne	1.194.052	57.200.000
Etats-Unis	1.028.564	24.062.510
Angleterre	3.585.818	37.910.000
Hongrie	1.731.350	11.403.000
Italie	2.921.153	18.830.000
Pologne	....	9.500.000
Canada	544.391	2.276.000
Tchéco-Slovaquie	....	7.000.000
Belgique	825.269	2.750.000
Autriche	2.152.490	16.807.000
Australie	80.753	1.950.000

BÉNÉFICES DE GUERRE DES ÉTATS-UNIS

EXPORTATIONS	Avant la guerre pour l'année finissant le 1er Juillet 1914	Après 2 ans de guerre pour l'année finissant le 1er Juillet 1916
Bétail, chevaux, mules	23.500.000	494.000.000
Cuivre	295.000.000	1.285.000.000
Articles alimentaires	825.000.000	2.175.000.000
Automobiles et accessoires	165.000.000	600.000.000
Aéroplanes et accessoires	1.130.000	35.000.000
Voitures, chars, motocyclettes	255.000.000	835.000.000
Produits chimiques	137.500.000	620.000.000
Explosifs	30.000.000	2.335.000.000
Fer, acier, zinc	1.257.030.000	3.330.000.000
Armes à feu	17.500.000	90.000.000
Machinerie	70.000.000	305.000.000
Fil de fer, clous	51.500.000	250.000.000
Cuirs et peaux	182.500.000	400.000.000
Bottes et souliers	90.000.000	235.000.000
Lait condensé	6.500.000	60.000.000
Sucre raffiné	9.000.000	395.000.000
Laine	34.500.000	225.000.000
TOTAL	3.450.660.000	13.669.000.000

Ce tableau a été dressé à l'aide des statistiques officielles du département du Commerce à Washington. (G. Jolivet, dix-huit mois de guerre, p. 200 et 201.)

UN ASPECT DE L'EFFORT AMÉRICAIN

L'esprit reste confondu devant l'énormité de l'effort réalisé sur notre territoire, en moins d'un an, par nos Alliés de l'Ouest. Cette affirmation ne surprendra guère les gens de notre région ; combien d'entre eux ont été à même de se rendre compte et d'admirer ce qu'ont fait les Américains depuis leur premier débarquement, en mai 1917, dans un port voisin !

J'ai eu, tout récemment, la bonne fortune de visiter en détail une de leurs organisations principales : Elle se trouve quelque part, en France, sur un immense terrain qui ne fut choisi qu'à la fin d'août 1917. Il était alors desservi par une seule de nos grandes voies ferrées, un petit chemin de fer d'intérêt local et un système routier assez primitif. On y trouve aujourd'hui, moins de onze mois après, des camps réguliers abritant une vingtaine de mille hommes, des voies ferrées en quantité, un réseau de routes très dense, sillonné en tous sens par des centaines d'autos et de camions.

L'ensemble de ces camps doit assurer le fonctionnement de trois formations distinctes : 1° un immense atelier pour le montage et les réparations des autos et camions ; 2° une série d'ateliers pour le montage et la mise au point des avions construits en Amérique ; 3° une usine frigorifique avec d'immenses magasins pour la conservation par le froid des denrées périssables.

Tous les camps américains de baraques en bois sont établis d'après le même modèle. Je ne m'arrêterai donc pas à les décrire ; qu'il me suffise de dire qu'ils répondent à toutes les exigences de l'hygiène la plus rigoureuse : je signalerai l'organisation des infirmeries-hôpitaux, l'installation des magasins de toute espèce, boulangeries, etc., etc. Une mention spéciale doit revenir à l'organisation des feuillées, toujours si défectueuse dans nos installations ; celles des Américains sont construites de façon permanente et décente, l'emploi de récipients métalliques permet de les assainir deux fois par jour et d'éloigner bien des chances de contagion.

Dans l'examen de toute organisation américaine on est immédiatement amené à constater que l'idée maîtresse, celle qui prime toute les autres dans la pensée de ceux qui conçoivent des travaux, consiste à réaliser une œuvre pratique, permettant l'emploi d'un minimum de main d'œuvre pour un rendement maximum.

Pour l'établissement des camps qui nous occupent et qui ne sont pas encore terminés, nos alliés se sont fait aider par une nombreuse main d'œuvre chinoise mise à leur disposition par la France. Les Chinois sont principalement employés aux travaux de terrassement, de construction et d'entretien de routes, aux travaux d'infrastructure des voies ferrés.

L'emploi de cette main-d'œuvre chinoise sur notre sol mérite une observation.

J'ai vu longtemps les Chinois au travail dans tout l'Extrême-Orient ; on les considérait comme des travailleurs très sobres, mangeant juste la quantité d'aliments nécessaire à leur subsistance. On pouvait, sans surveillance, obtenir d'eux un grand rendement dans les diverses tâches qui leur étaient confiées : il en serait, paraît-il, tout autrement en France ; il serait nécessaire de les surveiller de très près et de les mener assez sévèrement pour arriver à en obtenir un rendement de travail médiocre.

Les Américains, qui ont déjà eu l'occasion d'employer la main-d'œuvre chinoise dans d'autres contrées, pensent que leur nonchalance est due à deux causes : nourriture trop abondante et paiement des salaires à la journée et non à la tâche.

*
* *

L'atelier de montage et de réparations pour voitures de toutes sortes ne mérite de mention spéciale que par la dimension des hangars qui abritent l'outillage, par la simplicité et le perfectionnement de cet outillage, par le petit nombre d'ouvriers attelés à une œuvre de cette envergure. Cette organisation est en plein fonctionnement ; toutefois elle n'est pas encore au point, nos amis ont l'intention de mettre sous abris les milliers de voitures qui s'alignent dans l'immense plaine.

42
41
43
45
44
46

Les ateliers de montage des avions seront complétés ultérieurement' par l'adjonction d'ateliers de réparation. Ces ateliers viennent seulement d'être achevés, ils fonctionnent depuis peu. Ils sont constitués par de très grands hangars, très solidement établis, capables de résister aux plus fortes tourmentes ; ils sont situés à portée de l'un des plus beaux terrains d'aviation de notre pays ; ils sont destinés, pour le moment, au montage des appareils construits en Amérique. Ceux-ci arrivent dans des caisses, divisés en trois parties : 1° moitié avant, avec moteur ; 2° moitié arrière, avec gouvernail ; 3° empennage ; les hélices sont envoyées par douzaine, dans des caisses spéciales.

Toutes les caisses sont numérotées avec soin ; d'ailleurs, pour tous les avions de même type, les pièces sont interchangeables, ce qui simplifie beaucoup les opérations de montage.

Les caisses sont amenées par voie ferrée, le long des portes des hangars, elles sont enlevées des trucs, et entrées dans les ateliers, au moyen d'appareils aussi simples que puissants.

L'opération du montage consiste à assembler une partie avant avec une partie arrière, à monter l'empennage, à placer le train d'atterrissage. Tout, en Amérique, a été préparé pour rendre ce travail facile et rapide, il n'exige aucune machine spéciale. Un capitaine ingénieur, avec un certain nombre d'officiers adjoints, dirige les travaux. On y emploie des soldats spécialistes américains, des ouvriers français et même des femmes françaises amenées d'usines de la région parisienne.

A proximité des ateliers de montage, on voit des hangars avec buttes de tir, on y essaie les hélices au point fixe, on y règle le tir des mitrailleuses au travers des hélices. Lorsque l'avion quitte ce hangar, il est monté et peut être livré aux pilotes chargés des essais.

Quand je fus admis à visiter ces ateliers, on en était encore à la période du début et de tâtonnement : des centaines de caisses attendaient dedans et aux alentours des ateliers, on ne montait encore que quelques avions par jour, on comptait

arriver à en monter et livrer   (1), vers le 25 juillet,
vers le 20 août. Un simple coup d'œil sur ces chiffres démontre
qu'aux ateliers qui nous occupent (il en existe d'autres), près
de   avions sortiront bientôt par mois. Or, les Américains ont préparé de puissantes réserves de pilotes ; ceux-ci
sont, en général, excellents : que prendront, selon l'expression
des poilus, les derrières des armées allemandes, lorsque ce
puissant matériel viendra se joindre au nôtre et sillonner les
airs le jour et la nuit !

C'est à dessein que je ne donne aucun détail sur la forme,
la puissance des moteurs, l'armement, le futur emploi des
appareils que j'ai vu monter sous mes yeux.

J'avais constaté en Amérique que le premier effort de nos
Alliés en aviation, mal dirigé dès le début, n'avait pas donné
ce que l'on était en droit d'en attendre ; ils ont su, en peu de
mois, rectifier les erreurs du début et mettre les morceaux
doubles.

Il me reste à dire quelques mots des installations frigorifiques. Sur ce point encore, je suis forcé de m'en tenir à des
généralités ; elles ne sont pas, cependant, dénuées d'intérêt.

Les usines installées sur notre sol sont à l'heure actuelle
les plus importantes du monde entier pour la production du
froid et la fabrication de la glace à rafraîchir ; Dieu sait cependant
s'il en existe de puissantes de l'autre côté de l'Atlantique.

Le but des usines est double :

1º Produire le froid pour la conservation, dans d'immenses
magasins, de denrées périssables.

2º Fabriquer de la glace pour les wagons de transport,
pour les bateaux, les hôpitaux. J'ai cru comprendre que les
usines pouvaient également fabriquer de la glace pour les
besoins des armées françaises.

En moins d'un an, les énormes et si intéressantes machines
dont il m'a été donné d'admirer l'installation ont été comman-

---

(1) Suppression de la censure.

dées aux Etats-Unis ; elles ont été construites, transportées sur notre continent; elles ont été montées dans de vastes bâtiments, à l'aspect définitif, admirablement conçus et agencés.

On peut admettre que chaque machine, et elles sont nombreuses, pèse environ 200 tonnes ; que l'on tienne compte du poids et du volume des générateurs et l'on aura une idée du tonnage que tout cela représente.

Que de difficultés surmontées : en Amérique, transport sur voie ferrée et embarquement, risques de traversée; en France, débarquement de pièces dont quelques-unes pèsent 60 tonnes, chargement sur trucs, mise à terre à pied d'œuvre, montage.

Les résultats obtenus étonneraient, à coup sûr, ceux des Boches qui croient encore à la toute-puissance des effets de la guerre sous-marine : ils sont, reconnaissons-le, l'honneur de nos vieilles voies ferrées qui ont pu sans fléchir supporter ces lourds transports après tant d'autres.

Les Américains fabriquent un modèle de blocs de glace représentant en poids et en volume cinq de nos blocs habituels, ils obtiennent une glace absolument transparente. Chacun connaît l'usage immodéré de glace fait par nos alliés ; ils en usent autant l'hiver que l'été et pour beaucoup d'entre eux la gêne d'en être privés doit être grande.

Les magasins réfrigérants sont de dimensions colossales : 100 mètres de large sur 300 mètres de long, soit la longueur d'un train de 50 voitures. Ces voies ferrées passent le long des deux grands côtés du magasin. Les planchers sont à la hauteur de ceux des wagons; cette disposition simplifie toutes les opérations de chargement et de déchargement. J'ajouterai que toutes se font à couvert.

D'autres chambres frigorifiques suivront celles qui fonctionnent actuellement. On compte pouvoir conserver, en ces installations, 50.000 tonnes de denrées de toute nature.

Ces magasins sont construits avec des parois très épaisses ; les nombreuses portes sont à fermetures spéciales ; les hommes qui assurent la manipulation des denrées sont couverts comme en hiver. Le jour où j'ai visité les magasins, la différence de température entre le quai et l'intérieur était de 33 degrés centigrades.

En visitant, aux Etats-Unis, une série des plus grandes usines, j'avais eu la perception bien nette de ce que pouvaient réaliser nos alliés le jour où ils seraient entrés à fond dans la guerre: ce qu'il était difficile de saisir sur place, c'était, qu'on me passe cette expression, l'effet de la condensation des immenses efforts particuliers constatés un peu partout.

Ce que j'ai vu, en France, dans ces deux derniers mois, m'en a donné une idée très nette. Si l'on juge de ce qui a été réalisé depuis un an, on emporte l'impression que l'on est appelé à voir faire encore beaucoup mieux.

Les Américains le répètent chaque jour, ils iront jusqu'au bout de l'œuvre entreprise; ils en ont la volonté, ils en ont tous les moyens. Lorsqu'on a vu ce peuple chez lui, on reste confondu qu'un homme comme le kaiser, ayant tant de moyens sûrs de le bien connaître, qui devait être mieux renseigné qu'un autre, par son puissant système d'espionnage, source incomparable de renseignements, ait acculé l'Empire allemand à se faire un ennemi de ce peuple jeune, riche, fier, brave et assoiffé de liberté.

Ce manque de psychologie, ajouté à tant d'autres, amènera la chute de l'Empire allemand.

SOMMAIRE

*L'Organisation du Service Religieux — Monseigneur Connolly — La
Cure annexe du Camp — Physionomie de Gièvres — Les Offices à
l'Eglise — Grandes Cérémonies Religieuses et Patriotiques — F. F.
Cox, Levesque, Bucher, Callagee — Les Knights of Columbus —
L'Young Men's Christian Association — L'American Red Cross —
Théâtres — Soirées Récréatives — Sports — Fêtes Traditionnelles —
Le Salut au Drapeau.*

❦ ❦ ❦ ❦ ❦

CHAPITRE VI

En Marge du Travail

'HOMME ne vit pas seulement de pain », a
dit le Maître dans l'Evangile, son âme aussi
réclame de la nourriture. Les chefs de
l'armée américaine l'avaient compris et
s'efforçaient, la plupart du temps, de faci-
liter aux soldats la pratique de leur religion.

L'organisation du service religieux a été, à Gièvres, absolument différente de ce qu'elle a été dans les autres localités
de la région où les Américains se sont établis. En voici la
raison : dans ces dernières, les troupes américaines sont arri-
vées complètement organisées et pourvues d'aumôniers militaires, tandis que Gièvres a reçu les premières recrues, à un
moment où l'organisation était « in fieri ».

On sait que les régiments des Etats-Unis comptent un

grand nombre de catholiques ; aussi, me trouvais-je fort
embarrassé, car, à ce moment, je ne savais pas un mot d'anglais. J'écrivis à l'aumônier général de l'armée américaine,
Monseigneur Connolly : cet aimable prélat me répondit qu'il
tâcherait de m'envoyer un prêtre américain pour le camp de
Gièvres, mais qu'il avait beaucoup de demandes émanant du
front, et peu de prêtres disponibles.

Je me mis donc à l'étude de la langue de Shakespeare,
étude intensive, favorisée d'ailleurs par mes rapports cons-
tants avec les soldats du camp. Au bout de quatre ou cinq
mois, j'étais arrivé à comprendre et à me faire comprendre.

Cependant le temps passait et j'étais toujours seul,
n'ayant pas une heure de liberté dans la journée et me cou-
chant fort avant dans la nuit. Les samedis et veilles de fêtes,
en particulier, je rentrais du camp excessivement tard et me
couchais parfois tout habillé. Je fis de nouvelles démarches ; à
la date du 17 mars 1918, je reçus la réponse suivante :

Monsieur le Curé,

Je vous remercie de votre lettre du 15 mars et je regrette beaucoup de ne pouvoir vous envoyer un prêtre à Gièvres ; le chapelain
Cox m'a déjà expliqué le grand besoin que vous en auriez, pour vous
aider dans votre bon travail parmi nos soldats. J'espère qu'il ne
s'écoulera pas longtemps avant que je puisse réaliser mon désir.
Vous pouvez être assuré que le premier aumônier disponible vous
sera envoyé.

L'idée me vint alors de parler à Monseigneur Connolly
d'un prêtre enseignant, avant la guerre, la langue française
dans un de nos Petits Séminaires. Peut-être, lui disais-je,
pourrait-on le faire attacher, à titre d'aumônier ou d'interprète,
au camp de Gièvres : ce qui lui permettrait de me seconder
pour l'administration des Sacrements. On se souvient que les
journaux catholiques annonçaient alors que le gouvernement
français mettait à la disposition des Chevaliers de Colomb un
certain nombre de prêtres mobilisés parlant l'anglais.

L'Aumônier général me répondit :

... Si le bon prêtre est libre... je serai heureux de lui donner un poste en notre service, ou s'il peut s'occuper de nos troupes, dans sa présente position, je serai très reconnaissant de ce qu'il pourra faire.

Recevez, Monsieur l'Abbé, l'expression de ma profonde estime et de ma reconnaissance.

J.-N. Connolly.

Entre temps, j'étais arrivé à me « débrouiller » dans la langue anglaise. Les communications émanant de l'aumônerie générale m'arrivaient d'ailleurs en cette langue. On m'y avait inscrit parmi les aumôniers américains et mon nom était suivi des mots « American chaplain ». Voici à titre d'exemple, l'une de ces communications.

CATHOLIC CHAPLAINS

July 29-1918

United States Army and Navy

OVERSEAS VICARIATE

16, Place de la Madeleine

PARIS-FRANCE

R. F. CHAUVEAU, American chaplain.

To the Catholic chaplains in the American Army:

The Cardinals of France have addressed to the French Bishops a letter in which they ask them to direct their clergy to make Sunday, August 4th., a day of prayer throughout France.

In this appeal, which we Americans in France make our own, we desire to join in that spirit of affection which joins the Sister Republics in heart and purpose.

The following order should be lollowed, if possible :

1 Two days of preparation with special prayers and Benediction.

2 Holy Mass, with special prayers for France and all our Allies, followed by the « De Profundis » for the dead.

5 The representatives of the civil and military authorities should be invited to be present at the ceremony.

1 would be pleased if you would send me a report, if you are able to carry out the services.

With best wishes,
Yours sincerely,
J.-N. Connolly,
Vicar General

29 Juillet 1918

Armée Américaine de Terre & de Mer

Vicairie générale d'Outre-Mer

16, Place de la Madeleine

PARIS-FRANCE

*Aux Aumôniers Catholiques,
dans l'Armée Américaine,*

Les Cardinaux de France ont adressé aux évêques français une lettre où ils leur demandent d'inviter leur clergé à faire du dimanche 4 août un jour de prières dans toute la France.

A cet appel que nous, Américains, faisons nôtre, nous nous joignons dans le même esprit d'affection qui unit les deux Républiques Sœurs.

L'ordre suivant devra être suivi autant que possible :

1º Deux jours de préparation, avec prières spéciales et bénédiction.

2º La Sainte Messe, avec prières spéciales pour la France, suivie d'un « De Profundis » pour les morts.

3º Les représentants des autorités civiles et militaires devront être invités à assister à cette cérémonie.

Je vous serais reconnaissant de bien vouloir me dire si vous pouvez vous charger de célébrer ces services.

Avec tous mes souhaits,
Très sincèrement vôtre

J.-N. Connolly.
Vicaire général.

La cure était devenue une annexe du camp ; c'est là que venaient passer leur temps les soldats soucieux de s'instruire et ceux pour lesquels le séjour dans un cabaret n'avait rien d'intéressant. Ils rédigeaient leur courrier dans mon bureau de travail, lisaient dans le salon, jouaient du piano dans la salle à manger, et, le soir, venaient y prendre le thé au milieu de soirées musicales très bien organisées par des artistes de profession. Mais, bientôt, le local se trouva beaucoup trop petit ; c'est alors qu'une amie du presbytère, Madame la Marquise d'Epinay Saint-Luc, après m'avoir consulté, ouvrit à nos alliés un salon de lecture pourvu d'un piano et de toutes

espèces de jeux. J'y allais, le soir, pour encourager les soldats, les faire chanter et leur apprendre le français.

C'est encore au presbytère que les officiers et soldats de passage venaient demander asile.

Il est difficile actuellement de se faire une idée de l'activité qui régnait alors à Gièvres. J'ai vu des personnes, sur la route de la gare de Gièvres à Pruniers, attendre dix minutes et plus d'un côté du chemin, avant de parvenir à passer de l'autre côté. C'était une file ininterrompue d'automobiles, de camions et de side-cars. Les buissons avaient perdu leur couleur : ce n'était plus qu'un amas de poussière.

Les hôtels et restaurants étaient pris d'assaut ; beaucoup de personnes étaient obligées de coucher dehors ou dans la gare. Les officiers et soldats qui arrivaient à Gièvres à 9 h. 21 du soir ne savaient que devenir, d'autant qu'ils étaient, la plupart du temps, très fatigués de leur voyage. J'avais mis à la disposition de nos alliés, pour tous les cas de besoin, deux chambres et ma table. Les Américains de passage me bénissaient et les hôteliers ne pouvaient m'en vouloir, puisqu'ils étaient débordés et que cette hospitalité était offerte gratuitement.

L'activité d'un homme est limitée et je n'arrivais qu'avec une peine extrême et en prenant largement sur mes nuits, surtout les samedis et veilles de fêtes, à faire face à mon ministère. Pour les messes du dimanche, je cherchais des prêtres là où je pouvais en trouver et il me fallait parfois recourir jusqu'à Lyon, tant les prêtres, par suite de la mobilisation, se faisaient rares à ce moment. Quand il y avait, sur la semaine, de grandes cérémonies, les prêtres du voisinage me prêtaient leur concours avec beaucoup d'empressement et d'amabilité ; mais, le dimanche, ils étaient retenus dans leurs paroisses par leurs fonctions.

A l'église, les soldats tenaient l'harmonium et, parfois, formaient un chœur de chant, surtout lorsqu'il y avait dans leurs rangs quelque officier ou soldat, bon musicien, pour les entraîner. Tous les paroissiens de Gièvres connaissent le caporal

Gagnon qui remplit de longs mois, et avec beaucoup de dévouement, les fonctions d'organiste. Je me souviens également du lieutenant Brikeley qui resta malheureusement trop peu de temps à Gièvres pour nous faire bénéficier de son remarquable talent de musicien.

Longtemps les personnes pieuses garderont le souvenir de certaines grandes manifestations religieuses, comme la messe de minuit de l'année 1918. L'assistance débordante et profondément recueillie, le chiffre énorme de communions, l'autel inondé de lumières, les chants exécutés par des artistes français et américains : tout cet ensemble était impressionnant. A plusieurs reprises, à l'occasion d'autres grandes circonstances, comme l'Indépendence Day, le Memorial Day, le Thanksgiving Day, les prêtres présents me manifestèrent leur émotion. J'avais alors, pour nos cérémonies, un orchestre de vingt violons, une musique militaire, des voix d'artistes et de professionnels. Ces chants et cette musique accompagnant les offices célébrés avec diacre, sous-diacre, chapiers et six ou huit prêtres, en habit de chœur, avaient quelque chose de grandiose. A la fin, tous ces militaires, debout, chantaient à l'unisson leur hymne national. Ce passé évoque des souvenirs de travail incessant, car, pour comble, Monseigneur l'Evêque de Blois m'avait confié la paroisse de Pruniers pour le ministère en semaine ; mais, à côté de ce labeur, il y avait des heures de consolante édification.

La Providence vint à mon aide, avant que mes forces eussent trahi mon courage. Deux prêtres américains accoururent me prêter une aide momentanée: un aumônier militaire du camp d'Angers, Father Cox, et un aumônier de passage avec son régiment, (11th Engineers), Father Levesque. Je garde un souvenir ému de la sympathie qu'ils me témoignèrent et de la commisération qu'ils éprouvèrent en me voyant seul au milieu d'un pareil labeur. « Si vous restez ainsi seul pour un tel ministère et si vous continuez à exercer une telle hospitalité, me dirent-ils, vous aurez, avant longtemps, épuisé votre santé et votre bourse ». Ils signalèrent à l'aumônier général ce qu'ils avaient constaté de visu et ce dernier, toujours bienveillant, envoya des aumôniers à Gièvres, puis une organisation tout entière, une association catholique fort bien établie : celle des Chevaliers de Colomb. Ces derniers se dépensèrent avec beaucoup de dévouement pour les soldats qu'ils traitaient en enfants gâtés et comblaient de tabac, chocolat, friandises et fournitures de toutes espèces.

Je me reprocherais de ne pas évoquer ici le souvenir de deux aumôniers qui ont été éminemment populaires parmi les soldats du camp et dont la population française a gardé, elle aussi, un excellent souvenir. Ils sont représentés, l'un et l'autre, en costume militaire et en costume religieux, à ma droite et à ma gauche, sur les photographies ci-jointes (*fig.* 70-71). Le premier, l'aîné des deux, Father Bucher, appartient à l'Ordre des Bénédictins ; le second, Father Callagee, à la Congrégation des Passionistes (*fig.* 72-73). Sur le dos de la photographie qu'il m'a remise, Father Bucher avait écrit ces mots :

To my very dear Friend
Rev. Father Chauveau, curé of Gièvres
Loir-et-Cher (France).
the good Father and great friend of the American soldiers.
Rev. Amboise Bucher. O. S. B.

C'est avec un serrement de cœur que j'ai dit adieux à ces excellents confrères ; ils étaient les amis, les habitués du presbytère et leur départ y a causé un bien grand vide. Très intelligents, éminemment dévoués, ils tenaient une grande place dans la vie du camp et multipliaient leurs efforts pour entretenir leurs hommes dans les sentiments de la foi chrétienne et de l'ardeur patriotique.

De retour en Amérique, Father Bucher a reçu sa nomination d'aumônier militaire sur un autre front. Father Callagee avait quitté Gièvres beaucoup plus tôt, pour se rendre sur le front français, où il a fait l'admiration de tous par son mépris de la mort. Il a été promu au grade de capitaine pour ce fait ; rentré en Amérique, après l'armistice, il a reçu de ses supérieurs la direction d'une importante maison de l'Ordre. Il n'oublie pas notre pays qu'il désire revoir, ainsi que celui qu'il a l'amabilité d'appeler « le premier et le meilleur ami qu'il ait eu en France, le curé de Gièvres ».

Je voudrais pouvoir donner ici la photographie de plusieurs autres aumôniers militaires dont j'ai conservé un bien cordial souvenir, malheureusement, ce sont les seules que je puisse retrouver. Il se peut, tcutefois, qu'un jour ou l'autre, en rangeant des papiers ou en ouvrant un livre, je découvre ces photographies.

J'ai dit un mot de l'Association des Chevaliers de Colomb ; deux autres se sont aussi beaucoup occupées des soldats américains pendant la guerre : la Croix Rouge Américaine et l'Y. M. C. A. La façon des Américains de conduire leurs hommes à la guerre, en les intéressant et en les amusant, a été pour nous, Français, une innovation.

Les directeurs et secrétaires des trois Associations précitées procuraient aux soldats toutes les distractions imaginables et savaient, par ce moyen, les retenir dans le camp. Dans les différentes sections se trouvaient de vastes théâtres pourvus d'orchestres. La photographie (*fig.* 74) donne idée de l'ampleur et de l'organisation de ces superbes salles merveilleusement éclairées et surmontées d'une vaste scène. Le rideau de l'un de ces théâtres (*fig.* 75) nous montre une belle statue de la Liberté sortant de la mer et éclairant le monde. La *fig.* 76 représente un orchestre de jazz-band : ce genre de musique a, comme on le sait, fait invasion en France depuis la guerre ; il était en vogue dans les théâtres du camp.

On y jouait aussi la comédie, on y faisait des conférences, on y donnait des soirées amusantes. J'y ai entendu d'excellents chanteurs et compositeurs Américains qui, une fois de retour dans leur patrie, m'ont aimablement fait hommage de leurs œuvres. La vie du camp était pleine d'entrains, et les soldats s'y montraient amis de la musique, du chant et des fêtes. Plus d'une fois, j'ai entendu certains d'entre eux faire un aveu analogue à celui d'Isocrate : « J'enseigne la rhétorique pour mille drachmes, mais, à qui me fournirait le moyen d'avoir une belle voix, j'en donnerais volontiers dix-mille ». Voici, à

titre de spécimen, le programme de la soirée récréative organisée à l'occasion de l'Indépendence Day, le 4 juillet 1918.

INDÉPENDENCE DAY

4 July 1776 — 4 Juillet 1918

SÉANCE RÉCRÉATIVE

Ouverture, sur orgue américain.

Marche du 113ᵉ, chanson.
M. DUPRAC.

Quand on est amoureux, chan-
sonnette, M. DUPRAC.

Sonnet d'Arvers, M. BUREAU.

Beauté (de Beaudelaire).
M. BUREAU.

Le Chat (de Beaudelaire).
M. BUREAU.

La *Chanson du Pinard,* chanson de poilu, M. RIVAUD.

Le chapeau claque, monologue.
M. RIVAUD.

Un cas de rupture, monologue, M. RIVAUD.

1811, récit, M. SCHMOLL.

La nuit du Rossignol (de Ros-
tand-Fragment).
M. SCHMOLL.

En l'an 1920, monologue.
M. GASSAULT.

Waterloo, récit, M. GARRAUD.

Lettre d'un Tommie.
M. GARRAUD.

*I like your apron and your
bonnet.* M. GASSAULT.

Le Trouvère, solo violon.
M. GASSAULT.

Nuit de Venise, contes d'Hoff-
man ; fragment, solo de violon, M. GASSAULT.

DEUX HÉROS

Revuette d'actualité — Dialogue en un acte

de MM. SCHMOLL et FINET

Maurice ..... MM.	SCHMOLL.
Wilhi	GARRAUD.
Nénette	RIVAUD.
Rintintin....	DUPAC.
Le Liberty Train.	DUPAC.
Une bonne........	GASSAULT.

Les mêmes associations favorisaient beaucoup les sports
et les exercices en plein air. Dans toutes les sections du camp,
se trouvaient des tennis et des stades. On sait que les Américains sont des fervents du foot-ball, du rugby et surtout du
base-ball, leur grand jeu national. Ils se livraient aussi
avec dextérité au saut en hauteur, au dessus d'une corde.
Les gravures (*fig.* 77 à 81) représentent nos alliés se livrant

à leurs distractions favorites. C'est dans la pratique des « jeux durs » que le jeune Américain endurcit ses muscles et dompte ses nerfs. « Il faut qu'il sache travailler et jouer ferme, disait Roosevelt en 1900 (1) ». Pour lui, la vie est un combat « struggle ».

Tout jeune qu'il est, le peuple Américain a le culte des traditions et des fêtes traditionnelles : on sait avec quel enthousiasme nos alliés célèbrent les fêtes de Christmas, Thanksgiving Day, Memorial Day, Mother's Day etc... Les Français furent agréablement surpris de les voir, la veille de Noël, parcourir les rues en chantant les « Traditional Carols for Christmas (2) ». Ils s'arrêtaient aux carrefours, se déployaient en cercle et donnaient une « sérénade » à la lueur des lanternes vénitiennes qu'ils portaient avec eux et qui se balançaient au-dessus de leurs têtes. Plusieurs de ces Noëls, comme « Silent Night », sont pleins de douceur et de mélancolie.

Ce n'était pas sans émotion, non plus, que le passant attardé, qui se trouvait au camp, à l'heure de la retraite, assistait au « Salut au Drapeau » (3). A peine les premières notes de l'hymne *The Star-Spangled Banner* avaient-elles retenti, que tous les officiers et tous les soldats, sans aucune exception, interrompaient subitement leur travail ou leur promenade. Ils rectifiaient la position, et, debout, immobiles comme des statues, la main droite au képi, ils se tenaient dans cette attitude, jusqu'à ce que la grande flamme fût descendue du mât et que les der-

____

(1) Cité par Lannelongue. Un Tour du Monde, p. 324.

(2) Chants traditionels pour Noël.

(3) Pour pouvoir chanter l'hymne national américain qui leur plaisait beaucoup, les Français, ignorant l'anglais, avaient imaginé de traduire ainsi, *sensu lato,* le premier couplet du chant The Star-Spangled Banner :

> *Regardez ! voyez-vous, aux clartés de l'aurore,*
> *L'étendard étoilé, qui flotte dans les airs,*
> *Qu'au déclin du soleil, nous saluons encore,*
> *Lorsqu'il mène au combat ses enfants glorieux.*
> *Debout, sur les remparts, au milieu des éclairs,*
> *Il veille, et, dans la nuit, éblouit l'univers.*
> *Voyez, notre drapeau ne connaît pas d'esclaves,*
> *Et l'étoile toujours veille au foyer des braves.*

nières notes du chant patriotique se fussent perdues dans les airs.

L'air pensif de tous ces hommes, leur regard fixé sur l'Etendard étoilé, ou l'horizon bleu du firmament, laissaient deviner qu'une immense envolée d'âmes s'accomplissait en ce moment vers la terre natale ou le lointain foyer. « C'est beau », me disait un jour un officier français, qui assistait avec moi à la retraite et d'autres personnes présentes ajoutèrent : « Cela touche l'âme comme une cérémonie religieuse ». C'est qu'il y a de l'âme, en effet, dans ce beau geste patriotique et la patrie confine à la religion. La « Jérusalem Céleste » est notre véritable patrie et les patries de la terre ne sont pas autre chose que son atrium ou son vestibule.

SOMMAIRE

Défaut de Compréhension réciproque — Une Visite au Château de Y. — Chez le Coiffeur — A la Gare — Au Salon — Le Repas — Le Départ — Commentaire de la Visite — Un Salon de Coiffure en Amérique — L'Organisation des Gares — Le Pullman-Car — Revers de la Médaille — Défaut de Culture — Les Gentlemen — La Vie au point de vue de l'Action — Absence de Privilèges — L'Ignorance de l'Art — En Voie de Progrès — M. Baldwin — Dollar Hunting Animal — La Griserie des Affaires — L'Argent et l'Effort Personnel — Utilitarisme Désintéressé — Les Grands Riches — Les Associations Charitables — Business Man — Changements de Professions — Le Pays des Pauvres — Absence de Respect Humain — Puritanisme — Les Wet et les Dry — Confiance en Soi-Même — Le Français Intellectualiste — Amour de la Nouveauté — Economie et Gaspillage — Préjugés de Castes — Démocratie Américaine — Self-Government — Le Sénat et le Président Wilson — Le Catholicisme aux Etats-Unis — Hommage aux Chevaliers de Colomb — M. Hearn — L'Education de la Jeune Fille — Suicides d'Enfants — Rapports entre l'Ame Américaine et l'Ame Française — Avantages de Relations Mutuelles — Dry Goods Economist.

❦ ❦ ❦ ❦ ❦

CHAPITRE VII

Les Américains en Visite

BEAUCOUP d'Américains ont séjourné en France pendant la guerre et l'ont ensuite quittée sans la connaître ; beaucoup de Français ont vécu près d'eux sans pénétrer leur mentalité et ces deux peuples, tout en demeurant bons amis, sont restés une énigme l'un pour l'autre.

Les Français savent que les principales maisons des grandes villes d'Amérique comptent jusqu'à cinquante-six étages, que de gigantesques trusts se sont constitués à New-York, que beaucoup d'Américains sont riches et généreux, que les jeunes filles de ce pays sortent seules, mais ils ne comprennent pas la mentalité d'outre-mer.

Les Américains savent que le Français est aimable et bien élevé, que nos côteaux produisent d'excellents vins, qu'il ne faut pas être pressé pour vivre dans notre pays , mais notre mentalité leur échappe.

Rien n'est plus délicat que d'atteindre les âmes : beaucoup sont incapables de les saisir, parce qu'ils ne savent pas percer leur rugueuse écorce.

On essaiera, dans ce chapitre, de dévoiler l'un à l'autre ces deux grands peuples amis et de montrer que ce qui les a choqués réciproquement s'explique aisément, quand on se connaît mieux et qu'on sait se comprendre.

Le récit et le commentaire d'une de ces nombreuses réunions qui ont fait asseoir, à la même table, Américains et Français, dans nos intérieurs familiaux, nous permettra de saisir sur le vif cette différence de mœurs et de l'expliquer. Joignons nous donc à quatre officiers U. S. A. que la baronne de X vient d'inviter à dîner dans son château de Y, distant de quinze kilomètres de la ville et du camp américain de Z.

De cette façon, nul ne pourra mettre en cause tel ou tel château des environs où j'ai souvent conduit des Américains du Camp de Gièvres, pas plus qu'on ne sera tenté de rechercher, parmi ces derniers, quels pouvaient être les invités de la baronne. Je dois dire, d'ailleurs, que tous ceux que j'ai introduits dans la Société connaissaient la politesse française ; on pourait même dire de certains qu'ils étaient très « parisiens ». C'est le compliment qu'on leur a fait dans plusieurs salons.

Le dernier coup de quatre heures sonnait au beffroi de la ville précitée, quand nos officiers se disposèrent à partir. « Ma barbe est trop longue, fit l'un d'eux, pour que je me pré-

sente décemment en cet état » et, comme le salon d'un coiffeur
se trouvait à deux pas, ils y entrèrent tous les quatre.

Le coiffeur rasait à ce moment un monsieur plantureux
qui semblait ne faire qu'un avec sa chaise, sans hâte d'en sortir.
« Combien faudra-t-il attendre ? » demande l'un des Américains. — « Un petit quart-d'heure, reprend le frater, juste le
temps de finir cette barbe et ces cheveux. C'est l'affaire d'un
instant ». — « Vous appelez cela un instant, poursuit l'officier ;
mais c'est un siècle pour nous ! Oh la France ! » — Signification : combien les Français sont lents et peu pratiques !

Du salon de coiffure nos quatre invités se rendent à la
gare, frais et dispos, parfumés, poudrés, rasés à la pierre
ponce. Il y avait encore vingt minutes avant le départ du train.
Que faire en attendant ? « Ah ces gares de France! » fait le
plus jeune Américain, en agitant ses gants déployés qu'il tient
de la main droite.

Enfin le train part et dépose les voyageurs juste à l'entrée
du château dont la grille fait face à la gare. Le salon est meublé avec goût, dans le style empire, et compte déjà la fille et
deux neveux de la baronne, puis deux voisins de propriété
avec leurs enfants.

Les Américains ont appris quelques formules de politesse
dont ils sont heureux de se servir. Ils serrent vigoureusement
la main de la maîtresse de la maison, en disant très haut, très
vite, et sans respirer: « Bonjour, Madame, comment allez-
vous ? ». La baronne se contente de sourire, et invite les nouveaux venus à s'asseoir.

Ils s'y prêtent de la meilleure grâce, heureux de se trouver dans un intérieur familial, qui leur fasse oublier le canton-
nement et la vie d'hôtel. Leurs regards font le tour de cette
vaste pièce et s'arrêtent sur une superbe toile où la lumière la
plus intense et l'ombre la plus profonde semblaient réconciliés
par des dégradations successives. Cet éclairage, joint à une
exécution assez minutieuse, indiquait bien, en son auteur, un
paysagiste de l'Ecole Hollandaise, de cette série de peintres

qui joignit aux clairs-obscurs de Rembrandt la facture pré-
cieuse de Gérard Dow.

L'hôtesse qui les observait, sans qu'il y parût, prit pour
une recherche de l'art, ce mouvement de simple curiosité.
Ils partagent mon admiration pour ce paysage baigné d'une
poésie si rêveuse et si mélancolique, pensa-t-elle, avec un
soupir de satisfaction !

La conversation s'établit, partie en anglais, partie en
français ; elle roulé sur les jolis châteaux du département, sur
l'architecture, sur la cathédrale du diocèse. La baronne très
dévote, est une fervente du style ogival et l'exalte avec ses ar-
catures, ses pinacles et ses aiguilles qui font ressembler les
églises à des dentelles. « Demandez donc à ces messieurs s'ils
ne préfèrent pas le gothique au roman, fit-elle, en s'adressant à
sa nièce, une Anglaise de naissance et de langage. » — « Oh !
Yes » répondent-ils, mais avec l'air de quelqu'un qui n'est pas
très fixé sur la question.

« Il vaudrait mieux parler affaires, objecta l'un des propriétaires, nos alliés préfèrent à l'art les espèces sonnantes. » —
S'adressant alors à l'aîné des officiers : « Quel était votre profession en Amérique, Commandant? » — « Je faisais de la publicité avant la guerre, mais, à mon retour, j'ai l'intention d'ouvrir une banque. » — « Et vous, Capitaine ? » — « J'étais ingénieur, mais je me propose de tenir un hôtel. » — « Sapristi !
fit l'interlocuteur, vous changez souvent de profession, en
Amérique, tandis que ces dernières sont, la plupart du temps,
héréditaires parmi nous. Je suis banquier et dirige la même
maison que mon père et mon grand père ont tenue successivement. Il y a un siècle que ma famille habite le même hôtel.
« Pourquoi changez-vous ainsi ? » — « Parce que nous pen-
sons mieux faire, et arriver plus vite à la fortune. » — *Auri
sacra fames !* (1) murmura l'un des jeunes gens, élève au lycée
de la ville voisine.

Au même instant la porte s'ouvre et le maître-d'hôtel an-

____

(1) Soif sacrée de l'or !

nonce : « Madame la baronne est servie ». Le commandant offre le bras à la maîtresse de maison et tout le monde passe à la salle à manger, tandis que l'un des officiers siffle l'air de « Tipperary ».

La baronne pince un instant les lèvres, puis aimablement assigne une place à chacun de ses convives. Le dîner est confortable et arrosé d'excellents vins ; mais, quand, après le potage, on offrit du madère à l'un des deux lieutenants, médecin de l'armée américaine, il le refusa d'un air grave et presque scandalisé. Un plat de riz-de-veau à la Financière, parfumé d'excellents champignons, n'eut que peu de succès, mais le filet de bœuf lui fit une large concurrence.

Le repas fini, tout le monde se rendit au salon et la conversation continua sur le ton de la plus complète cordialité. — « Vous ne m'avez pas dit ce que vous ferez à votre retour », observa la maîtresse de maison, en s'adressant au médecin militaire. — « Madame, j'ouvrirai une clinique, comme vient de le faire un de mes amis ; j'aurai en permanence cinquante opérés, ma maison me rapportera, en bénéfice net, 200 dollars par jour, soit 73.000 dollars par an. » — « Ce n'est pas négligeable », observa la baronne en souriant ».

— « Capitaine, vous brûlez le poignet de votre chemise avec votre cigarette, fit l'une des jeunes filles. » — « Oh, ce n'est rien, ma chemise était destinée à aller au poële quand elle serait sale… Dites-moi, par qui est habité le grand château entouré d'une douve, qu'on aperçoit sur la gauche, en arrivant par le chemin de fer ? » — « Par un ancien notaire. » — « Vous le voyez souvent ? » — « Oh ! jamais, ce serait pour nous battre, car c'est un royaliste impénitent et notre famille a été connue de tous temps pour son entier dévouement à l'empereur. » — « Combien avez-vous de catholiques dans votre régiment ? », demanda la baronne au plus jeune des officiers très sobre en paroles. — « Environ 40 pour 100. » — « C'est un joli chiffre, poursuivit-elle », en joignant ses mains blanches diaprées de bagues et de diamants.

Cependant, l'heure s'avançait et il fallait songer au départ

La baronne, qui marchait difficilement, se leva néanmoins, pour accompagner ses hôtes jusqu'à la porte du salon. En se retirant, le capitaine dit à la nièce de cette dernière : « Puisque vous restez ici, Mademoiselle, je viendrai vous chercher en automobile, si vous le voulez, pour vous faire visiter notre camp. » — « Oh ! c'est complètement inutile, riposta la maîtresse de maison, Marguerite restera près de sa tante. »

Cette réponse produisit l'effet d'une douche sur l'interlocuteur. Néanmoins, on échangea quelques paroles aimables, les officiers baisèrent la main des dames, serrèrent celle des messieurs et se retirèrent en belle humeur.

Et maintenant, cher lecteur, si vous êtes un psychologue, vous n'avez pas été sans remarquer les paroles, les faits et gestes qui ont provoqué quelque étonnement, ou quelque impression désagréable, soit parmi les Américains, soit parmi les Français que cette soirée a mis en contact. Reprenons les choses dès le début.

D'abord, nos Américains trouvent bien longue l'attente d'un quart d'heure chez le coiffeur ; c'est, qu'en effet, les choses sont beaucoup plus vite expédiées de l'autre côté de l'océan.

A peine êtes-vous entré dans un salon de coiffeur, qu'un garçon vient à vous : « Shave? » — « Yes ». Immédiatement le fauteuil articulé, sur lequel vous venez de vous asseoir, s'incline automatiquement, en vous plaçant dans une position presque horizontale. Puis, une jeune fille s'approche de vous : « Manicure ? » — Si vous acquiescez à sa demande, munie d'instruments ad hoc et de pâtes écarlates, elle commence la toilette de vos ongles. « Shine? » fait à son tour un boy, en regardant vos chaussures ; et, si vous répondez affirmativement, il s'empare de votre pied et se met en devoir de cirer vos souliers. « Steno ? » reprend à son tour le coiffeur, en passant de la barbe aux cheveux. « Voulez-vous un sténographe pour dicter votre courrier ? »

Voilà donc quatre opérations dans le même temps : le coiffeur pour la barbe et les cheveux, la manicure pour les ongles, le cireur pour les souliers, le sténographe pour la rédaction du courrier. On s'explique maintenant que nos Américains aient trouvé le service lent et rudimentaire. — *O tempora ! O mores ! O temps ! O mœurs !* ou plutôt *O pays ! O coutumes !*

L'attente de vingt minutes dans une gare froide, poussièreuse et nue, deuxième supplice pour nos Américains. — Chez eux, les gares des villes sont d'abord étincelantes de propreté et ensuite débordantes de confort.

Le dallage est lavé plusieurs fois par jour, laissant voir, dans leurs moindres détails, le dessin des mosaïques. Les vitres, les trains en partance ne supportent pas un grain de poussière. On trouve, dans le hall, tout ce qui peut tromper l'attente ; un bureau cintré où de nombreux employés renseignent immédiatement sur l'heure du train, sans avoir à consulter l'horaire. Ajoutez à cela, vingt ou trente cabines, où des téléphonistes empressés demandent la communication et vous la passent immédiatement ; un bureau de poste élégant, où vous rédigez votre courrier, sur une table séparée. On y reçoit également votre correspondance, dans le cas où vous n'auriez pas choisi d'hôtel.

Au lieu de quinquets à l'huile, les gares sont pourvues de lustres électriques éblouissants. On y trouve des bibliothèques, des salons de coiffure, des sténographes, des pâtissiers, des fruitiers et toutes espèces d'articles de voyage. Les pauvres se désaltèrent gratuitement, dans des verres en papier disposés près des fontaines et jetés après usage. (1)

Et que dire du pullman-car ? Représentez-vous un luxueux wagon, dont le bois disparaît sous les tapis, les velours et une profusion de glaces... Dans toute sa largeur, il n'est garni que de deux fauteuils, tournant sur pivot, de tous les côtés. Inutile de chercher un coin, tout le monde a un coin. Tirez la sonnette et un nègre vient immédiatement se mettre à votre disposition.

---

(1) Cette description s'applique aux gares des villes ; les petites gares, même dans les environs de New-York, n'offrent pas ce confort.

De grandes pancartes, perpendiculaires et non parallèles à la marche du train, sont disposées dans toutes les gares, tandis qu'un petit tableau lumineux, placé à chaque extrémité du wagon, indique en lettres de feu, le premier arrêt. Durant le trajet, marchands de tabac, de journaux et de fruits passent dans l'allée formée par les rangées de fauteuils, tout aussi bien que le petit télégraphiste qui vient apporter les dépêches. « Miss Brown, please ? » et la dépêche est remise immédiatement.

On trouve, dans le train, salle de lecture et salle de jeux et, quand vous êtes arrivé à destination, un nègre se précipite sur votre valise, la passe au porteur, celui-ci au cocher et le cocher au garçon de l'hôtel. Tout cela en un clin d'œil et sans que vous ayez à en manifester le désir. On conçoit aisément que les Américains trouvent nos gares et nos chemins de fer un peu primitifs.

Examinons maintenant le revers de la médaille. Jusqu'ici nous ne nous sommes occupés que de l'étonnement provoqué chez les Américains par les choses de France ; il convient de noter également le côté « choquant » que bien des Américains présentent aux yeux des Français et particulièrement des dames. Il serait injuste, toutefois, de prétendre que ce côté choquant se retrouve chez tous. La guerre a amené chez nous deux millions d'Américains de toutes les classes : un petit nombre appartenaient aux classes élevées de la société, un bien plus grand nombre, même parmi les officiers, ne s'étaient jamais frottés aux civilisations extérieures. C'est à cette dernière catégorie qu'appartenaient ceux dont nous relevons présentement les impairs.

En entrant chez la baronne, ils lui ont serré vigoureusement la main, en répétant la phrase du boulevard : « Bonjour, Madame, comment allez-vous ? » et l'un d'eux s'est permis de siffler, en passant du salon à la salle à manger. Ces deux procédés, avec des nuances et des degrés différents, sont contraires aux usages de la bonne société française. Chez nous, un homme bien élevé n'offre pas le premier la main à une dame. Si celle-ci en fait le geste, il la presse délicatement et

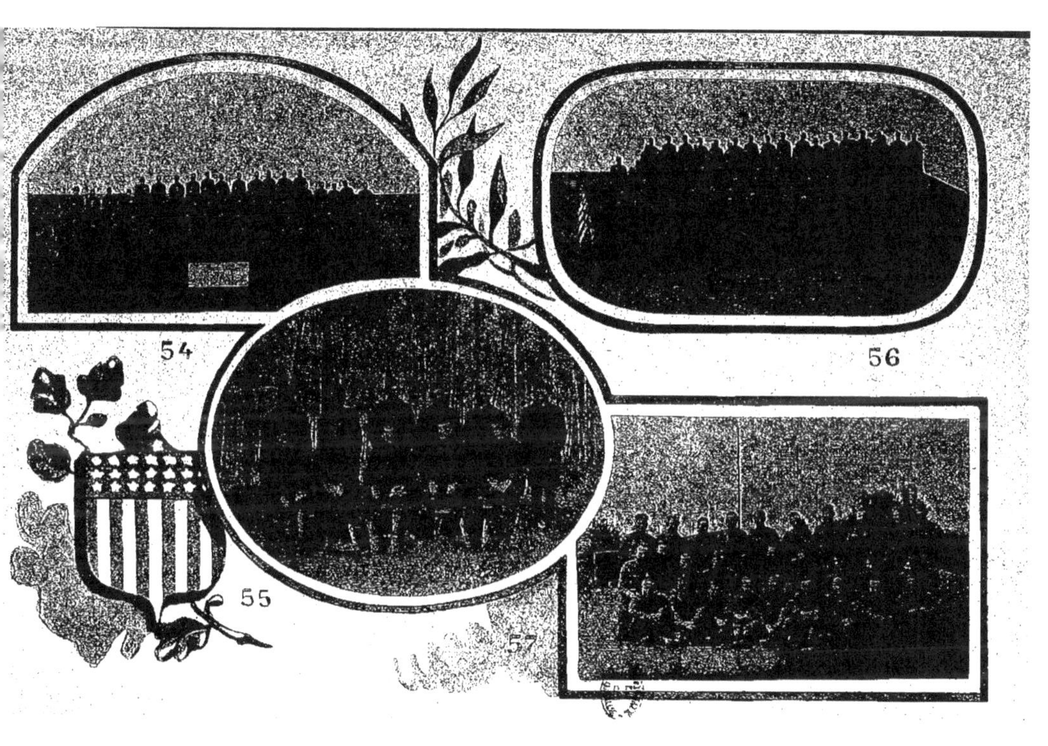

54

55

56

57

ajoute une formule où perce la déférence : « Je vous présente mes respects ou mes hommages. » Quant au fait de siffler, il est regardé comme une grossièreté, on ne siffle que dans une écurie.

L'Américain a en horreur toute contrainte : or, les règles de la bienséance imposent énormément de contrainte ; on s'explique qu'il s'en affranchisse. Il lui faut les coudées franches « elbow room ». C'est un être neuf, prime-sautier, ami des sports, épris des folles randonnées en automobile, mais incapable de se plier aux disciplines extérieures. Son amour de la liberté a une expansion impétueuse : c'est elle qui déborde dans ce sans-gêne du monsieur qui entre bruyamment, tête couverte, occupe à lui seul tout un canapé, ou s'installe, sans souci des autres, coudes sur la table, pieds sur la cheminée.

Cette tenue, plus que désinvolte, n'est évidemment pas celle de l'Américain des hautes classes. « Les gentlemen » de ce pays, tels que j'en ai connus, sont absolument corrects. Ils se donnent même énormément de peine pour se perfectionner et observent minutieusement, quand ils sont chez nous, les us et coutumes de la bonne société française.

On peut dire néanmoins que beaucoup d'Américains envisagent surtout la vie au point de vue de l'action (1) ; ils suivent des impulsions plutôt que des idées, ce ne sont pas des intellectuels ; le Français, au contraire, ordonne sa vie ; chez lui la pensée dirige l'acte, c'est là le propre des peuples intellectuels et cultivés et c'est à cela qu'il doit son renom d'homme prévenant et bien élevé.

En Amérique, pas d'aristocratie, pas de privilégiés. « S'il s'est créé une Amérique, dit M. Wilson, c'est pour qu'elle puisse différer des autres nations du monde, en ce que le fort n'y pourrait pas acculer au mur le faible, en ce que le fort n'y pourrait pas empêcher le faible d'entrer dans la course. L'Amérique est là pour que ce soit la fortune pour tous ; elle est là pour que ce soit le champ libre, sans place pour la

-----

(1) Conférence de M. Boutroux.

faveur » (1). Donc, pas de privilégiés et, partant, pas d'égards
spéciaux de telle catégorie d'individus vis-à-vis de telle autre.

La conversation chez la baronne nous révèle une lacune
de l'âme américaine : l'ignorance de l'art. Tout occupé d'affaires, l'Américain demeure presque étranger à l'art, à la littérature, à la poésie. Toujours absorbé, il n'a que peu de goût pour
la culture personnelle.

L'art est un luxe, celui des dilettanti, il suppose des loisirs,
l'étude des règles et des modèles ; or, l'Américain n'a pas de
loisirs. Il vit dans un état d'hypertension perpétuelle. « Tout
se réunit pour entretenir l'âme dans une sorte d'agitation
fébrile qui la dispose admirablement à tous les efforts, dit
M. de Tocqueville (2). » « Dans la vie ardente de New-York, dit
à son tour M. Lannelongue, il n'est laissé de place que pour
les affaires et le plaisir » (3), encore faut-il entendre surtout
par plaisir, celui qui nécessite une dépense d'activité physique.
« Pour un Américain, la vie entière se passe comme une partie
de jeu, un temps de révolution, un jour de bataille (4) ». Cette
vie donne au peuple des rues « ces mentons et ces mâchoires
auxquels je reconnaîtrais, aux confins du monde, le type américain (5) », dit Huret (6).

Le sens esthétique est donc peu développé chez cette
« race de gens, saturés d'électricité, entraînés à la vitesse et
dont l'idéal parait être le paroxysme (7) ». L'Américain ne con.

---

(1) W. Wilson. La nouvelle Liberté, p. 194.
(2) De Tocqueville. De la Démocratie en Amérique T. D. p. 416.
(3) Un tour du monde, p. 336.
(4) De Tocqueville, ibid.
(5) De New-York à la Nouvelle Orléans, p. 317.
(6) M. Huret veut désigner ici les mentons très proéminents et
recourbés en avant dits mentons de galoche. On sait que la physiogno-
monie prétend connaître le caractère des hommes par l'inspection des
traits de leur physionomie. C'est la réalisation du souhait que formait
Racine, dans sa tragédie de Phèdre :

Et ne devrait-on pas, à des signes certains,
Reconnaître le cœur des perfides humains.

D'après cette science, le menton proéminent dénote l'énergie, le
menton incisé trahit la résolution, le menton étagé est celui d'un gastro-
nome.
(7) Id. ibid. p. 322.

çoit pas l'art pour l'art, et, guère mieux, l'art comme moyen d'une fin étrangère. Il se contente d'imiter ses maîtres d'Europe et n'a pas d'école d'art indigène.

En parlant des hommes et des choses d'Amérique, il faut toujours tenir compte de « la mobilité essentielle d'un peuple dont la vie est extrêmement intense, et qui, comme tel, a les yeux constamment fixés non sur le passé, non pas même sur le présent, mais sur l'avenir » (1). L'Amérique est toujours en voie de progrès. Je crois donc bon de faire observer que les appréciations de MM. de Tocqueville et Huret sont déjà vieillies. M. Baldwin, dans son ouvrage : *Théorie génétique de la Réalité (1916)*, établit, que c'est en s'orientant vers le domaine synthétique de l'art, que la vie américaine tâchera d'échapper aux entraves de l'utilitarisme (2) ; or, cette orientation s'accentue de plus en plus chez nos alliés. C'est par millions de dollars qu'ils dépensent pour le développement de l'art, sous toutes ses formes. On trouve des bibliothèques générales et militaires dans beaucoup d'endroits, ainsi que des tableaux de tout ce qui s'est passé dans l'histoire de ce peuple, et le portrait, à l'huile, de tous les hommes qui ont joué un rôle.

L'un des invités au dîner de la baronne prétendait que les américains préfèrent à l'art les espèces sonnantes : c'est une idée qui a besoin d'éclaircissement. Beaucoup se représentent l'Américain comme un bipède, entraîné par son instinct à la chasse du dollar, « dollar hunting animal » et comme un être fermé à toute idée généreuse. C'est inexact et il convient de de faire la part des choses.

Quand le colon est arrivé en Amérique, il y a trouvé d'immenses terrains sans maîtres, mais rien de plus. Il a fallu tout créer. Il a ouvert un bazar et a vendu de tout, à tout venant, avec peu ou point de concurrents. Une griserie s'est emparée de lui ; il a cherché à brasser le plus d'affaires possible et n'importe quelle affaire, une entreprise conduisant à l'autre.

---

(1) Les Etats-Unis et la France. Conf. Boutroux, p. 7.
(2) Lire l'article de M. Lalande sur le Panealisme. Revue philosophique, 15 décembre 1915.

D'énormes cités, comme Pittsburg et Chicago, ne sont que des créations spontanées.

Extraire de soi la vie et la répandre au dehors, multiplier, en même temps, la production et la consommation : telle est la mesure de la vie ou de l'industrie d'outre mer. « Une des principales caractéristiques de la vie est la surabondance de la vie, a dit William James » (1).

L'Américain fait la chasse au dollar, mais il n'aime pas l'argent pour l'argent, bien différent en cela du paysan européen, dont le plaisir est de grossir le bas de laine. Il désire faire fortune, mais ne veut pas de fortune faite, ne soupire ni après le gros lot, ni après la fiancée largement dotée.

En Amérique, on méprise la richesse acquise autrement que par l'effort personnel. Tout jeune, l'enfant est élevé dans ces principes, il aspire à être grand pour se suffire et cesser d'être à charge aux siens.

L'argent ne compte pour l'Américain que s'il est le produit de son effort et de son activité ; mais, dans ce cas, il étale sa richesse, s'en glorifie et se fait une obligation de dépenser sans compter.

Cette ostentation et cette prodigalité sont une manifestation extérieure de souveraineté. « Je ne travaille pas pour gagner de l'argent, disait le milliardaire M. Gould, je travaille pour agrandir mon pouvoir. » Il faut faire fortune dans ce pays, car l'argent est la seule façon de s'élever au-dessus des autres. « Les gens suivent les faits, suivent le succès, non le talent », dit Emerson ; aussi, faut-il battre les records. « Who has gone farthest ? I would go farther », n'a pas craint d'affirmer Walt Whitman. C'est dans ce sens qu'il faut entendre la parole d'Emerson (2) : « Il est né pour la richesse » (3). On voit que la

---

(1) W. James. Philosophie de l'Expérience. p. 504.

(2) Emerson. La conduite de la vie, la richesse, p. 79.

(3) On pourrait ajouter que le jeune homme travaille avec l'idée fixe de se créer une famille et de procurer à sa femme et à ses filles toutes les jouissances que peut donner le luxe.

façon dont les Américains aiment l'argent a quelque chose de noble et de grand.

Chez eux, la chasse au dollar va de pair avec ce qu'on peut appeler un « utilitarisme désintéressé ». L'Américain reste pratique jusque dans ses charités et trouve tout naturel que ses habitations ouvrières lui rapportent six du cent. Cette façon d'apprécier répond au besoin de justice très marqué chez lui et à l'un des axiomes de sa morale : les fins de la justice se confondent avec celles de l'intérêt.

Ajoutons qu'on trouve beaucoup d'exemples de complet désintéressement. Dans ce pays, les grands riches sont regardés, et se regardent eux-mêmes, comme représentant plus particulièrement la collectivité, comme incarnant en leur personne le « public spirit ». Ils ne s'estiment que les dépositaires de leur propre fortune et en consacrent une large part à créer des œuvres de bienfaisance (1). Peut-on oublier le nom de M. Carnegie qui a donné, par dizaines de millions, pour la reconstruction des régions dévastées. Qui nous fera connaître tous les résultats obtenus par la fondation Rockefeller qui a entrepris, dans notre pays, une lutte déjà si féconde contre la tuberculose. Les services rendus par l'œuvre américaine des Fatherless Children of France ne sont pas moindres. Grâce au dévouement de ses milliers de membres, des sommes énormes ont été récoltées pour venir en aide à nos orphelins. Il faut voir, dans l'Aisne, le gigantesque travail de reconstitution dû à Miss Anne Morgan. Tous les Français connaissent l'immensité de l'œuvre entreprise par l'American Red Cross, sur notre territoire, dans ces dernières années. Cette œuvre se poursuit et se poursuivra probablement longtemps encore, dans des régions qui ont besoin de secours.

Tout récemment, au commencement de juin 1921, les journaux annnonçaient que le gouvernement français venait

---

(1) L'Américain est, généralement parlant, un homme qui a bon cœur. C'est un besoin pour lui de partager avec autrui et cette qualité maîtresse compense largement certains défauts superficiels comme le manque de culture. On se souvient du mot de Vauvenargues : « Les grandes pensées viennent du cœur ».

d'être avisé de l'existence d'un legs de deux millions de dollars, fait par M. Frank, H. Buhl, de Grove-City (Pensylvanie), en faveur des régions dévastées de France et de Belgique. M. Loucheur, ministre des régions libérées, a mis à l'étude les moyens les plus rapides pour entrer en possession de ce legs. Il a chargé le Comité supérieur de coordination des secours, institué auprès de son département, sous la présidence de M. Fournier-Sarlovèze, député, d'étudier les modalités de la répartition des fonds. On voit que la générosité de nos amis d'Amérique, qui ont déjà tant fait pour le relèvement de nos départements dévastés ne se ralentit pas.

Les officiers déclarant chez la baronne qu'ils changeront de métier et que l'un de publiciste deviendra banquier, tandis que l'autre, d'ingénieur se fera maître d'hôtel, ont provoqué l'étonnement de leurs auditeurs : c'est qu'en effet, en France, chacun à son métier. Un de nos vieux proverbes dit : « Quand chacun fait son métier, les vaches sont bien gardées. »

De l'autre côté de l'océan, on ne pense pas ainsi. L'Américain n'est pas un spécialiste, mais un brasseur d'affaires. Son éducation, rapide et bourrée tout à la fois, le rend apte à toutes les besognes, sans le préparer à aucune. En somme tous les Américains exercent la même profession, celle de « business man », de l'homme en quête d'affaires.

Business man, le petit télégraphiste qu'on retrouve ensuite directeur d'une banque, business man le Président Roosevelt qui vécut sur les ranches, travailla dans les fermes de l'ouest, dirigea les affaires d'un négociant et devint président des Etats-Unis, business man Edison, l'inventeur de l'électromotographe, du télégraphe et du radiaphone.

Ce peuple de riches est né d'une race de pauvres pour lesquels le travail a été la condition d'existence. « Notre pays est le pays des gens pauvres, dit Emerson; ici, la race humaine s'est répandue sur le continent pour se rendre justice à elle-même : toute l'humanité est en manches de chemise; elle ne prend pas des airs affectés, comme les pauvres riches des villes qui veulent passer pour riches, mais elle enlève manifestement son paletot, pour travailler ferme quand le labeur rapporte sûrement. » Chez nos alliés, le respect humain n'existe pas, et le travail est toujours honoré. En 1917 et 1918, alors que la main d'œuvre se faisait rare, on voyait, dans les corvées destinées à enlever les neiges, des hommes de tout âge, habillés en gentlemen. Ils ne rougissaient pas de venir gagner ainsi les deux dollars dont ils avaient momentanément besoin pour vivre.

Le refus du médecin militaire d'accepter du vin, peut prêter à une double interprétation. En soi, il est louable et indique du caractère chez celui qui, constatant que le vin lui est préjudiciable, s'en abstient complètement. On comprend donc et on approuve pleinement ce refus chez un homme intègre, qui met, en tous points, ses actes d'accord avec ses principes. Chez d'autres, il nous révèle un défaut de la conscience américaine, celui d'être trop conventionnelle, trop légale, de se laisser conduire par les sanctions attachées à l'opinion publique et à des préjugés locaux.

C'est un reste de puritanisme de la Grande-Bretagne. Jouer aux cartes, boire du vin sont des choses dont certains s'abstiennent uniquement parce que l'opinion publique les condamne. On verra donc le même homme qui, dans les affaires, estime que, « nécessité ne connaît pas de loi et que la force crée le droit », se montrer absolument soumis à ce conformisme étroit et mesquin.

On sait que cette question des boissons spiritueuses divise les Américains en deux camps : les wet et les dry, ceux qui usent de ces sortes de boissons et ceux qui s'en abstiennent. Ces derniers sont généralement très fidèles à leurs principes et refusent obstinément tout breuvage alcoolique qu'on leur présente. Les lecteurs au courant des choses d'outre Atlantique savent les ravages que l'usage immodéré de ces sortes de boissons a causés dans ce pays.

Notons également ce genre spécial d'imagination qui porte l'Américain à se servir de ce qu'il suppose, comme si c'était une certitude, une réalité. A ses yeux, des éventualités, des hypothèses deviennent des certitudes. Il a foi dans lui-même et foi dans le succès ; il doit réussir et il est convaincu qu'il réussira. « Il a cette confiance en soi-même qui, d'après Emerson, est le privilège des natures royales ». Il ouvrira une clinique et réalisera un bénéfice net de tant…; il s'emballe sur des rêves. L'expérience montre par la suite ce qu'ils valent ; quel que soit le résultat, il ne se décourage pas, recueille les succès, néglige les échecs et se lance de nouveau dans le tourbillon des affaires. Sa méthode préférée est l'expérimentation par l'action ; il ne mûrit pas assez ses projets ; rarement il atteint la mise à point, l'idée universelle.

Le Français a une tendance opposée. Avant de se lancer dans une affaire, il l'étudie sous toutes ses faces. Souvent même il hésite, bien que les probabilités de succès soient de son côté. C'est un intellectualiste, il se meut dans des idées générales. Il a, dans l'esprit, le concept de ce qu'il entreprend, l'Américain n'en a que le schéma.

Folard a dit : « Soit entêtement pour les anciennes opinions, soit chagrin de n'être pas soi-même l'auteur d'un nouveau système, ou, comme l'on dit, jalousie de métier, on ne manque pas de se déchaîner contre un homme qui innove. »

En Amérique, rien de semblable. On aime la nouveauté, il faut du nouveau. Chaque constructeur de machines doit, chaque année, offrir une marque nouvelle, présentant quelque perfectionnement. La faveur est aux idées nouvelles, à l'éducation nouvelle, à la femme nouvelle. « L'Américain habite une terre de prodiges ; autour de lui, tout change sans cesse et chaque mouvement semble un progrès. L'idée du nouveau se lie donc dans son esprit à l'idée du mieux » (1). Ce système, trop étendu, n'est évidemment pas sans dangers.

La réflexion du capitaine qui se propose de brûler sa chemise, quand elle sera sale, est encore étrange pour nous, Français, et choque notre habitude de viser à l'économie. Nous trouvons que nos alliés « gâchent et gaspillent ». En Amé-

____

(1) De Tocqueville, de la Démocratie en Amérique, t. II. p. 416.

58
59

rique, on ne répare pas une machine, un vêtement usagé, on les remplace. Dans ce pays tout est à profusion : matières premières, richesses du sous-sol, forces naturelles... On est certain qu'on peut tout remplacer par son travail et on ne se préoccupe pas d'économiser. Au lieu de chercher à établir un équilibre entre la production et la consommation, les Américains les portent toutes les deux jusqu'à l'infini.

La nièce de la baronne aura certainement surpris les Américains, en leur déclarant que sa famille ne fréquente pas le propriétaire du château voisin, parce que c'est un royaliste. « Nous n'avons pas, en Amérique, l'héritage de haines qui vous divise si malheureusement en France », a dit le Président Roosevelt. C'est très vrai, et, pendant la guerre, les Français ont pu remarquer combien les Américains fraternisent les uns avec les autres.

Cette fusion est plus facile à réaliser chez eux et voici pourquoi : l'Amérique est un pays neuf. « Le grand avantage des Américains est d'être arrivés à la démocratie sans avoir eu à souffrir de révolution démocratique et d'être nés égaux, au lieu de le devenir » (1). Monarchie, Impérialisme sont des mots vides de sens aux Etats-Unis. Dans ce pays, il y a tout à créer et rien à restaurer, c'est la raison pour laquelle on n'y trouve pas de parti réactionnaire.

L'acte par lequel l'Amérique s'est constituée en Etat est un acte d'affranchissement ; chez elle, il n'y a ni gouvernant ni gouverné, mais un peuple qui se gouverne lui-même « *self-government* ». Mais le peuple américain a été assez sage pour donner au pouvoir exécutif, dans la personne du Président, des attributions considérables.

Toutefois, ces dernières sont contrôlées par un Sénat de quatre-vingt six Membres seulement, dont l'autorité est très grande. C'est pour avoir méconnu la puissance que la Constitution donne à ce Sénat, c'est avec l'espoir d'arriver à lui forcer la main, que le Président Wilson a terriblement, pour nous,

---

(1) De Tocqueville. De la Démocratie en Amérique. T. II, p. 236.

8

compliqué la paix de Versailles, en voulant lier ce traité à la constitution d'une Société des Nations que la démocratie américaine prétendit ne pouvoir pas accepter.

Quatre mois avant la signature du traité, trente-neuf sénateurs américains eurent la loyauté de prévenir les chefs des Gouvernements alliés que le Sénat américain n'était pas un organe d'enregistrement, et que, sous aucun prétexte, ils n'accepteraient l'idée de la Société des Nations telle qu'elle était exprimée. Ils voyaient, dans son organisation, la soumission ultérieure du Gouvernement des Etats-Unis à un super-gouvernement du monde, pouvant, à tout moment, pour une question sans aucun intérêt direct pour leur pays, l'entraîner dans les plus fâcheuses aventures. Une Société des Nations, organisée d'après les vues de l'ex-président, serait, disaient-ils, inconciliable avec l'idée que les Américains se sont formés de la liberté politique des Etats-Unis.

La proportion de catholiques fixée à quarante pour cent, dans l'armée Américaine, ne semble pas exagérée, d'après ce que j'ai eu sous les yeux. Elle atteignait même cinquante pour cent dans certains régiments : encore faut-il ajouter que la plupart de ces catholiques étaient des convaincus. Dans les différents endroits où le hasard de la guerre a conduit les troupes Américaines, les aumôniers militaires et les Chevaliers de Colomb ont maintenu ces soldats catholiques dans la fréquentation des sacrements à laquelle ils étaient habitués chez eux.

Les K. C. (1) ont ouvert partout des chapelles, des foyers et des cantines et le bien qu'ils ont réalisé dans l'ordre moral et matériel est connu de Dieu seul.

Cet hommage, que je me fais un devoir de leur rendre, est l'expression de la stricte vérité et je crois que personne ne pourra me contredire, si j'affirme que tous les soldats, sans distinction de culte, étaient remplis d'estime pour cette Association. Bien des protestants m'ont dit à moi-même : « Avant la guerre, je ne connaissais les K. C. que de nom ; mainte-

---

(1) Abréviation de Knights of Columbus.

nant, je les ai vus à l'œuvre sur le front et dans les camps de l'arrière. Partout ils sont les mêmes, remplis de droiture, d'absolu désintéressement et d'entier dévouement. »

Cette opinion des soldats américains correspond exactement à celle que je me suis faite, d'après ce que j'ai eu sous les yeux. Le directeur, pour l'Europe, de cette vaste et florissante Association, M. Hearn, s'emploie, avec beaucoup d'intelligence et d'activité à l'extension de cette Société. J'ai appris ces jours derniers qu'il s'occupe présentement, sur la demande du Saint-Père, d'ouvrir, à Rome, un club des Chevaliers de Colomb. Les membres de cette puissante Association tiennent, dans le monde catholique américain, une trop grande place pour n'être pas représentés dans le centre de la chrétienté. Si le catholicisme est présentement en bonne posture aux Etats-Unis, c'est à eux, pour une large part, qu'il faut l'attribuer. Le temps n'est plus, où la plupart des Américains qu'on interrogeait sur leur religion répondaient : « I belong to no church ».

Enfin, le refus formel apporté par la baronne au capitaine qui veut emmener sa nièce seule avec lui, nous révèle la grande différence dans l'éducation des jeunes filles, selon qu'il s'agit de l'Amérique ou de la France.

Chez nos alliés, la jeune fille est élevée comme un garçon. Boys et girls reçoivent la même éducation, souvent dans les mêmes écoles et beaucoup de carrières même administratives leur sont ouvertes sans distinction. La jeune Américaine fait de la gymnastique, monte à bicyclette et à cheval, conduit elle-même son automobile. Elle a la démarche de l'homme et lui ressemble par ses allures. Elle est complètement livrée à elle-même, voyage seule, travaille seule et s'installe seule en Europe.

En France, rien de tout cela, et cette façon de faire paraîtrait pleine de dangers pour la jeune fille française, car elle n'y a pas été préparée. Chez nous, la jeune fille est élevée près de sa mère, et ne la quitte que pour entrer au pensionnat. Dans les bonnes familles, elle ne sort jamais seule : une jeune fille qu'on rencontrerait seule avec des hommes ou des jeunes gens perdrait, dans la société, toute considération.

Ce *modus vivendi* absolument différent, et ignoré de prime abord des Américains, leur a attiré plus d'une aventure désagréable. Ils ont vu, maintes fois, leurs propositions rejetées, alors qu'elles étaient faites sans l'ombre d'une intention mauvaise.

Il faut avouer, à notre honte, que les Américains sont, beaucoup plus respectueux de la femme que les Français. Làbas, une jeune fille peut se trouver seule au milieu d'un groupe d'hommes, sans entendre aucune parole malséante ou déplacée. Chez nous, malheureusement, il n'en est pas ainsi et ce qui se passe journellement dans les chemins de fer le prouve surabondamment.

Faut-il dire pour cela, que l'éducation américaine est supérieure à l'éducation française ?

« Un fait, dit le journal *La Croix*, qui donne à penser que l'éducation américaine doit être assez défectueuse, c'est le nombre de suicides qu'on constate chez les enfants. On nous présentait la jeunesse américaine comme douée d'une humeur saine et joyeuse, tandis qu'on présentait nos collèges et pensionnats comme des prisons d'ennui. Eh bien ! il ne faut pas envier, paraît-il, le sort de la jeunesse américaine. Les statistiques nous apprennent, en effet, que les enfants d'Outre-Atlantique sont rongés par un mal terrible, la maladie du suicide. En un an, 223 petits garçons et 484 petites filles se sont donné volontairement la mort. Un baby de 5 ans a refusé de lire plus avant le livre de la vie dont il n'avait pas même eu le temps de déchiffrer la première page. Plus de 700 bambins désespérés par an ! près de deux suicides enfantins par jour ! N'est-ce pas effrayant !

» La répartition de ces morts volontaires est étrange. Alors que, chez les adultes las de l'existence, on relève 3.500 hommes contre 2.000 femmes, la proportion est inverse pour l'enfance : 484 fillettes, contre 223 garçonnets. Faut-il en conclure que les femmes, plus sensibles aux premières déceptions de la vie, savent, tout de même, se faire plus facilement une raison, lorsqu'elles ont pu résister au premier choc.

» Quoiqu'il en soit, cette maladie du suicide, même chez les enfants, est troublante. Elle s'explique par le manque absolu de religion, dans le quart de la population Nord-Américaine, soit 25 millions sur 100 (1). Sans la foi qui aide à supporter avec patience les misères de cette vie, et sans l'espérance d'une vie meilleure, le jeune homme athée, voire même l'enfant sans croyance trouvent logique de supprimer une existence qui leur pèse ».

Je rapporte ce jugement de *La Croix* sous toutes réserves, en me permettant d'émettre cet espoir que la suppression absolue de toute boisson spiritueuse, dont une grande partie de la population des Etats-Unis faisait un usage absolument abusif, aura des conséquences heureuses quant à la diminution des suicides d'enfants et d'adultes. Présentement, au bout de deux ans seulement, le nombre des cas de folie a diminué de près de moitié.

En dépit de la différence qui existe entre certains côtés de l'âme américaine et de l'âme française, ces deux grandes nations sont, en réalité, très proches l'une de l'autre. La même activité se retrouve chez le Gaulois toujours en chevauchées, dormant sur son cheval, et l'Américain, brasseur d'affaires, vivant et dormant dans les express, ou menant dans l'intérieur une existence fébrilement laborieuse (2). La bouillante activité de ce dernier a un air de parenté avec la *furia francese*, et, sur les champs de batailles, les légionnaires américains ont fait montre des mêmes belles qualités de race que le Français « in the mode of fighting ».

La France et l'Amérique sont aussi, l'une et l'autre, deux

---

(1) D'après les dernières statistiques, la population totale des Etats-Unis continentaux est de 105.710.620 habitants ; celle des possessions d'Outre-Mer est de 12.148.738 ; ce qui fait un total de près de 118 millions d'habitants.

(2) Ceux qui voudront approfondir cette idée trouveront dans mon ouvrage, actuellement en préparation : *Gabris ou Gièvres gallo-romain*, toute une étude sur les belles qualités de race des Gaulois et des Gallo-Romains.

grandes puissances créatrices, mais dans des ordres différents. La France fait jaillir l'idée, l'idée neuve, l'idée originale et généreuse et la répand à travers l'Univers. L'Amérique couvre le monde de ses inventions et de ses produits. Il suffit de lever les yeux pour apercevoir les fils télégraphiques et téléphoniques qui courent dans toutes les directions et propagent les découvertes d'Edison. Le traitement de l'immortel Pasteur contre la rage n'est ni moins merveilleux, ni moins répandu.

Le Français et l'Américain sont aussi deux natures profondément humanitaires. Michelet disait de la France, qu'entre toutes les nations européennes, elle était celle qui savait se battre « pour les causes désintéressées qui ne devaient profiter qu'au monde ». On peut en dire autant de l'Amérique.

« Qu'est-ce qu'il y avait dans les écrits des hommes qui ont fondé l'Amérique ?... Servir les intérêts égoïstes de l'Amérique ?... Jamais ; mais bien, servir la cause de l'humanité, apporter la liberté au genre humain ». N'est-ce pas la mission de la France ?

« Les Américains, écrit M. Morton Fullerton, sont devenus les coadjuteurs, les associés, les continuateurs des Français, dans leur tendance remarquable et invétérée à toujours entreprendre une tâche mondiale. Ces deux pays sont en effet souvent prédestinés à travailler pour d'autres intérêts que les leurs. C'est une part de leur destinée particulière que d'avoir à vivre, non seulement pour eux-mêmes, mais pour l'humanité. » Et il observe que : « Le seul peuple au monde capable, à l'heure actuelle, de saisir quelque chose du sens exact du mot « humanité », tel que l'emploient les Français, est peut-être celui de l'Amérique du Nord » (1).

En septembre 1921, au Cercle Interallié de Paris, à la suite du dîner que lui offrit l'Ambassadeur des Etats-Unis, le général Pershing s'est exprimé ainsi : « A la camaraderie du temps de guerre ne se borne pas toute la signification de réunions comme celle d'aujourd'hui entre Américains et Français — réunions qu'il faudrait renouveler fréquemment. — Elles en

---

(1) Les Etats-Unis et la France, conférence Fullerton, p. 187.

ont une plus profonde : l'affirmation des grands principes de droit et de justice qui animent à la fois l'Amérique et la France et qui, toujours défendus par nous ensemble, auront une influence décisive sur l'avenir du monde entier. »

Faut-il souligner maintenant le grand avantage qui résultera, pour la France et l'Amérique, de relations mutuelles : ces deux grands peuples en se fréquentant, se compléteront.

Joseph de Maistre a dit, en parlant de l'Amérique : « C'est un enfant au maillot, laissez-le grandir ». Cet enfant, ce peuple jeune aura grand profit à entrer en contact avec la vieille civilisation française. Le Français est un intellectualiste, il se meut parmi les idées générales, il conçoit son idéal avant de le réaliser. De lui, l'Américain apprendra à mûrir le sien, à s'en faire un concept et non un schéma ; à aimer l'universel, la vérité, la beauté, chose dont le schéma n'est que l'approximation.

M. Baldwin a établi, dans son Traité génétique de la Réalité, que c'est en s'orientant vers le domaine synthétique de l'art, que la vie américaine tâchera d'échapper aux entraves de l'utilitarisme. Or, la France est le pays qui a fait la critique la plus sérieuse et la plus approfondie de l'art et de la vie. L'Américain y complètera son instruction, son goût s'y formera peu à peu et il deviendra non seulement un maître de la matière, mais un maître de l'esprit.

Le Français, à son tour, aura grand profit à entrer en relations avec le Nouveau-Monde. Les Américains sont nos maîtres dans le domaine pratique, comme nous sommes les leurs, dans le domaine artistique. La mécanique, dans l'industrie et dans l'agriculture, a reçu chez nos alliés un développement considérable. Si nous voulons maintenir notre place dans le monde, il nous faut réparer tout ce qui a été détruit. Or, nos méthodes et nos moyens sont surannés et nous devons nous inspirer des leurs. On connaît leur grand principe : il ne faut jamais faire faire à un homme le travail qu'on peut confier à une machine. Combien ce principe aurait lieu d'être appliqué chez nous où le manque de bras se fait de plus en plus sentir !

Voici, à titre d'exemple, ce que les Américains font faire

par des machines. Il s'agit d'un numéro du *Dry Goods Economist*, de plus de 150 pages, et aussi gros qu'un numéro du Noël de *l'Illustration*.

« Il est entièrement confectionné par les machines qui se succèdent sans interruption, en longue file. D'abord, le papier se déroule sous la rotative qui imprime ; de là, il passe à une machine à plier ; de là, à une machine à rogner qui coupe les feuilles à la dimension exacte, puis à une brocheuse qui place les attaches en fer, ensuite à une relieuse qui recouvre de la couverture en couleur le bloc des pages blanches. A ce moment, le journal est tel qu'il est présenté au lecteur. Une autre machine s'en empare, le roule et le place sous des bandes dont les adresses ont été imprimées à l'avance ; la timbreuse reçoit les rouleaux ainsi constitués, les date d'un timbre-poste puis les déverse dans un sac postal qu'un ouvrier remplace par un autre dès qu'il est plein. Les sacs sont posés sur une rampe mobile qui les emporte vers la rue où un camion automobile en prend livraison au fur et à mesure. Quand la voiture est complètement chargée, elle part pour la poste. Depuis le moment où le papier vierge pénètre sous la première rotative, jusqu'à celui où la revue reliée, sous bande et timbrée, est déversée dans des sacs sur le camion automobile, aucune main d'œuvre humaine n'intervient, si ce n'est l'ouvrier qui fait la liaison entre la machinerie et la rampe mobile. Les machines se passent elles-mêmes la besogne toute prête l'une à l'autre selon leur capacité. Seuls, deux ou trois mécaniciens surveillent la bonne marche comme l'homme libre surveille les esclaves... » (1).

----

(1) E. Servan. « L'Exemple Américain », p. 86 et 7.

CHAPITRE VIII

L'Amitié Franco-Américaine

ES Allemands lancent partout cette idée que les rapports entre les Français et les Américains sont loin d'être aussi cordiaux qu'on a voulu le dire. Depuis l'armistice, ajoutent-ils, ils se sont encore beaucoup refroidis.

Cette affirmation malveillante est absolument démentie par les faits. A Gièvres et dans toute la contrée, les Américains ont été reçus avec une grande sympathie par les différentes classes de la société. Les conversations de nos villageois traduisirent dès la première heure cet état d'âme. A peine eurent-ils vu les Américains, qu'ils les trouvèrent grands, forts, propres et industrieux ; ils louaient leur équipement, leur installation, leur façon de s'organiser.

Le premier dimanche qui suivit leur arrivée, j'avais publiquement recommandé à mes paroissiens de recevoir de leur mieux ces amis d'outre-mer qui venaient pour nous prêter main-forte, et j'ai pu constater immédiatement que tout le monde s'empressait autour d'eux. Les premières tentes qu'ils dressèrent, sur la route des Brosses à la Matière, étaient entourées d'un groupe de visiteurs tout prêts à entamer conversation et à rendre les services qui étaient en leur pouvoir.

Cette sympathie ne s'est pas démentie durant tout le séjour de nos alliés. Le soir, dans toutes les maisons, on rencontrait un ou plusieurs Américains en train de dîner ou de prendre le café; chaque famille avait « son Américain ». Quant à la cure, je n'en parle pas, nos alliés y trouvèrent toujours une amicale et permanente hospitalité. A l'occasion de quelque grande fête ou évènement mémorable, les, commandants des camps se firent un plaisir de s'y rencontrer avec l'élite de la population française, civile et militaire.

Dans la société solognote, les Américains ont été fort bien accueillis et fêtés même. La plupart des châtelains du voisinage m'ont dit à plusieurs reprises : « quand vous venez nous voir, amenez-nous donc quelques-uns de vos paroissiens temporaires, nous nous ferons un plaisir de les recevoir ». D'un autre côté, je sais pertinemment que les officiers du camp ont été touchés de cet accueil et me sont demeurés très reconnaissants de les avoir introduits dans ces bonnes familles. Tous gardent le meilleur souvenir des agréables moments passés aux châteaux du Moulin, de Selles, de la Prévostière, de la Genetière et dans plusieurs familles de Romorantin.

Tout d'ailleurs était un objet d'étude pour ces étrangers : l'étiquette française, la tenue d'un salon, le service d'un dîner. Dans les jolies salles à manger aux cheminées monumentales, aux vitraux peints, aux murs décorés de la salamandre et de la cordelière de François Ier, ces fils d'un monde nouveau se croyaient transportés au temps de la Chevalerie dont ils avaient lu, dans les livres, la vie galante et les charmes séducteurs. Le soir, aux teintes du crépuscule, adossés au parapet du pont-levis, en face de ces tourelles, ils se surprenaient à chercher le veilleur de nuit, tout en se demandant si quelque troubadour ne leur chanterait pas une canzone, en l'honneur des paladins de Charlemagne ou d'Arthur (1).

Beaucoup, surtout parmi les lettrés, étaient ravis de connaître cette « nation chevaleresque » ; d'autres, plus avancés, se réjouissaient de la revoir à nouveau et, sur le transatlantique qui les amenait, ils rêvaient de ce « doux pays ».

> *En regardant vers le païs de France,*
> *Un jour m'avint à Dovre sur la mer,*
> *Qu'il me souvint de la doulce plaisance*
> *Que je souloye au dit païs trouver.*
> *Si commençay de cuer à soupirer...* (2)

On conçoit avec quel empressement ils saisissaient toute occasion de fréquenter « le monde. » — « Ce ne sont pas les grands hôtels qui nous intéressent, me disaient-ils, c'est de pénétrer dans la société française, d'en observer le ton, les coutumes et les usages ». N'est-ce pas d'ailleurs le même désir qui hante le Français quand il arrive en Amérique ?

Nos ennemis, en lisant sur les gazettes ou dans les revues, les articles qui célèbrent « l'étroite amitié des deux grands peuples » ne manquent pas de sourire en haussant les épaules. « Exagération, disent-ils, tirades de chroniqueurs en bonne veine de composition ! »

Chacun connaît le proverbe : *verba volant, scripta manent* ; si les paroles peuvent se nier, les écrits forment un témoignage toujours subsistant. Je donnerai donc ici quelques extraits des innombrables lettres qui m'ont été et me sont

---

(1) Ce serait une erreur de croire que les Américains, auxquels je servais de cicerone, n'avaient pas le sens esthétique cultivé. Ils s'intéressaient aux moindres détails et sollicitaient mille explications. Ne viendrez-vous pas en Amérique nous faire quelques conférences et nous apprendre à mieux aimer votre beau pays, me dit un jour un lieutenant d'origine italienne. — Chi lo sa ? lui répondis-je en souriant.

(2) Ballade de Charles d'Orléans (1391-1465).

encore envoyées par nos alliés. Elles émanent de soldats de tout rang, depuis le commandant de camp, jusqu'au simple « private » et constituent un témoignage totalement étranger au domaine de l'imagination.

Voici donc quelques extraits de lettres prises au hasard, sans souci de classement, de date et d'ordre chronologique.

T. 1. — ... *Je vous envoie ces dernières et courtes lignes pour vous dire combien grandement j'apprécie tout ce que vous avez fait pour rendre mon séjour en France plaisant et agréable. Grâce à votre bonté, j'ai été introduit dans beaucoup de familles françaises qui m'ont appris à aimer votre France, et qui m'ont donné une plus claire et meilleure compréhension de votre idéal...*

Colonel J., *19 Juillet 1919.*

... *Permettez-moi de saisir cette occasion pour vous dire combien le général Pershing et moi apprécions tout ce que votre bonté et patriotisme vous dictent de faire pour nos soldats.*

Général H.
Chef d'État-Major au Quartier Général Américain.
4 Mars 1918.

... *Je viens vous présenter mes remerciements les plus sincères pour toutes les bontés que vous avez prodiguées à mon fils Rodrigue de C., qui fait partie de l'armée américaine en France. Il nous a fait dire comme vous avez été pour lui accueillant et hospitalier et je tiens, ainsi que Madame de C., à vous en exprimer toute notre reconnaissance.*

Marquis de C., *14 Avril 1918.*

T. 2. — ... *Je désire vous remercier de nouveau, Cher Père, de toutes vos bontés à mon égard pendant mon séjour à Gièvres. Je suis très contrarié de n'avoir pas pu retourner vous voir, mais il ne m'était pas possible d'obtenir la permission nécessaire. J'espère un jour ou l'autre retourner en France et je rendrai certainement visite à mon premier et meilleur ami de France, le Curé de Gièvres.*

Father A. C.
Capit. Aumônier du 129ᵉ d'Infanterie.

T. 3. — ... *Je garderai toujours le souvenir de vos bontés non seulement pour moi, mais aussi pour tous les soldats américains. Que Dieu vous bénisse; vous avez été un véritable ami pour nous, et les soldats parlent souvent de vous avec éloge.*

Lieut. M° G., 10 Mars 1918.
(15. Engrs.)

T. 4. — ... *Permettez-moi de vous exprimer une très sincère appréciation de la bonté que vous avez témoignée au Sergent W., que je tenais en très haute estime et que je prie la bienheureuse Vierge de remettre bientôt en pleine santé et vigueur.*

Lieut. R. (Butch. C°), 20 Février 1919.

... *Nous sommes heureux d'apprendre que le dernier lieu de repos de mon pauvre frère est si proche d'un ami aussi cher que vous...*

J. W., frère du Sergent W., 15 Juin 1919.

... *Depuis longtemps j'avais l'intention de vous écrire, pour vous remercier de l'excellent accueil que j'ai reçu de vous lors de mon séjour à Gièvres. Si vous pouvez disposer de quelques moments de loisirs en ma faveur, j'oserais vous demander, Monsieur l'abbé, de vouloir bien me faire tenir de vos nouvelles de temps en temps. Je les recevrais avec bonheur et ce serait d'un grand prix pour moi.*

A. K., 2 Mars 1917.

... *Je suis très heureux d'apprendre qu'une voix aussi autorisée que celle du Président Wilson, vous ait exprimé nos sentiments de reconnaissance à tous, pour l'aimable hospitalité que vous avez offerte aux Américains dans votre paroisse; je suis sûr que tous mes compatriotes en garderont le meilleur souvenir. Quant au Général Pershing et à tous les officiers supérieurs qui ont le souci et la responsabilité morale de leurs hommes, ils vous seront toujours reconnaissants de la bienfaisante influence que vous avez exercée sur eux.*

Général J. G. H.
Commandant le S. O. S., à Tours.
27 Mars 1919.

T. 5. — ... *J'éprouve le besoin de vous remercier de nouveau de la générosité, de la bonté et de l'hospitalité que vous avez eues pour moi, d'une si noble façon, pendant mon séjour à Gièvres.*

Cap. E. A. M. Sign. Corps., 7 Août 1919.

J'ai reçu votre estimée du 3 courant qui m'est parvenue après votre télégramme. Il m'était impossible de visiter Gièvres, étant donné que je suis allé au Quartier Général et n'étais pas de retour pour votre grand évènement. Je le regrette vivement, car cela m'aurait fait grand plaisir de rencontrer le Général (français) Radiguet, chez vous. J'espère que j'aurai bientôt l'occasion d'aller vous voir et de constater tout le bon travail qui se fait à Gièvres.

J. N. Connolly.
Chapelain Général de l'Armée Américaine.
10 Juillet 1918.

... J'ai été très intéressé par tous les détails que vous me donnez sur ce que vous faites pour nos soldats, et j'espère que vous me ferez le plaisir de m'écrire souvent.

Veuillez agréer, mon Révérend Père, l'expression de mes sentiments les plus distingués.

J. N. Connolly, 6 Août 1918.

... Je dois vous exprimer notre vive reconnaissance pour l'accueil paternel accordé par vous à notre jeune soldat, l'idole de ses parents. Il nous racontait sur ses lettres, ses visites intimes et les profondes consolations qu'il éprouvait par vos édifiants conseils.

R. L., père du Sergent L., 1er Février 1919.

... Il ne faut pas se fâcher, car « c'est la guerre », mais on vient de m'annoncer le départ, demain matin, 9 h. 38, justement l'heure de votre seconde messe. J'espère au moins pouvoir dire mes messes ici et faire communier mes jeunes. Je vous dis « au revoir », à vous et à votre bonne mère, vous remerciant de l'accueil si bon, si touchant que vous m'avez fait, souhaitant qu'avant peu nous nous retrouvions.

R. P. H. L., Aumônier du 11e Génie.

T. 6. — ... *Je me souviendrai toujours de votre bonté pour moi. Non seulement je vous suis reconnaissant de cela, mais aussi des nombreux repas que j'ai partagés avec vous, et de toutes les attentions dont votre mère et votre sœur m'ont entouré.*

Cap. J. G., 4 Juillet 1919.

T. 7. — ... *Je tiens à vous remercier très sincèrement pour tout ce que vous avez fait pour moi, pendant que j'étais dans votre pays et sous votre bonne direction. Tous les soldats qui vous ont connu ont eu en vous un véritable ami.*

Serg. R. L., 5 Août 1919.

T. 8. — ... *Je désire vous remercier beaucoup pour votre bonne invitation à passer ma permission au presbytère. Je m'en souviendrai toujours... Votre incessante activité et votre grande bonté pour les soldats américains est absolument merveilleuse, et, je le sais, grandement appréciée. J'ai écrit à ma mère le grand travail entrepris par M. le Curé de Gièvres ainsi que sa bonté et celle de sa mère pour moi.*

J. K., 23 Mars 1918.

T. 9. — *Fréquemment je pense à vous et à la France, à votre village et à votre petite église. Je crois que ces souvenirs ne me quitteront jamais.*

Capitaine J. F., 5 Août 1919.

T. 10. — ... *Votre lettre du 9 Mai m'est bien arrivée et a été lue avec le plus grand plaisir. Elle m'a fait sentir mon éloignement de Gièvres où j'ai passé tant d'heureux jours avec vous. Je l'ai lue plusieurs fois.*

A. J. O., 6 Juin 1919.

... *Vous avez été un père pour moi, et Madame Chauveau une mère* (1) *bien dévouée. Je puis dire que je n'ai jamais trouvé ni en France, ni ailleurs, un tel dévouement.*

Caporal E. G., 7 Mai 1919.

-----

(1). La vieillesse, quand elle se présente sans le cortège de misères et de déchéances qui l'accompagne d'ordinaire, frappe beaucoup nos alliés, peut-être parce qu'on vit et vieillit très vite en Amérique.

Toujours est-il que la vue de ma mère, âgée de quatre-vingt-huit

... Il y a environ trois mois, je vous ai envoyé une longue lettre, et, jusqu'à ce jour, n'ayant reçu aucune réponse, j'ai pensé à vous écrire et à vous demander ce qu'il y aurait pour vous empêcher d'écrire ; j'espère que ce n'est pas la maladie.

Mes parents avaient pensé aller en France vous rendre visite cet été, mais, d'après les indications du Département de l'Agriculture et du Commerce que l'hiver prochain va être un peu sévère en fait de ravitaillement et autres choses utiles, ils ont pensé remettre leur voyage au printemps prochain.

Cap. E. G., 26 Juin 1920.

T. 11. — *... Vous avez réalisé un grand et noble travail d'une façon splendide, mon cher ami, et je suis rempli de fierté et de reconnaissance de pouvoir être compté parmi vos milliers d'admirateurs américains.*

Colonel J.
Commandant le Camp de la Remonte.
20 Décembre 1918.

La lettre suivante m'a été remise par le Commandant de l'un des camps de Gièvres qui venait de la recevoir du secrétariat du Président des Etats-Unis.

T. 12. — *Le Président me charge de vous accuser réception de votre lettre du 16 Janvier, et de vous remercier de la très intéressante relation que vous lui avez faite de tous les services rendus par le curé de Gièvres. Il lui a été très agréable d'entendre parler de tant de services rendus avec une telle abnégation. Voulez-vous être assez bon de porter à M. l'Abbé Chauveau, les cordiales salutations et les meilleurs vœux du Président.*

G. H. C.
Secrétaire confidentiel du Président Wilson.
21 Janvier 1919.

---

ans, alerte, sans aucune infirmité et dirigeant, elle même, notre intérieur avec une compétence qu'envieraient bien des jeunes, les remplissait d'étonnement et d'admiration. Beaucoup lui gardent un fidèle souvenir et en parlent dans leurs lettres.

63
64
65

Que de faits viendraient corroborer ces témoignages s'il fallait tout mentionner. Il y a quelques mois, on vint m'avertir, dans mon bureau, qu'une dame ne parlant pas français m'attendait au salon. Après les salutations d'usage, cette dame me dit en anglais : « Je suis Madame H., femme de votre ami, le commandant H., qui dirigeait pendant la guerre l'Hôpital Américain 43 du camp de Gièvres. A mon départ pour la France, mon mari m'a recommandé d'aller, sans tarder, trouver son ami, l'abbé Chauveau, curé de Gièvres. » Je me croyais l'objet d'une illusion, en voyant devant moi, dans mon presbytère de Sologne, cette dame du nouveau monde qui avait fait un tel trajet pour arriver jusqu'à mon ermitage et je l'accueillis comme on reçoit de « bons vieux amis ».

En Juin 1921, un officier américain fort connu dans la société des environs, le capitaine S., m'arrivait avec sa charmante famille. Quelle agréable surprise de trouver dans mon home cet homme distingué, habitant Gramercy Park à New-York. Avec les Américains les distances n'existent plus, que ne peut-il en être ainsi pour nous Français !

Une autre fois, je trouvai dans mon courrier une enveloppe plus pesante que les autres. Elle contenait, avec une aimable lettre manuscrite, une invitation à assister aux fêtes du deuxième centenaire de la fondation de la Congrégation des Passionnistes et à descendre au monastère. Le programme était select et donnait envie de faire voile vers la terre de Colomb. C'était un autre ami, supérieur d'une importante communauté américaine, qui m'envoyait, à travers l'Océan, ce témoignage de fidèle et cordiale affection. Combien d'autres ont voulu m'associer aux joies de leur mariage, ou aux deuils de leurs familles.

Après tout cela, il est aisé de voir où sont les menteurs, s'ils sont du côté des Allemands ou du côté des Français. Les lettres dont quelques passages figurent dans ce chapitre, ont été écrites, les unes en français, les autres en anglais. Ces dernières portent la lettre T (traduction), suivie d'un numéro d'ordre ; on trouvera, à la fin de ce volume, au Chapitre des Notes, le texte original, dans le même ordre.

Deux personnes m'ont beaucoup aidé à établir cette bonne entente et cette amitié franco-américaine, je veux parler de Mademoiselle Vacaresco, fille de la princesse du même nom et de Madame la Marquise d'Épinay-Saint-Luc, Présidente de la Croix-Rouge pour l'arrondissement de Romorantin.

Mademoiselle Hélène Vacaresco, Chevalier de la Légion d'Honneur, appartient à l'une des plus illustres familles de Roumanie et a beaucoup travaillé au rapprochement entre la France et la Roumanie. Trois fois couronnée par l'Académie pour ses œuvres en langue française et décorée de la croix, pour des services éminents rendus à la cause des alliés, elle s'est mise, avec la meilleure grâce, à ma disposition pour rendre plus agréable le séjour des Américains parmi nous. Les conférences qu'elle a données aux légionnaires, en différents endroits, ont excité le plus vif intérêt. C'est par son intermédiaire que je suis entré en relations avec Madame Bliss, femme de Monsieur Robert Woods Bliss, conseiller à l'Ambassade des États-Unis pendant la guerre et avec plusieurs notabilités américaines. Ces rapports m'ont mis à même d'apprécier, en même temps que l'urbanité des hautes sphères américaines, leur entier dévouement à la cause française.

Quant à Madame la Marquise d'Épinay-Saint-Luc, tout le monde connaît ici son activité et son dévouement. On la voyait venir au presbytère de Gièvres, une ou plusieurs fois la semaine, toujours en travail d'organisation d'une réunion ou conférence, tendant à amener un rapprochement plus étroit entre les Français et les Américains. Sa mort fut un deuil, et pour le camp, et pour la population civile.

Atteinte d'un mal qui ne pardonne pas, elle a lutté opiniâtrement contre lui, s'astreignant à aller à Paris, pour y suivre un traitement périodique, sous la direction des princes de la science. La mort l'a frappée en pleine activité, mais sans peut-être la surprendre autant que certains l'ont pensé, car elle en avait le pressentiment. Un jour, elle me dit, en déjeunant au presbytère : « Si je mourrais, penseriez-vous à prier pour moi ? » — « Certainement, et nous vous ferions un service de 1ʳᵉ classe, lui répondis-je en souriant. » Je ne croyais pas dire si vrai ; moins de deux mois après, elle n'était plus. Le service solennel, célébré dans notre église paroissiale, pour le repos de son âme, a été une véritable manifestation de sympathie. Voici le compte-rendu paru dans l'*Écho de la Sologne*, à la date du 17 Novembre 1918.

« Mardi 5 novembre, un service solennel a été célébré dans l'église de Gièvres, pour le repos de l'âme de Madame la Marquise d'Epinay-Saint-Luc, la très regrettée présidente de la Croix-Rouge. La décoration de l'église avec ses tentures armoriées, ses faisceaux de drapeaux français et alliés, son autel où se détachait, sur un fond noir, une immense croix blanche et la statue de la Vierge, inondée de verdure et de lumière était d'un goût relevé et ne ressemblait en rien à celle d'une église de campagne. La partie musicale a été brillamment exécutée par un orchestre américain et de jeunes artistes auxquelles nous adressons toutes nos félicitations. A l'issue de cette cérémonie, M. le Curé, d'une voix vibrante et émue, a prononcé la délicate allocution suivante :

Mes Frères,

Qu'il me soit permis, avant que cette cérémonie s'achève, d'adresser un mot de remerciement et d'adieu à celle que la mort nous a ravie, d'une façon si brutale et si soudaine. Madame la Marquise d'Epinay-Saint-Luc a été frappée en pleine activité, comme si Dieu avait voulu épargner à son âme ardente l'attente d'une longue agonie. Sa disparition cause un grand vide dans toute la région et dans cette paroisse en particulier. Appartenant à l'une des plus anciennes familles de ce pays, elle incarnait, pour ainsi dire, la Sologne et son salon fut toujours le rendez-vous des meilleures familles de la région.

Gièvres a été, on l'a déjà dit, sa paroisse d'élection ; elle aimait à y venir et s'y trouvait chez elle. Elle m'a toujours prêté l'appui le plus amical et le plus dévoué. Elle a été l'âme de toutes nos fêtes ; elle a partagé nos tristesses comme nos joies. Au moment des dernières inondations, nombre de familles ont été secourues par elle ; depuis, elle a rendu à beaucoup de précieux services.

Lorsque nos vaillants alliés d'Amérique sont venus, pour combattre à nos côtés, son patriotisme vibrant s'est ému et elle a voulu ouvrir aux soldats américains un asile où ils pussent se retirer et se sentir chez eux. Son titre et ses fonctions de Présidente de la Croix-Rouge lui parurent exiger un généreux effort et il n'est pas inutile de rappeler que chez cette femme de cœur les efforts ont toujours été couronnés de succès. Avant son entrée en charge, Romorantin n'occupait qu'une place bien modeste, dans l'apport fourni à la Croix-Rouge; elle en a fait depuis l'une des premières villes de France, à ce point de vue.

J'aperçois, dans cette assemblée, un grand nombre d'officiers et de soldats américains, et, à leur tête, le commandant de l'un des camps de cette paroisse. Aussi, m'est-il agréable de leur rappeler que la France chevaleresque vit toujours et qu'à côté d'un mercantilisme sans vergogne, il y a le désintéressement, l'enthousiasme religieux et patriotique qui a fait la France d'hier et qui fera la France de demain.

Saluez mes frères, cette héritière de nos glorieuses traditions françaises et permettez moi d'offrir en votre nom, à son vénérable mari, Monsieur le Marquis d'Epinay-Saint-Luc, l'expression de notre commune douleur, avec celle de la sympathie dont nous sommes heureux de l'entourer dans cette paroisse.

Remarqués dans l'assistance : le colonel Janin et plusieurs officiers et soldats français, le colonel Amory, commandant l'un des camps de Gièvres, accompagné d'un grand nombre d'officiers et de soldats américains, le délégué régional de la Croix-Rouge, un colonel anglais, Cte et Ctesse d'Hardemare, Mme et Mlle Delalande, M^r et Mme Bézard, M^r et Mme Lawick, Mme Berlie, Mme Bigot, Mme de Vathaire, Mme et Mlles Henri Bérard, Mme Pouzault, Mme Labbé, Mme Imbrecq, etc... »

Deux jours après la cérémonie, je reçus de son pieux et vénérable mari, M^r le Marquis d'Epinay-Saint-Luc, qui l'a suivie dans la tombe, une lettre émue dont je détache le passage suivant :

« L'allocution que vous avez prononcée hier m'a ému profondément. On ne pouvait pas dire en moins de mots et plus complè-

*tement ce qu'a été Madame la Marquise d'Epinay-Saint-Luc. Je
vous en remercie sincèrement, et je serais heureux de voir les
journaux ou, tout au moins, l'Echo de la Sologne et la notice que
fait le colonel Janin, reproduire ce que vous avez dit.*

*Je vous serais reconnaissant de me faire connaître sans tarder
le nom et le grade de l'officier américain susceptible de transmettre l'expression de ma reconnaissance à tous ceux de sa nation
qui sont venus au service. »*

Cette âme de bien ne pouvait être oubliée dans ces pages
et j'ai la douce espérance que le bon Dieu l'a reçue près de
Lui.

Les lecteurs au courant des choses de France, savent que
le souvenir reconnaissant que nous gardons à nos alliés
d'Amérique est partagé par la généralité des Français. A
l'occasion de la célébration du cinquantenaire de la troisième
République, M. Georges Leygues, président du Conseil
français, a fait au représentant de l'*Associated Press*, à Paris,
les déclarations suivantes :

« Vous me demandez quels sont les sentiments du
gouvernement de la République à l'égard des États-Unis
d'Amérique au moment où nous célébrons le cinquantenaire
de la troisième République et le deuxième anniversaire de la
victoire :

A l'occasion de cette double commémoration, le gouvernement et la France entière sentent se resserrer les liens
d'estime et d'amitié qui unissent nos deux peuples, qui se
rappellent que nos démocraties, éprises du même idéal, se
sont toujours trouvées debout côte à côte aux heures décisives
de l'histoire du monde, chaque fois que la liberté et le droit
ont été menacés. Ils saluent dans un élan unanime d'admiration et de reconnaissance les héros américains et français
qui tombèrent sur les champs de bataille de Brandy-Wine et
de York-Town, sur les bords de la Marne, des pentes de
Montfaucon et dans les plaines de la Meuse.

Jamais nous n'oublierons l'aide magnifique, morale,
matérielle et militaire, que les États-Unis d'Amérique nous

apportèrent dans la grande guerre et qui contribua si puissamment à la victoire.

Un même culte de l'indépendance et de la dignité humaine anime nos deux nations, toujours résolues à guider le monde vers un avenir meilleur, à consolider la paix et à réparer les désastres de la guerre ».

Signé : Georges LEYGUES.

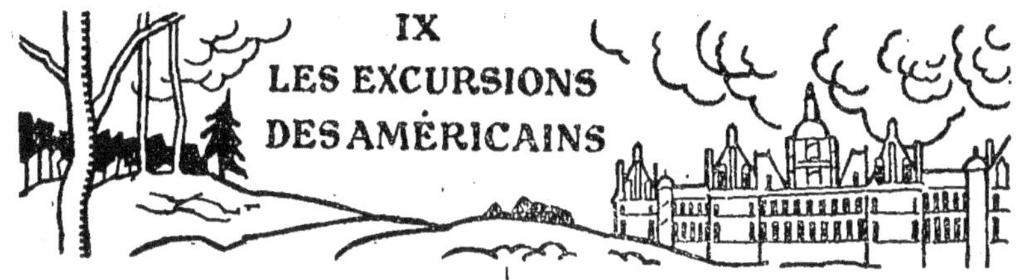

SOMMAIRE

Raison de ce chapitre et des deux suivants — Gièvres — « Mansio romana » — Découvertes — Superficie — Habitants — L'Eglise — La Cure — Les deux aspects de la Campagne — Les Châteaux de la Genétière — de Jaugy — de la Prévostière — des Nouies — Romorantin — Etymologie — Origines — Au XII° siècle — Le Siège de 1356 — Chronique de Froissard — Charles V — A la fin du XIV° Siècle — Valentine de Milan — Jean et Charles d'Angoulême — Claude de France — Journal de Louise de Savoie — La Fête des Rois 1521 — Mémoires d'un Bourgeois de Paris — Le Carroir d'orée et l'Hôtel Saint-Pol — Ordonnance de François I°r — Le Pavillon de Mousseaux et la Comtesse de Châteaubriand — Champ-le-Roy — Projet de Canalisation de la Sauldre — Séjours de Henri II, François II — Les Calvinistes — L'Eglise — L'Industrie — Le Château du Moulin — Conservation et Aspect — Une Excursion joyeuse — L'Entrée du Château — Les Seigneurs du Moulin : Jean I Jean II, Philippe — Charlotte d'Argouges — Maistre Jacques de Persigny — L'Intérieur du Château — L'Ameublement — Familles du Moulin, du Puy d'Anlezy, de Barbançon, de Thuet, de Marcheville — Une Légende — Chambord — Etymologie — Jérôme Lippomano — Pierre Nepveu — Description du Château — Le Bourgeois gentilhomme — La Révolution — Visites royales — Les Maréchaux de Saxe et Berthier — La Souscription Nationale — Le Don à son A. R. Monseigneur de Bordeaux — La Duchesse de Berry — Prise de Possession — Autres Visites — 1830 — L'Exil — Le Soulèvement de l'Ouest — L'Hôtel du Guiny — La Cachette — L'Arrestation — L'Avenir de Chambord.

CHAPITRE IX

Les Excursions des Américains

NOS amis d'outre-Atlantique m'eussent reproché de ne rien dire de notre localité où beaucoup ont passé une partie notable ou même la plus grande partie de leur séjour en France ; de Romorantin, la capitale de la Sologne, qu'ils ont tant de fois parcourue ; des localités ou châteaux qui vivent encore dans leurs souvenirs : le Moulin et Chambord, dans la direction nord ; Selles, Saint-Aignan et Chenonceaux, dans la direction ouest ; Chabris et Valençay, dans la direction sud.

Les gravures, accompagnant ces lignes, s'animeront à leurs yeux, sous l'évocation de leurs souvenirs personnels. Elles sont, je le sais, précieusement conservées dans leur esprit et dans leur « journal », ces réceptions charmantes qui nous furent réservées, lorsque, sur d'aimables invitations, j'y conduisais douze ou quinze de mes paroissiens momentanés. Dans maintes et maintes lettres d'Amérique des allusions sont faites à ces jolis châteaux, aux dîners et aux agréables soirées de telle ou telle date.

« Après avoir visité les îles d'Hyères et toute la côte d'azur, dans le cours de 1901, je me mis souvent à rêver de la France, m'écrivait un capitaine américain ».

> *« Vers les îles d'amour, en les lacs bleus écloses »,*
> *« Mes rêves sont partis sur des nacelles roses ».*

« Mais, depuis que j'ai vu les curieux châteaux de Sologne, où vous nous avez conduits, j'erre souvent autour de leurs douves et de leurs donjons ».

Les officiers supérieurs avaient pour principe de conduire leurs hommes à la guerre en les distrayant ; les vastes théâtres élevés dans les camps, n'avaient point d'autre but et les excursions se rattachent à la même idée. Ce fut entre l'Armistice et le départ de nos alliés, que ces excursions, rendues plus faciles, devinrent les plus recherchées de leurs distractions.

On comprendra aisément que mon intention n'est pas de retracer l'histoire complète et détaillée de ces châteaux ou de ces localités, je me contenterai de rappeler sommairement les principaux souvenirs qui s'y rattachent.

Commençons par Gièvres, l'un des principaux chefs-lieux des établissements américains pendant la grande guerre. C'est une localité fort ancienne : l'antique Gabris gallo-

66

67

68

69

romaine, figurant sur l'itinéraire d'Antonin (1) et la table de
Peutinger (2). « Gièvres, dit l'auteur de *La Loire Historique* est,
au point de vue archéologique, la localité la plus intéressante
du département, comme ayant fait partie d'une ville importante des Gaules ».

Les objets découverts dans les fouilles de Gièvres (3)
suffiraient à remplir un musée de la grandeur de notre église
actuelle, s'ils n'avaient été maladroitement dispersés de côté
et d'autre. Un ouvrage en préparation retracera le passé
prospère de cette antique « mansio », l'un des centres routiers
importants de l'époque. Il ne sera pas lu sans intérêt par le
lecteur soucieux de connaître non seulement notre localité,
mais notre race, car il n'est tel que d'observer un homme ou
un pays dès son berceau, pour s'en faire une idée complète
et juste.

Le bourg actuel est de création récente : il y a une
cinquantaine d'années, il se réduisait presque au petit nombre
de maisons subsistant encore dans le bas bourg. Le chiffre
moyen des communes du département de Loir-et-Cher est
approximativement de 800 âmes ; bien que la commune de
Gièvres dépasse de beaucoup cette moyenne (2.166 habitants) (4),
elle ne donne pas l'impression de ce chiffre, parce qu'elle n'est
pas groupée. Elle compte 3.672 hectares de superficie, mesure
environ sept lieues de tour, et renferme de gros hameaux,
malheureusement bien éloignés du clocher. C'est une disposition des plus défectueuses au point de vue du service religieux.
Par une anomalie qu'explique le cours de la Sauldre, servant

---

(1) Le plus important et le plus précieux des travaux géographiques
que nous aient laissés les anciens ; il a été dressé en 44 avant J. C., et
révisé sous Théodose II en 435.

(2) Cette carte des routes militaires de l'empire romain remontant à
l'an 230, suivant les uns, au IVe siècle, suivant les autres, a été exécutée
sous Théodose I ou sous Théodose II. Une copie en a été découverte à
Spire, vers 1500, par Conrad Celtes, et léguée, après celui-ci, à Peutinger
confident de Maximilien I.

(3) De très nombreuses photographies reproduisant ces objets seront
données dans l'ouvrage « *Gabris ou Gièvres gallo-romain* ».

(4) Chiffre figurant sur l'Ordo diocésain, mais il y a lieu de remarquer
que le personnel du camp est compris dans ce nombre.

de limite à la commune du côté nord, la gare de Pruniers fait partie de la Commune de Gièvres.

Notre localité est desservie par deux lignes de chemins de fer : celle de Tours à Vierzon et celle du Blanc à Argent. Le commerce par voie d'eau, au moyen du canal du Berry qui traverse, ainsi que le Cher et la Sauldre, le territoire de Gièvres, est insignifiant, comparé à celui qui se fait par la voie ferrée. Ce dernier est des plus considérables : l'établissement du camp a fait de la station de Gièvres la gare la plus importante de la ligne de Tours à Vierzon.

De la gare de Gièvres, une avenue (1) plantée d'acacias et qui n'a que le défaut d'être trop étroite, conduit à la place de l'Eglise. Cet édifice (*fig*. 83), comptant quelque soixante-dix ans d'existence, est de style roman et forme la croix latine. Il n'offre rien de remarquable, mais ne manque pas d'harmonie : sans la peinture vert ardent du revêtement intérieur de la charpente, il plairait à l'œil. La voûte du sanctuaire est ornée d'une fresque représentant Notre-Seigneur remettant les clefs du ciel à Saint-Pierre, patron de la paroisse. Par sa forme, par son absence de piliers, à l'exception de ceux qui soutiennent les arceaux donnant accès aux chapelles latérales, par son autel, que rien ne masque, par son vaste chœur, ce vaisseau se prête bien aux cérémonies (*fig* 84). Dans son ensemble, revêtu de sa parure des grands jours, il forme un heureux cadre aux manifestations religieuses.

En regardant les gravures de ce chapitre, nos amis d'outre-atlantique comprendront pourquoi je n'ai pas répondu plus tôt à cette demande, renouvelée jusqu'à trois reprises différentes par certains correspondants : « Envoyez-moi la photographie de votre cher presbytère ». Aujourd'hui, tous ceux qui s'y intéressent verront que, sans en avoir l'air, j'ai pris bonne note de leur désir. La maison presbytérale de

---

(1) Les rails qui coupent cette avenue, presque à sa naissance, servent à relier au chemin de fer les presses à fourrages de M. Bougros, maire de Gièvres. La *fig* 82 représente un groupe d'ouvriers civils et militaires de ces presses réquisitionnées par l'Etat durant la guerre.

Gièvres (*fig.* 85) est bâtie en forme de châlet : coquette, bien
ensoleillée et précédée d'un grand jardin, elle donne envie d'y
habiter. « Savez-vous que vous avez une jolie maison et qu'on
y est fort bien, me disait un jour un archevêque qui était venu y
passer deux journées trop écourtées ». — « Hélas ! Monseigneur,
lui répondis-je, elle n'a qu'un défaut, celui de ne pas nous
appartenir. Cet immeuble a été mis gracieusement à ma
disposition par d'excellentes familles de la paroisse ; mais ce
n'est là qu'un avantage temporaire qui prendra fin avec le
bail ». Un terrain, attenant à l'église, a bien été donné pour y
faire bâtir une cure, mais le conseil paroissial est trop pauvre
pour entreprendre cette construction, à moins que Dieu
n'inspire à quelque âme généreuse la pensée de l'aider.

La rue qui passe devant l'église actuelle conduit, dans la
direction sud, au bas bourg où se trouvait l'ancienne église,
tandis que son autre extrémité coupe à angle droit, la grande
artère de Gièvres, la route de Tours à Nevers et va rejoindre
le camp du Génie. Ce dernier s'étend à travers les vastes bois
de sapins aux émanations balsamiques et les landes aux âcres
parfums de bruyère, qui donnent à la partie nord de notre
commune une physionomie franchement solognote, tandis
que la partie sud, avec ses prairies ombragées que baigne
le cours capricieux du Cher, forme un décor plein de fraîcheur
et très différent du premier. « L'air bienfaisant et embaumé
qu'on respire dans vos bois, me disait un jour un médecin
militaire, conviendrait admirablement pour l'établissement
d'un sanatorium, et le charme de votre val, avec ses deux
plages de sable fin et ses îlots, serait très précieux pour le
délassement de ses pensionnaires ».

Trois châteaux modernes forment les principales habitations de Gièvres. Sans être des monuments de style, ils
avaient attiré l'attention de nos alliés, accoutumés, dans leurs
pays, à rencontrer plus de maisons en bois que d'édifices en
pierre. Les châteaux de la Genétière (*fig.* 86) et de Jaugy
(*fig.* 87) sont reliés par une avenue à la route de Gièvres à
Villefranche. Ce dernier est, paraît-il, bâti sur l'emplacement
d'une ancienne église, et la forme cintrée de l'abside se

reconnaît dans le salon actuel dont elle forme l'extrêmité sud.

Le château de la Prévostière (*fig* 88) renferme, dans sa salle à manger, une cheminée monumentale, ornée de la salamandre, et portant, sur son manteau, l'inscription : *Soli Deo honor et gloria*. Si certains ne le trouvent pas dans son cadre, tous doivent du moins reconnaître que la salamandre est un motif de décoration qui s'explique fort bien dans cette Sologne que le plus galant de nos rois a particulièrement aimée.

« La salamandre avec des flammes de feu estoit, dit Claude Paradin, la devise du feu et magnifique Roy François, et aussi auparavant de Charles, comte d'Angoulême, son père. Pline dit que tel bestion, par sa froidure, esteint le feu comme glace, autres disent qu'il veut viure en iceluy, et la commune voix qu'il s'en paist. Tant y a qu'il me souvient avoir veu vne médaille en bronze dudit feu Roy, peint en ieune adolescent, au reuers de laquelle estoit cette devise de la salamandre enflammée, avec ce mot italien : Nudrisco il buono, et spengo (stingo) il reo ». « Je nourris le bon et j'éteins le méchant ». (1)

Aux trois châteaux précités, on pourrait ajouter celui des Nouies (*fig.* 89), situé sur la limite des deux communes de Gièvres et de Selles-sur-Cher, et précédemment habité par feu Mr M. Romieu, auteur du livre *Histoire de Selles-en-Berry et de ses Seigneurs*.

❦ ❦ ❦ ❦ ❦

ROMORANTIN

Romorantin, distant de Gièvres de douze kilomètres seulement, était la sortie la plus habituelle des soldats américains. Il est aussi difficile d'établir, d'une façon certaine, l'origine

---

(1) C. Paradin. Devises héroïques, édit. de 1621 p. 14.

de cette ville que sa véritable étymologie (1), car, comme l'a dit le poète, *Monimenta fatiscunt, mora autem saxis nominibusque venit.*

Romorantin ne fut primitivement qu'un simple fort, situé dans la petite île Marin formée par la Sauldre. Plus tard, quelques habitations furent construites autour de cette forteresse ; puis une chapelle s'éleva au milieu de ce village qui s'agrandit successivement et devint lui-même le centre d'une paroisse.

L'histoire a jeté un voile sur les destinées de Romorantin jusqu'à la fin du XIIᵉ siècle. A ce moment, nous disent les historiens du Blésois. elle relevait du grand fief de Blois, mais cette terre était sans doute inféodée. En l'année 1391, la seigneurie de Romorantin partagea le sort du comté de Blois lui-même, et passa des mains de Guy II de Châtillon dans celles du duc Louis d'Orléans. Guy avait pour chapelain le célèbre chroniqueur Froissard, et c'est par l'entremise de celui que ce dernier appelle *le grand contracteur*, le sire de Coucy, que des pourparlers furent échangés. Les comtés de Blois et de Dunois furent cédés au duc d'Orléans moyennant la somme de 200.000 écus d'or, équivalant à 2 millions 400 mille francs de notre monnaie.

Avant cette époque, le nom de Romorantin avait été inscrit dans les annales de notre histoire nationale pour un événement mémorable. C'est là que, pour la première fois, les soldats français entendirent tonner le canon, dans le siège que les Anglais, commandés par le prince Noir, fils d'Edouard III, firent autour de cette place en 1356. A leur approche, le roi Jean qui se tenait alors à Chartres, avait fait appel à ses grands vassaux et rassemblé toutes ses troupes pour voler au secours de Romorantin.

Il faut lire le récit de ce siège dans Froissard, cet

---

(1) Le mot Romorantin dériverait, suivant certains, de Roma Minor ; suivant M. Dupré, de Roma Rantini ou de Rivii Morantini, du Morantin, petite rivière qui l'arrose ; suivant M. Delaune, des trois mots latins : **Rivus Modicus Rantini.**

« historien errant », comme l'appelle spirituellement Villemain. Tout le quatorzième siècle est dans ses chroniques « avec ses vices et ses vertus, sa chevalerie batailleuse et ses communes soulevées, ses héroïques dévouements, ses trahisons, ses forfaits, ses fées, ses misères, sa galanterie, ses ridicules ».

« Si s'ordonnèrent pour déloger de Vierzon quand ils eurent fait leur bon et leur talent de la ville : et avoient occis la plus grand'partie de ceux qui dedans furent trouvés, puis chevauchèrent vers Romorantin.

» Adonc étoient envoyés au pays de Berry, de par le Roi de France, trois grands barons et bons chevaliers durement, pour garder les frontières et aviser le convenant des Anglois.

» Si étoient cils : premièrement le sire de Craon, messire Boucicaut et l'ermite de Chaumont ».

C'était le beau temps de la chevalerie, des « nobles aventures et faits d'armes » ; les chevaliers français avaient trois cents hommes environ, les Anglais deux mille hommes d'armes et six mille archers. Le prince Noir envoya Jean Chandos parlementer avec Boucicaut et l'ermite de Chaumont. Ce dialogue est délicieux et peint à merveille cette galante époque ; le voici dans sa saveur originelle :

« Adonc descendirent messire Boucicaut et l'ermite de Chaumont, et vinrent aux barrières. Si très tôt que messire Jean les vit il les salua et leur dit : « Seigneurs je suis ici envoyé devers vous de par monseigneur le prince, qui veut être moult courtois à ses ennemis, si comme il me semble. Il dit ainsi que, si vous voulez mettre en sa prison et rendre cette forteresse cy qui n'est pas tenable, il vous prendra à mercy et vous fera très bonne compagnie ». — « Messire Jean, répondit messire Boucicaut, grands mercis à monseigneur le prince qui nous veut être si courtois ; mais nous ne sommes pas avisés ni en volonté de ce faire, ni jà ne plaise à Dieu qu'il nous ait si légèrement ». — « Comment, monseigneur Boucicaut, dit messire Jean Chandos, vous sentez-vous si bons chevaliers comme pour tenir cette forteresse à assaut contre le prince et son effort èt si ne vous est apparant confort de nul côté ? » — « Chandos, Chandos, répondit messire Boucicaut, je ne me tiens pas pour bon chevalier, mais folie nous ferait mettre en tel parti d'armes que vous nous offrez ; et plus grand'folie le nous ferait prendre quand il n'est encore nul besoin. Dites à monseigneur le prince, s'il vous plaît, qu'il fasse ce que bon lui semblera, que nous sommes tous confortés à l'attendre ».

Le prince Noir commença l'assaut dès le lendemain, avec grande intrépidité, jurant qu'il ne laisserait point la place avant d'être maître du châtel. Les assiégés se défendirent avec énergie : pierres, plomb fondu, pots de chaux vive pleuvaient sur les assiégeants et leur faisaient moult dommage.

L'assaut dura deux jours ; le troisième, les assiégeants constatant qu'ils n'avançaient à rien, s'inventèrent de mettre le feu aux communs par « carreaux, feux grégeois, *canons* et *bombardes* », calculant que l'incendie gagnerait le châtel dont les toitures étaient en étain. C'est ce qui se produisit, le feu atteignit la couverture d'une tour où se trouvaient les chevaliers, et ceux-ci, pris littéralement entre deux feux, furent forcés de se rendre.

Ce siège contraignit la ville de Romorantin de s'entourer de murailles plus hautes. Le clairvoyant Charles V comprit que la prédominance de l'infanterie dans l'armée anglaise et l'habileté extraordinaire des archers d'outre-mer, était la vraie cause de la supériorité de nos ennemis, supériorité qui s'était déjà affirmée à Crécy en 1346.

C'est aux continuels exercices de tir auxquels Edouard III, à l'exemple de son aïeul Edouard I, les avait habitués, que les Anglais devaient leur adresse dans le maniement de l'arc. Aussi, dès l'année 1369, Charles V prit-il une mesure semblable, estimant avec raison qu'on doit imiter un ennemi dans ce qu'il a de bon. Le 3 avril, il interdit, sous peine d'une amende de 40 sous, presque tous les jeux de hasard auxquels s'adonnaient les chevaliers : les dés, les dames, la paume, les quilles, le palet et la soule.

Dans le même temps, il prescrivit à tous ses sujets de s'exercer au tir de l'arc et de l'arbalète, sur des emplacements convenables et d'y organiser des fêtes attrayantes, avec prix et récompenses. Les archives de Romorantin indiquent l'emplacement où se firent les premiers exercices.

On taxe souvent nos anciens rois de rigueur et de dureté et pourtant, quand on étudie l'histoire des autres pays, à la même époque, on constate que nos souverains étaient les plus modérés. Ainsi, une ordonnance semblable, rendue pour le même but, en Angleterre en 1373, punissait de mort les contrevenants.

Comme nous l'avons vu, à la fin du XIVe siècle, les seigneuries de Blois et de Romorantin furent vendues par Guy de Châtillon, au frère de Charles VI, Louis d'Orléans, qui venait d'épouser Valentine de Milan et qui devait, aux termes du contrat de mariage, mettre en fond de terre les deux cent mille florins que cette princesse lui avait apportés en dot.

A la suite de la mort de son mari, que Philippe de Bourgogne fit massacrer à Paris en 1407, Valentine resta veuve avec quatre enfants : Charles d'Orléans qui fut père du roi Louis XII, Philippe qui fut comte de Vertus, Jean, aïeul de François I, qui fonda la branche d'Angoulême et mourut en odeur de sainteté et enfin Marguerite, mariée au comte d'Etampes.

La belle et malheureuse Valentine, ne pouvant obtenir justice de l'assassinat de son mari, en mourut de douleur au château de Blois, le 4 décembre.

Cette vertueuse princesse « avait épuisé tout le fiel dont peut s'abreuver l'existence d'une douce et tendre créature, trompée dans toutes ses affections. Elle avait vu le plus volage des époux passer dans les bras de cent femmes, ou passionnées, ou seulement ambitieuses d'occuper, pendant quelques jours, un prince de la maison royale. Presque en sa présence, la reine Isabelle et la duchesse de Bourgogne s'étaient données, par une impudeur publiquement affichée, à ce fils de France, avec lequel le sexe dissolu de l'époque se

faisait honneur de son déshonneur. Et la pauvre Valentine, compagne fidèle d'un pauvre souverain privé de sa raison, attentive à en fixer les lueurs fugitives sur des objets qui pussent l'amuser, passait près de lui ses tristes journées, sans pouvoir même se garantir d'une infâme calomnie, qui l'atteignit dans cette vie de souffrance et d'abnégation.

» A la suite de tant de chagrins et de dégoûts, Valentine qui eût fait l'ornement des cours les plus riches de beautés, trouvait pour unique refuge contre des inimitiés incessantes, les sombres murailles d'un château-fort, qu'elle se plut à rendre plus triste encore. Les chroniqueurs du temps nous montrent la noble veuve, enfermée sans cesse dans un appartement tendu d'une draperie noire, semée de larmes blanches. Elle avait pris pour emblême, disent-ils, un arrosoir entre deux S, initiales de soupir et de souci, avec cette lamentable devise :

> *Rien ne m'est plus,*
> *Plus ne m'est rien.*

» En voyant la pâle figure de Valentine glisser le long des lugubres tentures et des galeries, on eût pu la prendre pour un de ces hôtes du ciel parmi lesquels sa place était marquée. Chaque jour elle abrégeait de plus en plus son exil sur la terre, par les douleurs et les privations d'une vie dont elle ne voulait plus. Née pour se livrer aux chastes mais brûlantes émotions de l'amour, son cœur avait été brisé au contact d'un cœur que le vice seul trouvait sensible, et qui s'était fait d'acier pour elle. Privée à jamais de douces illusions, Valentine s'abreuva avec une triste volupté à la coupe du malheur ; elle accepta ses peines comme autant de félicités, et refusa cruellement à sa jeunesse les consolations qu'il faut chasser avec bien de la persévérance pour qu'elles abandonnent cet âge qui en est avide. » (1)

Sous le règne de Charles VII, Romorantin fut mis à contribution par les Anglais, qui lui firent expier sa résistance

____

(1) Hist. de Blois, G. Touchard-Lafosse, chap. IV., p. 69 et 70.

sous le roi Jean, en y commettant les plus regrettables excès.

Au moment des partages de la maison d'Orléans, Romorantin échut à Jean, comte d'Angoulême, second fils de Louis I d'Orléans et de Valentine de Milan, puis fut donné à Charles d'Angoulême, père de François I.

Bien des souvenirs attachaient à cette ville, le futur vainqueur de Marignan. C'est là que s'écoula son enfance, c'est là que naquit sa femme Claude de France. La mère de cette dernière se trouvant à Blois au moment de sa grossesse, vint, à cause d'une épidémie, faire ses couches dans la capitale de la Sologne.

Le journal de Louise de Savoie, mère de François I, contient de curieuses révélations. Cette princesse partageait les croyances de son époque au sujet de l'astrologie et de la divination.

> *Les Sages d'autrefois qui valaient bien ceux-ci,*
> *Crurent, et c'est encore un point mal éclairci,*
> *Lire au Ciel les bonheurs ainsi que les désastres,*
> *Et que chaque âme était liée à l'un des astres.* (1)

Voici comment elle nous dépeint les présages qui frappèrent son imagination, le 28 août de l'année 1514.

« Je commençais à prédire par céleste prévision que mon fils serait une fois en affaires contre les Suisses, car ainsy que j'estais, après souper, en mon bois à Romorantin, entre 7 et 8 heures, une terrible impression céleste, ayant figure de comète, s'apparut au ciel vers occident, et je fus la première de ma compaignie qui m'en aperçus ; mais ce ne fut pas sans avoir grand peur, car je m'escriai si hault que ma voix se pouvoit entendre, et ne disais autre chose sinon, Suisses, les Suisses, les Suisses ! Adonc estoient avec moy, mes femmes ; et d'hommes n'y avait que Regnault du Reffuge et le pauvre

____

(1) Paul Verlaine. A Eugène Carrière. Voir la note sur l'astrologie à la fin du volume.

malheureux Rochefort, monté sur son mulet gris, car aller à pied ne lui estoit possible ».

Sans croire aux devins, on est forcé de constater ici que les prévisions de Louise de Savoie se réalisèrent, car, l'année suivante, son fils remporta sur les Suisses la célèbre victoire de Marignan.

C'est encore dans cette ville que François I se livra à un amusement qui faillit tourner au tragique. Le jour de la fête des Rois 1521, il s'imagina d'aller, avec quelque jeunes courtisans, assiéger par plaisanterie le comte de Saint-Pol, roi de la fève, qui habitait l'hôtel de la Chancellerie.

Soudain, mille projectiles peu meurtriers sont lancés vers les fenêtres ; Saint-Pol et ses hôtes ripostent, ne se doutant pas que le roi de France fût au nombre de ces jeunes fous. Ils lancent tout ce qui leur tombe sous la main, et un tison enflammé vint s'abattre sur le roi et le brûler à la tête et au menton. Ces blessures ayant laissé des stigmates, François I mit à la mode le chapeau à très larges bords, fortement penché sur l'épaule gauche et un énorme bandeau de cheveux sur le front et le côté droit, pour cacher ces cicatrices.

Du Belley ajoute que « le gentil prince ne voulut jamais qu'on s'informât qui était celui qui avait jeté le dit tison, disant que s'il avait fait la folie, il fallait qu'il en bût sa part. Soudain les choses ainsi advenues fut publié par tout le pays de Flandre, Artois et Espagne que le roi était mort dudit coup : autres, qui voulaient moins mentir, disaient qu'il n'était pas mort, mais aveuglé. Par quoi le roi, comme bien advisé, avertit tous ses ambassadeurs qui étaient aux pays étrangers qu'ils eussent à publier la vérité du fait ; et même manda quérir tous les ambassadeurs étrangers qui étaient suivant sa cour, à ce qu'ils connussent l'état où il était ».

Louise de Savoie a consigné le fait dans son journal : « Le six, jour de janvier 1521, feste des rois, environ quatre heures après midy, mon fils fut frappé d'une mauvaise bûche sur le plus haut de ses biens, dont je fus bien désolée ; car s'il en fust mort, j'estois femme perdue ; innocente fut la main que le frappa, mais par indiscrétion elle fut en péril avec tous les autres membres ».

On trouve dans les Mémoires d'un Bourgeois de Paris, la mention du triple accident dont François I fut victime en ce jour néfaste :

« Le même jour à Romorantin il fut en danger d'être tué trois fois, dont l'une fut au soir monté sur son cheval, et parce que le cheval était mal ferré, le cheval glissa tellement, que le roi et son cheval cheurent.

» Item le dict jour, pour son esbat, il se mit en une corbeille qui est à Romorantin et s'y enferma en demandant le combat par joyeuseté.

» Dont en la voulant assiéger, le seigneur de Lorges y mit le feu, tellement qu'il cuyda estre bruslé, s'il n'eut eté secouru en diligence ».

Les *gravures* N°s 90 et 91 représentant le Carroir doré (1) alors habité par les gens du roi et les notables de la ville, puis la Chancellerie, ancien Hôtel Saint-Pol, où s'est passée la scène du tison.

C'est à Romorantin que François I rendit son ordonnance mettant les curés de toutes les paroisses de France dans l'obligation de tenir un registre des baptêmes, mariages et sépultures de leurs paroissiens. Un grand nombre de curés tenaient déjà ces registres, mais non pas tous, car ils n'étaient point obligatoires.

C'est au pavillon de Mousseaux, près de l'hospice actuel de Romorantin, qu'habitait Françoise de Foix, comtesse de Châteaubriand, dont on connaît les relations avec François I. Les romanciers ont tellement parlé de ces royales amours qu'il serait fastidieux d'y revenir. Un quatrain trouvé dans les archives du château de Selles, nous explique pour quelle

____

(1) M. Redouin, président de la Société d'Art et Archéologie de la Sologne, estime avec raison que c'est Carroir d'orée et non doré qu'il faut dire. En effet, rien ne justifierait la seconde appellation.

destination Mousseaux fut créé, mais la crudité des expressions ne me permet pas de reproduire ces vers.

On sait également que le galant monarque avait, près de Romorantin, au lieu dit Champ-le-Roy, un rendez-vous de chasse, son plaisir favori. C'est enfin durant son séjour dans cette ville que François I songea à transformer le château, bâti sur les bords de la Sauldre, par son aïeul Jean d'Angoulême.

Léonard de Vinci, aussi bon architecte que peintre émérite, fit le voyage de Sologne pour étudier ce projet que sa mauvaise santé le força d'abandonner. Un mémoire conservé à la Bibliothèque Nationale nous apprend à son tour que François I avait rêvé de canaliser la Sauldre pour la rendre navigable. Malheureusement d'autres pensées attiraient l'inconstant monarque d'un autre côté et Chambord fut construit pour abriter ses nouvelles amours avec la belle comtesse de Toury.

Henri II, son fils, parut de temps à autre à Romorantin. François II y vint aussi : ce fut là qu'il rendit en 1560, sur le conseil du chancelier de l'Hôpital, l'Edit de Romorantin, qui attribuait aux évêques la connaissance des crimes d'hérésie. Vers 1563, les calvinistes s'emparèrent de Romorantin et dévastèrent l'église.

Cette dernière est un mélange de style et remonte, pour le clocher, au XIIe siècle. Le chœur et une partie des deux bas côtés sont du style angevin du XIIIe siècle ; la grande nef et l'autre partie des bas côtés sont du XVe. Enfin les chapelles rayonnantes de l'abside sont du XVIIe siècle.

Aujourd'hui comme autrefois, Romorantin fabrique des draps : à la révolution, ses produits égalaient en quantité et qualité ceux d'Elbeuf. La maison Normant continue cette tradition et représente une des bonnes maisons de tissus de France.

❧ ❧ ❧ ❧ ❧

LE CHÂTEAU DU MOULIN

En quittant Romorantin pour se rendre à Mur, par Lassay,
on rencontre, sur la gauche, l'avenue d'un joli château qui
réunit la majesté solidement assise d'un manoir féodal aux
coquetteries de style dont les gentilshommes français s'étaient
inspirés au cours de l'expédition de Charles VIII en Italie. Il
a été édifié par Philippe du Moulin, seigneur de Lassay, qui,
d'après Touchard-Lafosse, défendit le fils de Louis XI de sa
vaillante épée à la bataille de Fornoue et lui donna son propre
cheval pour remplacer celui qui venait d'être tué sous lui. (1)

» Avec ses briques losangées, ses tourelles rondes, à toîts
pointus, ses larges fossés, son enceinte fortifiée et sa poterne,
le château, très bien conservé, se montre à nous tel qu'il était
il y a quatre cents ans ». (2) (*fig.* 92).

Vu le soir, à la clarté de la lune, il semble plus évocateur
encore et dégage une ambiance Moyen-Age à son déclin, qui
fait revivre cinq siècles en arrière. Dans le laisser-aller de la
conversation, j'ai exprimé plusieurs fois à l'aimable famille
qui l'habite, l'admirable cadre qu'il offrirait pour une fête de
nuit, avec les costumes de l'époque ; l'illusion serait
complète.

De la forteresse primitive, les fossés subsistent, ainsi
qu'une des quatre grosses tours qui flanquaient l'enceinte.

---

(1) Touchard-Lafosse appuie, sans doute, son dire, sur une légende
populaire que l'histoire ne vient pas confirmer. Dans la généalogie
manuscrite que possédait la famille Savare, descendant en ligne
maternelle des seigneurs du Moulin, il est écrit f° 130 : « Ce fut luy qui
à la bataille de Fornoue, en Italie, sauva la vie à Charles VIII ». — Une
note de la main de Michel Savare, cite, à l'appui de cette affirmation,
l'inventaire de l'Histoire de France par Jean de Serres ; or, de ce document, pas plus que du récit d'un témoin oculaire, Philippe de Comines,
on ne peut déduire que Philippe du Moulin fit, pour Charles VIII, ce que
Pierre Tristan fit pour le roi Philippe Auguste à la bataille de Bouvines.
On y voit que Philippe du Moulin accompagna Charles VIII à Fornoue,
et qu'il le fit venir « devant sa bataille », en criant : Passez, Sire,
passez ; mais rien de plus.

(2) **Extrait de la notice figurant sur les cartes postales du château.**

Comme le château n'eut jamais à soutenir aucun siège, les murailles de défense, devenues sans emploi, ont été rasées à hauteur d'appui. Ces mutilations, s'étendant seulement à la partie défensive, n'enlèvent rien à ce bijou d'architecture, véritable type du manoir féodal. Elles ne font, au contraire, que lui ôter l'aspect d'une prison, en lui prêtant un charme mélancolique, par la douceur du paysage que l'œil découvre de la cour intérieure du château.

Pour faire une trêve nécessaire à la tyrannie des occupations, j'y ai conduit à différentes reprises, après l'armistice, douze ou quinze officiers du camp de Gièvres. Ils sont revenus plusieurs fois, dans leurs conversations et dans leurs lettres, sur ces excursions et sur l'hospitalité charmante qui nous fut offerte.

L'une de ces bonnes parties, faite au temps de Noël qui suivit la victoire, se trouve consignée dans les vers suivants que j'écrivis sur mes genoux, pendant le trajet. C'est l'usage, comme chacun sait, de présenter aux visiteurs un livre sur lequel on les prie de marquer leur nom. A la suite du mien, j'ajoutai ce qui suit :

> *Ah ! tressaillez, demeure antique,*
> *Preux chevaliers, en vos tombeaux,*
> *Ce n'est pas le Teuton sadique*
> *Qui pénètre sous vos arceaux.*

> *Ventre Saint-Gris ! c'est une escorte*
> *D'amis, chapelains et guerriers*
> *Qui vient frapper à votre porte,*
> *En vous apportant des lauriers.*

> *Merry Christmas (1) à cet asile !*
> *Que Saint Denis garde à jamais*
> *Les descendants de Marcheville,*
> *En leur donnant bonheur et paix !*

----

(1) C'est le mot que les Américains s'adressent, en guise de souhait, au temps de Noël.

Merry Christmas à notre France,
A tous nos héros de vingt ans,
A l'Amérique, à sa vaillance,
Au nouveau monde, à ses enfants !

Merry Christmas à la Belgique,
A Foch, Albert, Pershing, Wilson !
De la Sologne à l'Atlantique
S'étend leur glorieux renom.

On pénètre dans le château du Moulin, sur un pont-levis, par un portail massif, accosté d'une poterne et flanqué de deux tourelles semi-circulaires à trois étages. Cette entrée, sévère à première vue, mais sur laquelle la Renaissance a mis des motifs de décoration, est fort intéressante. Tout l'appareil défensif du château-fort se rencontre ici : mâchicoulis, créneaux, meurtrières, ainsi que les deux décrochements hémicirculaires à l'entrée du pont. Au portail monumental, entre les deux entailles du pont-levis, s'étalent, délicatement sculptées, les armoiries du fondateur : D'azur à trois faces d'argent avec deux lions pour support. Sur les vantaux on lit cette devise : A DEO et VICTRICi ARM. is.

Pour comprendre cette devise, il faut savoir ce qui suit : Philippe du Moulin fut fait chevalier sur le champ de bataille, par Charles VIII qui le nomma gouverneur de Langres, capitaine de Blaye, chambellan ordinaire de France et capitaine de cinquante hommes d'armes de ses ordonnances.

« Le premier seigneur du Molin connu est Jean, premier du nom, écuyer qui vivait dès la première moitié du XVe siècle et qui eut pour fils Jean II du même nom, vivant en 1468, père de Philippe. La construction du château fut commencée vers 1480, et dix ans plus tard, en octobre 1490, Charles d'Orléans, comte d'Angoulême, octroya à Philippe la permission d'ériger le château en forteresse » (1), c'est-à-dire de le fortifier de « tours barbequannes, canonnières arbalestrières, créneaux,

---

(1) A. Storelli. Les Châteaux du Blesois.

— 152 —

74

75

76

archières, pontleuys, foussez alentour et autres choses nectessaires ». (1)

« Le 23 janvier suivant Philippe du Molin, écuyer, fit aveu et dénombrement à « Monseigneur Charles comte d'Angoulême, à cause de son château et de sa châtellenie de Romorantin du lieu, maison et hébergement du Molin, sis en la paroisse de Lassay... » A cette époque les choses déclarées étaient évaluées à 15 livres tournois ; en 1732 elles étaient portées à 100 livres tournois... Philippe du Molin mourut le 12 septembre 1506, ayant épousé, en 1496 environ, Charlotte d'Argouges, veuve en premières noces de Jean, bâtard d'Harcourt ; en 1481, celui-ci avait reçu de Charles d'Anjou, roi de Sicile, un don de 10.000 écus d'or qui ne lui fut pas payé de suite et qui resta la propriété de sa veuve. Le seigneur du Molin « comme héritier commensal testamentaire du feu roi de Sicile » en donna quittance le 1er août 1497, puis en 1499 ; et il est permis de supposer que cette somme considérable dut l'aider à terminer l'importante construction qu'il avait entreprise...

» Charlotte d'Argouges eut la garde noble de ses enfants, avec l'administration de leurs biens, qu'elle accrut considérablement par l'acquisition des terres et seigneuries du Lyot et de Lespinière 1517-1533 ; elle fit aveu en 1519 pour divers fiefs sis en la paroisse de Lassay à « Madame Louise de Savoie, mère du roi François I, à cause de son château et de sa châtellenie de Romorantin »... Nous ignorons la date précise de sa mort. Une quittance donnée en septembre 1543 par Mathurin Gervaise d'une somme de 15 sous « ... pour les escussons et ermoysis que je faicte pour l'obséque de feu Me du Molin », ne nous fournit à cet égard qu'une indication fort incomplète (2). »

On trouve aux archives de Romorantin, Année 1502, Liasse CC² , le curieux document suivant, concernant Jacques

____

(1) Voir aux Notes, à la fin du volume, cette charte extraite du chartier du Moulin.

(2) A. Storelli, ibid.

de Persigny, l'édificateur et peut-être même l'entrepreneur et l'architecte du château du Moulin : « Payé 12 sous 6 deniers tournois à maistre Jacques de Persigny, maçon qui besoigne de présent au Moulin et lequel est venu par deçà pour veoir descouvrir et pour besoigner aux tours qui sont près du puits de la Croix-vert et pour avoir baillé le desvis des dictes tours par escript pour icelles faire selon ledit desvis ».

On sait que, dans la langue du XVe siècle, le terme de « maçon » désignait aussi bien l'architecte que l'ouvrier : on le voit également appliqué à maistre Nepveu, dit Trinqueau, le génial créateur de Chambord.

D'après M. Adolphe Berty « Il n'est point exact que, suivant l'opinion commune, l'expression d'architecte n'ait commencé à être employée qu'au seizième siècle, car on s'en servait déjà, très rarement, il est vrai, au XIVe siècle. Christine de Pisan assure que le roi Charles V était « vray architecteur, deviseur certain et prudent ordeneur ». Ce qui est incontestable, c'est que le mot architecte ne s'est popularisé qu'à l'époque de la Renaissance, sous l'influence de la langue italienne et de l'étude de Vitruve. Nous croyons qu'il désigne d'abord, d'une manière plus spéciale, l'artiste, distingué du constructeur auquel on continuait à donner le nom de maçon. Vraisemblablement, plusieurs des architectes célèbres, avant le règne de Louis XIII, ont seulement été des dessinateurs d'architecture, composant habilement les projets des édifices et laissant aux hommes de métier le soin de les exécuter ». (1)

Quoi qu'il en soit, Persigny occupait une situation notable auprès de ses compatriotes ; les mêmes archives nous révèlent qu'il fit, à plusieurs reprises, partie des *quatre élus*, c'est-à-dire des quatre échevins, nommés par la ville de Romorantin, pour remplir les fonctions municipales de l'époque.

On ne saurait oublier que Philippe du Moulin revenait

---

(1) Les grands Architectes français. Paris, Aubry 1860, note de la page 99.

d'Italie, l'esprit émerveillé et rempli des formes nouvelles créées par les architectes de ce pays et encore ignorées du nôtre. Il dut donc, vraisemblablement et tout au moins, inspirer maître Persigny. Il fut probablement, comme dit Berty, « l'architecte », dressa le plan du château et laissa à maître Persigny le soin de l'exécuter.

Mais continuons notre visite à ce joli château dont l'entrée seule a, jusqu'ici, sollicité notre attention. Sur la gauche, se trouve un grand corps de bâtiments qui se termine par une massive tour d'angle, bâtie en saillie sur le fossé. (1) Un état de lieux de 1760, contenu dans le chartier du Moulin, mentionne dans ce massif, une cuisine voûtée, dont les jolies voussures, partant d'un pilier central unique pour retomber sur des colonnes armoriées, sont à signaler. La splendeur architecturale de cette pièce incline certains à penser qu'elle fut originairement « la grand'salle » où se tenaient les réunions féodales. On peut en douter, quand on observe que la boulangerie et le fournil, dépendances ordinaires d'une cuisine, se trouvent placés tout à côté, depuis la fondation du château, s'il faut en croire ce qui nous reste d'une ancienne inscription (2). La roue à chiens qui faisait tourner les broches du rôtissoir, ne nous rappelle-t-elle pas, par sa présence, qu'en cette place, maintes « venoisons et lardez », se dorèrent jadis aux troncs d'arbres incandescents de l'âtre gigantesque.

Mentionnons, près de cette salle, une autre pièce, aménagée en bibliothèque et gagnons la cour intérieure, pour visiter, sur notre droite, le second corps de bâtiments « le logis » bâti en forme de croix et comprenant six pièces et plusieurs cabinets. Une tour carrée décore le devant de ce pavillon et renferme un escalier de pierre qui n'a subi aucune modification. Quelques marches nous conduisent aux pièces

---

(1) A l'origine, de grands et beaux appartements, supprimés depuis, s'ajoutaient sans doute à ces bâtiments : c'est ce que laisserait à entendre une fresque de l'église de Lassay, représentant le château du Moulin dans son état primitif.

(2) On lit, au dessus de la porte, le mot PASTEZ, dont la racine indique bien la signification.

du rez-de-chaussée : Salon et salle à manger. Le premier renferme des boiseries et des peintures de plafond qui appartiennent, sans nul doute, au règne de François I. La maîtresse poutre, taillée en biseau, est curieuse en ce qu'elle affecte la forme d'un prisme, dont l'une des faces soutient les soliveaux. La Révolution n'a point respecté la cheminée de cette salle qui devait être en rapport avec la belle ornementation de la pièce. Les murs sont peints au pochoir de motifs floraux ; celui du fond est recouvert d'une belle tapisserie à personnages.

De cet appartement on accède à une minuscule chapelle gothique, très gracieuse, mais que je suis surpris de voir qualifiée de fort belle chapelle, dans une ordonnance épiscopale du 21 janvier 1735, car c'est plutôt un oratoire. Notons une autre chapelle, faisant jadis suite aux anciens cloîtres, placés au long de la cuisine et des bâtiments qui n'ont pas été conservés. Il ne reste de cette seconde chapelle, qu'une fenêtre ogivale, surmontant sans doute l'ancien autel, une crédence et deux consoles dont les statues ont disparu. Autrefois il y avait également, au devant du « logis », une construction comprenant un puits, trois chambres et deux cabinets, mais cette partie a été démolie en 1805.

La salle à manger forme, comme nous l'avons vu, la seconde pièce du rez de chaussée. Une belle tapisserie, reproduisant un repas de noces, et dont un des personnages serait, paraît-il, Anne de Bretagne, décore cette pièce où l'on remarque également de vieux coffres, des chaises Henri II en cuir de Cordoue et un lustre de fer forgé, pour recevoir les anciennes chandelles jaunes.

> « *Les chandelles font que la nuit* »
> « *N'est poinst au jour inférieure* ».

disait Scarron (1), contemporain de Philibert d'Anlezy II, seigneur du Moulin ; ce qui n'empêche pas, qu'à notre époque, nous trouverions singulièrement terne, un éclairage de ce genre. Je m'empresse d'ajouter que le château

______

(1) Virgile travesti I.

du Moulin est actuellement pourvu de tout le confort moderne,
qu'on a su, d'ailleurs, très adroitement dissimuler : électricité,
téléphone, calorifère, eau chaude, eau froide, tout à l'égout.

Quittons le rez de chaussée, pour arriver au premier étage.
L'une des deux grandes chambres à coucher renferme un lit
semblable à ceux de la collection Peyre du Musée des Arts
décoratifs, avec sa table de nuit et un « devant de feu ». Une
coquette table Henri II, un fauteuil et un bureau de même
style, une armoire normande de transition Louis XV-Louis XVI,
complètent l'ornementation de cette pièce dont une intéressante tapisserie de Bergame orne la muraille. L'autre grande
pièce, dite chambre d'honneur, est remarquable par son vieux
lit à colonnes, de style Louis XIII, dont les rideaux de
tapisserie et de broderie à incrustations attirent l'attention des
connaisseurs. Une armoire, Louis XIII, à caissons et à pointe
de diamant, deux jolies tapisseries murales représentant un
hallali et une curée sont également à signaler.

Les combles du « logis » permettaient jadis d'admirer la
belle et massive charpente de châtaignier ; on y a pratiqué
depuis, une chambre voûtée, entièrement lambrissée, d'un
simple, mais chaud confort. Ne quittons pas cette demeure,
sans donner un regard à la superbe avant-cour, entourée de
ses bâtiments de service.

La famille du Moulin posséda le château jusqu'à la mort
de Jean, troisième du nom, survenue en 1563. Après quoi la
seigneurie passa entre les mains des familles :

Du Puy d'Anlezy, par le mariage de Marguerite du
Moulin avec Vincent du Puy d'Anlezy.

De Barbançon, par le mariage de Marie, fille de Philibert II
d'Anlezy, avec Messire Vallerand-Pierre de Barbançon, de
Champ-le-Roy, le 18 janvier 1655.

De Savare, par le mariage de Louise-Thérèse de
Barbançon, avec Jacques Savare de Champ-Regnault, le
10 décembre 1720.

De Thuet, par le mariage de Victoire Savare avec
Maurice Chenu de Thuet, le 30 novembre 1813.

A la mort de Mlle Hedwige de Thuet, le Moulin fut acheté par feu M. de Marcheville dont le fils est le propriétaire actuel.

D'après une légende, le premier propriétaire du château, Philippe du Moulin, désirant cacher un trésor (1) dans les souterrains de sa demeure, bandait les yeux de l'ouvrier chargé de pratiquer la cachette, puis il le conduisait dans cet état à son travail. Quand ce dernier fut achevé, Philippe s'étant aperçu que son secret était éventé, devint fou de colère et tua l'ouvrier de sa propre main. Peu de temps après, dans l'espoir de calmer ses remords, il se rendit à Rome pour solliciter l'absolution de son crime. Le pape, comme pénitence, lui prescrivit de bâtir sept chapelles — deux furent construites dans l'enceinte même du château ; une autre, dans le pré de la fleur de lys, sous le vocable de Ste Madeleine ; une autre, à Mur, sous le vocable de Saint-Loup ; une cinquième à Lanthenay. La sixième chapelle est adossée à l'église de Lassay, mais l'emplacement de la dernière est complètement ignoré.

Ajoutons, à l'honneur du fondateur du Moulin, qu'aucun fait ne justifie cette invraisemblable légende et gardons notre estime à ce vaillant chevalier. On voit encore aujourd'hui, dans l'église de Lassay, le tombeau de Philippe, avec la figure de ce preux, couché sur le mausolée. Le château du Moulin est un des monuments remarquables de la Sologne blésoise.

❧ ❧ ❧ ❧

CHAMBORD (2)

Plus remarquable encore est le château de Chambord (*fig.* 95) dont tous ceux qui liront ces lignes ont probablement

____

(1) Une toise carrée d'argent.

(2) Le nom de Chambord, fort connu depuis que ce domaine a été le Versailles de la monarchie féodale, apparaît pour la première fois vers l'an 860, dans une charte de Charles le Chauve publiée par Dom Bouquet. Cet acte confirme à l'abbé de Corbion, dans le Perche, la possession des biens du couvent, parmi lesquels se trouvait Chambord « in pago Aurelianensi villula Cambort ». On trouvera dans Gabris ou Gièvres gallo-romain une étude sur les anciens « pagi » et sur les premiers diocèses de Sologne.

entendu parler. Les Américains de retour chez eux en ont fait une description non moins enthousiaste que celle de Jérôme Lippomano, l'ambassadeur des Vénitiens. Bien qu'il fût habitué à contempler les merveilleux palais de Venise, il ne savait comment traduire son admiration pour Chambord. « J'ai vu dans ma vie, disait-il, plusieurs constructions magnifiques, jamais aucune plus belle ni plus riche. L'intérieur du parc (1), dans lequel le château est situé, est rempli de forêts, de lacs, de ruisseaux, de pâturages et de lieux de chasse et au milieu s'élève un bel édifice avec ses créneaux dorés, ses ailes couvertes de plomb, ses pavillons, ses terrasses et ses galeries, ainsi que nos poètes romanciers décrivent le séjour de Morgane ou d'Alcine... Nous partîmes de là émerveillés, ébahis ou plutôt confondus » (2).

Sur l'emplacement du château de Chambord existait, dès le XIIe siècle, une maison de plaisance des comtes de Blois avec tours, courtines et pont-levis. L'historien Bernier mentionne une Charte de Thibault le Bon, rendue à Chambord-Montfrault en 1190. Quand le comté de Blois échut à la maison d'Orléans en 1397, Chambord fut compris dans cette possession. A l'avènement de Louis XII, ce fief, avec le comté de Blois, fut réuni à la couronne.

A ce moment Chambord n'était qu'un vieux château-fort servant de rendez-vous de chasse ; ce ne fut qu'en 1523, suivant les uns ou en 1526, suivant les autres, que François I fit commencer la construction du château actuel, sous l'habile direction de Pierre Nepveu. Dix-huit cents ouvriers y furent employés pendant douze années, sans que l'édifice fût entièrement terminé, puisque Henri II et Charles IX y firent encore travailler. Sous Louis XIII, de nouveaux embellissements furent faits et, sous Louis XIV, Mansard y ajouta quelques constructions. C'est là, d'après M. Merle, que le grand

____

(1) Ce parc, entouré de murs, comprend 5.405 hectares et présente une circonférence de sept à huit lieues.

(2) Partiti di questo luogo, ognuno di meraviglia e di stupore anzi di confusione. Relation des ambassadeurs vénitiens t. II p. 300-302, dans la collect. des docum. inédits sur l'Histoire de France.

architecte parisien fit le premier essai de l'étage auquel on a, depuis, donné le nom de mansarde. (1)

Le château de Chambord passe pour la merveille de la Renaissance ; son élégante majesté frappe d'étonnement quand on le découvre d'une des grandes allées qui traversent l'immense parc au milieu duquel il s'élève. En face de ces créations de l'art nouveau, on comprend l'exclamation d'Ulrich de Hutten et celle de Marot : « O siècle, s'écrie le premier, les lettres fleurissent, les esprits se réveillent : c'est une joie de vivre ». — « Le monde rit au monde, dit le second, aussi est-il en jeunesse ».

« Il faut voir Chambord, observe M. Wey, je n'ai rien plus à en dire, car ce qui cause un étonnement véritable, c'est l'audace qui a lancé dans les airs les orfèvreries colossales de ce géant des bijoux ; son aspect de ruine, ajoute-t-il, son abandon conviennent au nom du seigneur actuel et consacrent dans la mélancolique poésie d'un symbole, ce fief suprême de la maison de Bourbon (2) ».

« Au bout d'une longue avenue de peupliers... qui porte, comme toutes les routes de cette résidence, un nom illustre, on voit peu à peu poindre et sortir de terre un monument féérique qui, surgissant ainsi au milieu de ce sable aride et de ces bruyères, produit un effet d'autant plus saisissant qu'il est inattendu (3) ».

La façade du château est formée de deux rangées de galeries en arcade ; par l'air et la lumière qu'elles laissent circuler, elles allègent le donjon. Le plan général des constructions forme un massif carré, flanqué de quatre grosses

---

(1) D'après G. Touchard-Lafosse, l'étage placé au dessus de la naissance du toit n'est point une innovation de la Renaissance et se trouve dans tous les hôtels appartenant au gothique fleuri. Mansard s'est borné à supprimer l'élégante décoration des fenêtres, formant l'un des plus riches ornements de ce style. Subordonnant l'art à la vanité et au désir de flatter les personnes, l'architecte courtisan pensa que l'étage du toit, destiné à loger la domesticité, ne devait pas l'emporter sur les étages habités par les maîtres.

(2) Revue Européenne, t. VIII., p. 543. Paris 1860.

(3) Loiseleur, Les Résidences Royales de la Loire, p. 4 et 5.

78

79

80

81

tours rondes, comme au siècle précédent, et entouré de trois côtés d'une enceinte beaucoup plus grande, également carrée, avec tours angulaires, de manière à présenter un front de quatre tours, long de 156 mètres. Le massif carré et les deux corps de logis continuant ce front principal, renfermaient les appartements royaux, sectionnés en quatres groupes par la salle des gardes. Au centre de cette dernière est l'escalier d'honneur décrit par Alfred de Vigny, dans son délicieux roman de Cinq-Mars. Cet escalier est remarquable par sa double hélice qui permet à deux personnes de le parcourir en sens contraire sans se rencontrer. Il est couronné d'une élégante coupole ou lanterne de pierre dominant une forêt de dômes et de campaniles dispersés sur les différents points du château.

« La partie prestigieuse de ce monument, dit l'auteur de *La Loire Historique*, est la disposition pyramidale des combles. Consultez vingt architectes, ils vous diront que le toit d'un édifice est la pierre d'achoppement du génie constructeur ; les architectes du moyen-âge ne pensaient pas ainsi, et leurs travaux le prouvent. Nulle part, cependant, on ne trouve une chose comparable à la couronne si gracieuse, si légère, si délicieusement fantastique, qui semble à peine posée sur le château de Chambord. Ici, l'artiste s'est pris corps à corps avec la difficulté ; il a su l'étreindre, la dominer par les ressources et les richesses de son imagination. Sous sa main, tout est devenu élément d'élégance : toît aigu des tours, couverture des pavillons, lucarnes, cheminées, lanternes, se combinent, s'harmonisent, se font valoir mutuellement et se groupent sous le regard, pour composer ce faîte pyramidal, dont la cage du grand escalier est le centre et le sommet. Cette partie centrale du couronnement présente huit arcades, que séparent des pilastres élancés formant une colonnade sur laquelle repose un second ordre plus élevé, et se composant de huit contreforts ornés d'F et de salamandres enlacés ; au dessus est un belvédère surmonté d'un campanile, l'un et l'autre à jour et déliés comme un filigrane. Lorsque, parcourant les terrasses où repose cette sublime couronne artistique, on examine tout ce que le ciseau y a prodigué de richesses, il

est difficile de concevoir que le travail de douze années a pu
suffire pour les produire. Il y a dans cet ensemble magique,
telle cheminée, tel encadrement de croisée qui a dû coûter
un an de travail au sculpteur, même en admettant l'habileté
des Jean Goujon, des Germain Pilon et des Pierre Bontemps,
dont le faire admirable se révèle ici ».

Parcourons les grands appartements et visitons les deux
chapelles. La grande, celle de la tour ouest, est d'une noble
simplicité, portant sur les chapiteaux de ses colonnes et de ses
pilastres, des salamandres et des croissants. L'oratoire de la
reine de Pologne, dont les cartouches de la voûte rappellent
ceux de la salle des gardes, est construit dans le petit bâtiment
en saillie qui faisait partie des appartements de François I. Au
dessus, s'étend une terrasse, contigüe à la chambre du
monarque : c'est là qu'il aimait à réunir pendant les beaux
soirs d'été, ses courtisans des deux sexes. C'est dans l'un de
ses appartements, dans sa propre chambre à coucher, que le
monarque, galant et sceptique à la fois, aurait écrit, sur un
carreau de vitre, ce distique tant de fois cité :

> *Souvent femme varie*
> *Mal habile qui s'y fie.* (1)

Sous l'oratoire se trouve un escalier communiquant, par
une issue secrète, avec les douves du château et que Maurice
de Saxe descendit pour y trouver la mort au rendez-vous du
prince de Conti. De hautes salles et de longs corridors mènent
d'une chapelle à l'autre. Le nombre des pièces, que contient le
château, s'élève à quatre cent quarante, toutes à cheminées ;
treize grands escaliers le desservent.

C'est dans l'une des quatre salles du second étage que le
Bourgeois gentihomme fut joué pour la première fois, devant
Louis XIV, le 14 octobre 1670 « Le roi, dit le chevalier
d'Arvieux (2), ayant voulu faire un voyage à Chambord, pour y
prendre le divertissement de la chasse, voulut donner à sa cour
celui d'un ballet ; et, comme l'idée des Turcs qu'on venait de

---

(1) Voir à la fin du volume la note sur ce distique.
(2) Mémoires de Laurent d'Arvieux, publiés par le P. P. Labat.

voir à Paris était encore toute récente, il crut qu'il serait bon de les faire paraître sur la scène. Sa Majesté m'ordonna de me joindre à MM. de Molière et de Lulli pour composer une pièce de théâtre où l'on pût faire entrer quelque chose des habillements et des manières des Turcs. Je me rendis, à cet effet, au village d'Auteuil, où M. de Molière avait une maison fort jolie. Ce fut là que nous travaillâmes à cette pièce, que l'on voit dans les œuvres de Molière sous le nom du *Bourgeois gentilhomme*, qui se fit Turc pour épouser la fille du Grand Seigneur ».

C'est sur ce fond, fourni par le roi, que Molière dut broder. C'est à l'inspiration royale que sont dûs le ballet des garçons tailleurs, le pas des six cuisiniers, le concert des musiciens italiens, la cérémonie finale des mamamouchis et tous les intermèdes. En dépit des concessions du poète et de tous ses efforts, la pièce n'eut aucun succès. Le roi l'écouta sans dire mot et n'en parla pas davantage au souper et au coucher où Molière faisait les fonctions de valet de chambre. Tout le monde en déduisit que le roi désapprouvait la pièce et partageait l'indignation générale.

Ridiculiser la bourgeoisie, c'était fort bien, mais flageller la noblesse, transformer un gentilhomme et une marquise en aigrefins, n'était-ce pas le dernier mot de l'impertinence ! Et pour comble, dépeindre des choses vécues, dont tout le monde était témoin ! Aussi, les courtisans tombèrent-ils sur le dos de l'auteur, sans se douter que Louis XIV en avait suggéré l'idée. « Molière nous prend assurément pour des grues, de croire nous divertir avec de pareilles pauvretés ! disait un duc des plus en vue. Qu'est-ce qu'il veut dire avec son Halaba Balachou ? Le pauvre homme extravague, il est épuisé ; si quelque autre auteur ne prend le théâtre, il va tomber dans la farce italienne ».

Molière était d'autant plus atterré, que ce sentiment semblait partagé par le roi. Il envoya à la découverte son ami Baron, mais, celui qui prétendait « qu'un acteur devait être nourri sur les genoux des reines » ne rapporta que de lamentables nouvelles.

La deuxième représentation arriva. Plus mort que vif, Molière parut dans le costume du bourgeois. Louis XIV, instruit sans doute des bruits de la cour, suivit la pièce avec la plus grande attention, mais sans manifester quoi que ce fût. Les courtisans, voyant cela, renchérissaient sur les critiques. Pendant le dîner, Louis XIV se tourna soudain vers le grand comédien. « Je ne vous ai point parlé de votre pièce le premier jour, lui dit-il, parce que j'ai appréhendé d'être séduit par la manière dont elle avait été représentée ; mais, en vérité, Molière, vous n'avez encore rien fait qui m'ait plus diverti et votre comédie est excellente »

On voit d'ici la jubilation du poète et la tête de ses détracteurs ! Ce fut une volte-face générale ; on l'entourait, on l'accablait de louanges. « Cet homme là est inimitable, disait ce même duc, censeur du premier essai. Il y a dans tout ce qu'il fait, un *vis comica* que les anciens n'ont pas aussi heureusement rencontré (1) ». Tels étaient les courtisans du grand siècle !

Ce château gothique, revêtu d'une parure Renaissance, était le Versailles de la monarchie féodale. Il était au château de Blois, résidence centrale des Valois, ce que Versailles fut aux Tuileries, la maison de campagne des têtes couronnées. Les fresques de Jean Cousin, les meubles d'argent massif, les bahuts merveilleusement sculptés, les ivoires et les émaux se voyaient partout (2). Le souffle de la révolution a tout emporté.

____

(1) Grimarest, p. 263 et 264.

(2) On se représente difficilement de nos jours l'usage prodigue qu'on faisait au moyen-âge des matières précieuses ; l'or et l'argent étaient aussi fréquemment employés que le cuivre l'est actuellement. Il faut lire dans les chroniqueurs de l'époque l'accueil que reçut, au château de Blois, l'archiduc Philippe d'Autriche, quand il vint arrêter définitivement le mariage de son fils Charles avec Claude de France. Six pages tenaient chacun un chandelier d'or ; Madame de Bourbon portait une grande boîte d'or pleine de diverses boîtes de confitures ; Madame d'Angoulême, une autre boîte d'or pleine de serviettes ; Madame de Nevers, une autre boîte d'or pleine de couteaux et de fourchettes à manches d'or ; une dame noble tenait à la main un drageoir d'argent doré si grand qu'il touchait presque à terre ; cinq ou six gentilshommes tenaient chacun deux pots d'or pleins de confitures ; les « rechouffouërs » bassinoires et autres ustensiles de chambre étaient en argent. A cette époque on n'appréciait

Pendant quinze jours, des fripiers accourus de toutes les directions se partagèrent ces merveilles de l'art. On brûlait ce qu'on ne pouvait vendre. Dans la salle d'adjudication, se trouvait un brasier, où l'on jetait les ornements recouverts de fleurs de lis ou autres insignes de la royauté. Ironie du destin, ce château bâti par l'amour a été détruit par la haine. François Ier l'avait édifié pour abriter ses amours avec la belle comtesse de Toury ; les révolutionnaires l'ont saccagé en haine des aristocrates.

Chambord reçut la visite de Charles-Quint. On connaît les séjours qu'y firent François I, Henri II, Henri III et Charles IX. Henri IV le négligea pour Fontainebleau et Saint-Germain. Louis XIII y vint à plusieurs reprises et le journal d'Hérouard, son médecin nous raconte l'une de ces visites : « à unze et ung quart y est arrivé et a disné. Fraizes au sucre et au vin, 36 ; pain, 20 ; cerises crues, 16 ; pain autant, l'estomach d'ung pigeonneau boully, trois crètes de coq dessus ; pois sur ung chapon, 6 ; ris de veau en brochette, 4 ; poulet fricassé, un pilon ; les ailes d'un pigeonneau rosti avec pain esmié ; l'estomach d'une caille ; blanc manger sur une tranche de biscuit ; bigarreaux, 12 ; pain id ; cerises confites, 9 ; cotignat sur une oublie, 6 ; l'oublie, pain, peu ; beu de vin clairet fort trempé ; dragée de fesnoil, la petite queillerée. Va visiter le château, fut partout, le treuve beau » (1).

Louis XIV n'y séjourna que neuf fois en tout son règne. Louis XV l'assigna pour résidence à Stanislas Leczinski (1725-1733) et le céda ensuite au maréchal de Saxe (1748) qu'y s'y entoura d'une véritable cour, où les notabilités se donnaient rendez-vous. La troupe Favard y joua des comédies auxquelles assistaient Mme de Pompadour. Napoléon l'offrit au maréchal Berthier, dont la veuve se disposait à le vendre à la bande noire, quand un élan de sympathie populaire se produisit. Une

en fait de richesse, comme en fait de grandeur, que les valeurs réelles ; de nos jours, au contraire, on se contente de vertus et de métaux dorés.

(1) Hérouard. La Ludovicotrophie. Bibl. Nat. fonds Colbert. N° 8.943 fol. 69 et 266.

souscription nationale permit de l'offrir au duc de Bordeaux, au nom de la France. L'acte d'acquisition porte la date du 5 mai 1821. Le domaine fut adjugé au prix de 1.542.000 francs à M. Adrien de Calonne « pour en être fait hommage, au nom de la France, à S. A. R. Mgr. le duc de Bordeaux, au profit duquel le domaine est en conséquence acheté dès à présent ».

La duchesse de Berry (1) vint en prendre possession, au nom de son fils, le 18 juin 1828, « Chose rare sur une terre aussi oublieuse que l'est la France, ce voyage de la duchesse de Berry à Chambord a laissé des souvenirs qui vivent encore dans le pays. La princesse, partie de Paris le 16 mars 1828, déjeuna à Ménars, chez le duc de Bellune et visita ensuite le château d'Avaray. Elle arriva enfin à Chambord, où l'attendaient plusieurs membres de la commission de souscription. Après avoir examiné les plans et devis dressés pour les réparations les plus urgentes du château, et qui s'élevaient à 180.000 francs, elle posa, dans l'oratoire de la reine de Pologne, la première pierre de cette restauration. L'évêque de Blois bénit la pierre et la princesse reçut la truelle d'argent des mains de M. Pinault, architecte du château. Elle monta ensuite le grand escalier jusqu'à la fleur de lis, jeta du haut de ce belvédère, sur les vastes plaines offertes à son fils, ce coup d'œil indifférent et tranquille des rois de la terre qui se croient trop fermement en possession de leur puissance pour s'intéresser à des biens qu'ils n'ont pas eu la peine d'acquérir et dont la perte leur semble un rêve impossible ; puis, en descendant, elle grava sous la coupole, avec la pointe d'un couteau, ses deux prénoms et la date de sa visite : Marie-Caroline, 18 juin...

» La duchesse de Berry revit une seconde fois Chambord. C'était en mai 1830. Elle y accompagnait les princes de Sicile, pour lesquels la cour épuisait tous les genres de plaisirs et de fêtes. Celle que le duc d'Orléans (2) leur offrit le 31 mai, et à

---

(1) Marie-Caroline-Ferdinande-Louise de Bourbon, duchesse de Berry, fille du roi des Deux-Siciles, François I et de Marie-Clémentine, archiduchesse d'Autriche, née à Naples, morte au château de Brunsee près de Grœtz (1798-1870).

(2) Le roi François était le beau frère de Louis-Philippe.

laquelle Charles X assista, est devenue un événement historique. C'est à propos d'une de ces fêtes que Victor Hugo a
écrit la belle pièce des Feuilles d'Automne ».

Voitures et chevaux, à grand bruit, l'autre jour,
Menaient le roi de Naple au gala de la Cour (1).

Six semaines plus tard, après les journées de juillet 1830,
la duchesse de Berry dut, avec son fils, le prince de Chambord,
suivre le roi Charles X dans son exil à Holy Rood. Au moment
où le duc de Bordeaux allait atteindre sa majorité, elle revint
en France en avril 1832. Les difficultés auxquelles le gouvernement de Louis Philippe étaient en butte, avaient fait espérer à
cette femme héroïque de soulever, en faveur d'Henri V, les
populations du midi et surtout de l'ouest. Elle débarqua donc
à Marseille ; et, de là, se rendit en Bretagne, où elle encourageait
elle-même ses partisans. Trois personnes, MM. de Mesnard et
Guibourg, Mlle Stylite de Kersabiec l'accompagnaient dans ses
courses, partageant ses dangers, sa misère et ses fatigues.

Elle ne voulut point écouter les chefs du parti légitimiste
et fixa la nuit du 3 au 4 juin pour commencer un soulèvement.
Le gouvernement qui n'ignorait rien, mit en état de siège les
départements du Maine-et-Loire, de la Loire-Inférieure et des
Deux-Sèvres, sillonnés en tous sens par des colonnes mobiles.
Néanmoins, le 4 juin, huit cents paysans se portèrent sur
Aigrefeuille ; ils furent repoussés par les troupes de ligne.
Le 5, au village de Chêne, quatre cents hommes, commandés
par le général de Charette, se battirent comme des lions ; enfin
le 7, à la Pénissière, quarante-cinq vendéens soutinrent héroï-
quement, tout un jour, l'attaque d'un bataillon de troupes
régulières.

Devant ce déploiement de forces, la duchesse comprit que
la résistance était impossible, Craignant d'être prise, et
voulant néanmoins rester au milieu des fidèles populations de
l'ouest, elle vint se réfugier à Nantes, dans le modeste hôtel

---

(1) Jules Loiseleur. Les résidences royales de la Loire. Chambord-XIII
p. 67 et 68.

de Mlles du Guiny, rue Haute-du-Château, n° 3 (1), où une cachette
avait été préparée.

Cette page historique de la vie de l'infortunée mère
d'Henri V m'intéresse particulièrement, parce que la cachette
en question fut pratiquée par mon aïeul maternel, M. Joseph
Derouette, entrepreneur de plâtrerie, rue St-Clément à Nantes.
Voici le récit des faits, tels qu'ils sont conservés dans ma
famille et dans les annales de l'histoire locale.

Cette cachette (*fig.* 96) était ménagée dans une cheminée
construite dans l'angle d'une mansarde, au troisième étage de
l'hôtel du Guiny. La plaque de la cheminée s'ouvrant à volonté
y donnait accès. Elle mesurait environ 18 pouces de large à
l'une des extrémités, et 8 à 10 pouces à l'autre, sur une
longueur d'un peu plus de 3 pieds. La hauteur allait en dimi-
nuant vers l'extrémité la plus étroite, permettant difficilement
à un homme de se tenir debout en cet endroit.

Chose curieuse, c'est mon oncle maternel, M. Emile Lozon
également entrepreneur de plâtrerie à Nantes qui déposa plus
tard la plaque de la cheminée au musée Dobrée, où elle se trouve
encore présentement. Chose plus curieuse encore, mon aïeule
maternelle, Mme Louise Derouette, à cause de sa ressemblance
avec la duchesse de Berry, fut arrêtée, en face du château de
Nantes, pour la mère du comte de Chambord. Elle ne fut
relâchée qu'après vérification de son identité.

Depuis cinq mois déjà, le secret était rigoureusement
gardé par l'entourage de la royale captive et par ma famille,
de telle sorte que la mère du prétendant au trône de France
était toujours en sûreté, lorsqu'un juif fit son apparition rue
Haute-du-Château. C'était le 22 octobre, un étranger déclarant
se nommer Hyacinthe et être porteur de dépêches importantes,
sollicita l'honneur d'être reçu par S. A. R. Il n'avait pas été
annoncé et fut éconduit. « Je vais à Paimbœuf, expliqua-t-il, et
je reviendrai dans quelques jours. » A la réflexion, il changea

____

(1) Aujourd'hui rue Mathelin-Rodier.

Cachette de la Duchesse de BERRY

Tirée de la « Relation Fidèle et Détaillée de l'Arrestation de S. A. R. la Duchesse de Berry »
par M. Guibourg.

Nantes. — Imp. G. MERSON. — Novembre 1832

d'avis et s'empressa d'envoyer les papiers, sollicitant une audience.

Muni de lettres de recommandation de plusieurs cardinaux et du pape Grégoire XVI, Deutz cessa d'inspirer de la méfiance; il fut reçu en audience le mercredi 31 octobre, à 7 heures du soir, dans l'hôtel du Guiny. Après un long entretien il se retira, convaincu que l'illustre prisonnière quitterait l'hôtel le soir même.

Sous prétexte qu'il avait oublié une chose importante de sa mission, il revint quelques jours plus tard et obtint une nouvelle audience le 6 novembre, car toutes les préventions étaient tombées. Dans l'après-midi de ce même jour, entre 2 heures et 2 heures et demie, il était déjà passé devant l'hôtel, étudiant probablement son terrain. Il resta une grande heure et se retira vers cinq heures, non s'en s'être assuré que S. A. R. devait dîner dans la maison.

Ce soir là, deux personnes partageaient le modeste ordinaire de la royale captive, la baronne de Charette et Mlle Céleste de Kersabiec. MM. de Mesnard et Guibourg étaient également présents.

Deutz était parti depuis une demi-heure environ, lorsque M. Guibourg aperçut, par la vitre de la fenêtre, un bataillon de troupes de ligne qui se déployait silencieusement vers l'hôtel. Immédiatement *Madame* gagna sa cachette, accompagnée de Mlle Stylite de Kersabiec et de MM. de Mesnard et Guibourg.

La porte était à peine fermée, que les commissaires de Paris et de Nantes se présentèrent l'arme au poing. L'un d'eux, dans son trouble, fit partir son pistolet et se blessa la main. Sans l'ombre d'une hésitation, leur chef les conduisit dans la mansarde où le traître avait été reçu. « Voici la salle d'audience, expliqua-t-il ».

Immédiatement on place des sentinelles partout, on sonde les murs et les planchers, on ouvre les meubles et les placards, on allume du feu dans toutes les cheminées. En même temps on inspecte les maisons voisines.

L'heure du repas arrivée, Mlles Pauline et Louise du Guiny s'étaient mises à table avec Mmes de Charette et de Kersabiec, sans perdre leur sang-froid.

Depuis six ou sept heures on multipliait les recherches en pure perte, si bien que le préfet, de guerre lasse, donna le signal de la retraite après avoir fait occuper toutes les pièces de la maison.

Les gendarmes qui gardaient la mansarde se mirent à allumer du feu, car la nuit était humide et ils se sentaient saisis par le froid. Les prisonniers se trouvaient alors dans un étouffoir, et bientôt la plaque du fond devint si chaude qu'elle faillit enflammer la robe de la duchesse. Peu à peu une douce température se répandit dans la pièce et les hommes de garde ne songèrent plus à alimenter le feu.

Les perquisitions recommencèrent ; on se remit à fouiller et à sonder à grand bruit, tellement que la cachette retentissait des coups et que le plâtre se fendillait et tombait par morceaux. « Courage ! fit S. A. R., ils se fatiguent de chercher et nous touchons peut-être à notre délivrance ».

Le calme s'était rétabli ; il n'y avait plus que deux gendarmes dans la mansarde ; de nouveau ils rallumèrent du feu pour se défendre du froid. La situation devint intolérable dans la cachette ; il fallait appliquer la bouche contre les ardoises formant le dessus de la prison, pour respirer un peu d'air frais. La fumée la remplissait... Craignant l'asphyxie pour ses vaillants défenseurs et pour elle-même, *Madame* donna l'ordre d'ouvrir.

Le fer dilaté par les tisons incandescents résista à la poussée, il fallut donner un coup de pied. « Qui vive ? » s'écrièrent les gendarmes. — « Ce sont vos prisonnières qui se rendent, répondirent deux voix de femmes ».

L'illustre captive fut amenée au château de Nantes et passa la nuit dans le bureau du général Dermecourt, commandant la division, qui se montra geôlier courtois. De là, elle fut conduite à Blaye et enfermée dans la citadelle de cette ville, sous la garde du général Bugeaud.

Ses espérances s'évanouissaient momentanément, mais non pour toujours sans doute, car cette femme remarquable avait une volonté de fer. « Il y a dans la tête de cette princesse de quoi faire vingt rois, avait dit Berryer ».

Dans la circonstance, le destin fut plus fort qu'elle : le comte de Chambord mourut en exil le 24 août 1883, sans avoir porté la couronne de France. « Comme Moïse, il a contemplé la terre promise, mais il n'y est point entré. Le doigt de Dieu l'a écarté du trône au moment précis où le Prince croyait, comme tout le monde, qu'il allait en franchir les degrés. » (1) Bien plus, il est mort sans avoir eu d'enfant. Il a disparu, ainsi que l'a dit Drumont, « comme un lys incliné sur sa tige, meurt en répandant des parfums. » (2)

Et maintenant, Chambord « attend dans cette tristesse grave et un peu morose que les grandes vicissitudes imposent aux hommes comme aux pierres, ce que l'avenir décidera de lui. Abritera-t-il encore des dynasties anciennes ou nouvelles, ou bien doit-il, comme le voulait Courier, voir tomber ses tours pierre à pierre et la terre qui porte son fier donjon, retournée par la charrue du prolétaire ? » (3)

C'est le secret de Dieu.

---

(1) G. Chairchay. Il ne règnera pas, IV° part. p. 183.

(2) *Libre Parole* du 1ᵉʳ mai 1895.

(3) Jules Loiseleur. Les Résidences royales de la Loire, Chambord, p. 70.

SOMMAIRE

❦ ❦ ❦ ❦

CHAPITRE X

Les Excursions des Américains (suite)

SELLES-SUR-CHER

ONTINUONS notre visite aux monuments architectoniques de notre contrée, en abandonnant le nord pour nous diriger vers l'ouest, et réservons notre première visite à la petite ville de Selles, dont l'église et le château sollicitent notre attention.

La construction de l'église romane et abbatiale de Selles, (*fig.* 97), doit remonter à la première moitié du XIIᵉ siècle. Un accident survenu vers l'an 1300, amena l'éboulement de la nef et des bas côtés ; il ne resta debout qu'une partie de la façade et le mur extérieur du collatéral sud adossé au cloître. C'est alors qu'on reconstruisit la nef et les bas-côtés tels qu'ils se montrent encore aujourd'hui.

« Le XVIᵉ siècle vit disparaître presque entièrement le chœur roman. En 1533, d'après une inscription gravée sur la base de la tour accolée au pilier sud-ouest du carré du transept, la foudre tomba sur le clocher et endommagea la couverture. Quelques années plus tard, l'église de Selles faillit disparaître dans la tourmente des guerres de religion. C'était dans les derniers jours de l'année 1562, après la bataille de Dreux, Coligny, resté seul maître de l'armée protestante, depuis que le prince de Condé avait été fait prisonnier par le duc de Guise, avait ramené ses troupes au midi de la Loire, jeté les débris de son infanterie dans Orléans, et cantonné sa cavalerie à Selles, dans les petites villes des bords du Cher, qu'il prit de vive force. Il pilla méthodiquement le trésor de l'abbaye, où se trouvaient entre autres des bustes reliquaires de Saint Eusice, de Saint Séverin, de Saint Wulfin et de Saint Léonard, ainsi qu'un magnifique don de Louis XI, qui était venu implorer la santé sur le tombeau du saint, et avait laissé en souvenir de sa visite « une poulle d'or massif avec douze poussins, une custode pour reposer le Saint-Sacrement et un soleil d'or pour le porter en procession le jour de la Feste-Dieu ». Les soldats de l'amiral mirent ensuite le feu au chœur et il n'en resta plus debout, après leur passage, que le mur extérieur du déambulatoire et les chapelles rayonnantes (1) ».

Les religieux qui desservaient l'église, relevèrent tant bien que mal le chœur et modifièrent les croisillons. En 1613, les Feuillants firent surélever le chœur et l'avant-chœur et agrandirent la crypte. En 1882, M. de Baudot rebâtit le chœur, le déambulatoire et les croisillons tels qu'ils devaient être

------

(1) Marcel Aubert. L'Eglise abbatiale de Selles-sur-Cher p. 5.

primitivement, puis il abaissa le niveau du chœur, consolida la nef et restaura le clocher.

Comme on peut le constater, l'église de Selles est hétérogène et les morceaux authentiques de la construction romane sont rares, d'autres appartiennent à l'art gothique. Néanmoins, l'aspect général de ce bel édifice n'offre rien de disgracieux.

Pénétrons maintenant dans le curieux château des anciens seigneurs de Selles. Bien qu'un tiers seulement nous en reste, il présente encore de vastes bâtiments s'étendant du XIII⁰ siècle au style Henri IV et Louis XIII. On pourrait à bon droit lui donner la devise du roi soleil : « Nec pluribus impar », car il a été mêlé à une foule d'évènements historiques de la France et, comme l'a fait observer M. Chauvallon, « tourner les pages de son chartier, c'est évoquer les principales figures de notre histoire ».

Sur son emplacement s'élevait à l'origine une grosse tour hexagonale construite par les Romains et dont les restes subsistèrent jusqu'en 1813. Ce fut Thibault le Tricheur qui fut le véritable constructeur de ce château où vint se fixer, en 1142, Gimon de Mehun qui éleva des bâtiments près de la tour en même temps qu'une petite chapelle qu'il adossa au mur d'enceinte. Jusqu'en 1194 la maison de Mehun posséda ce manoir : le départ de ces seigneurs pour la croisade mit en état d'abandon leur domaine.

En cette même année 1194, Richard Cœur de Lion le détruisit presque totalement et ne laissa debout que le donjon servant de citadelle à la ville.

Quel terrible guerrier que ce Richard d'Angleterre, et que de dévastations et de ruines il a laissées dans notre pays ! Tout le monde connaît l'opéra de Grétry :

« *O Richard, ô mon roi, l'univers t'abandonne* »

dont la musique de Méhul et de Cherubini fit oublier les naïfs accents pendant la révolution, mais qui reprit en 1811, avec Elleviou, une vogue qui dure encore. Eh bien, le rival de

Philippe Auguste ne se montre pas, dans notre contrée, le chevalier modèle exalté dans l'opéra du compositeur Liégeois.

Seigneur d'Issoudun, il chercha querelle à Guillaume I, possesseur du château de Vierzon et le cita devant son tribunal, prétendant être juge et partie « judex et actor ». Guillaume ne l'entendait pas ainsi et se rendit à Paris, pour en appeler au roi de France.

Pendant ce temps là, son déloyal adversaire envahit ses terres, au mépris du serment qu'il avait juré de ne point faire acte d'hostilité en son absence, et ne laissa derrière lui que feu et ruines (1). Guillaume en conçut un tel chagrin qu'il en mourut de douleur.

Quel grief pouvait bien avoir ce farouche Richard pour amener à Selles son armée dévastatrice ? (2) Voulut-il encore profiter du départ des Seigneurs de Mehun pour envahir leur domaine ? Nous l'ignorons, nous savons seulement qu'il s'y conduisit comme à Vierzon, et ne laissa debout que l'antique donjon du château (3).

C'est vers l'an 1212 qu'il faut placer la deuxième construction du château de Selles, conçue sur un plan grandiose, et dont l'opulent Robert de Courtenay, propriétaire du domaine, fit tous les frais. Déjà le moyen-âge s'achemine vers son déclin, les arts commencent à s'éveiller, en attendant que la Renaissance leur donne un nouvel et vigoureux effort.

-----

(1) Richardus rex Angliæ, post positis juramentis et pactionibus, Philippum regem Francorum bello agressus est, qui in agro Bituricensi castrum Virsonis dolo cepit et funditus evertit. Juraverat ergo domino Virsonis quod ei non noceret. Rigord. De gestis Philippi Augusti.

(2) Il ne faut pas oublier que dès 1020, la seigneurie de Selles, distraite du comté de Blois, avait été réunie à la baronnie de Vierzon.

(3) On sait que Richard-Cœur-de-Lion, fils d'Henri Plantagenet, duc de Normandie et roi d'Angleterre, avait reçu en apanage le fief de la Touraine et était devenu, par conséquent, suzerain des sires d'Amboise, seigneurs de Montrichard. Ce fut par suite de cette suzeraineté étrangère que Philippe Auguste, en guerre contre Henri Plantagenet, vint mettre le siège devant Montrichard en 1188.

... Cologne et Strasbourg, Notre-Dame et Saint-Pierre,
Agenouillés au loin, dans leur robe de pierre,
Sur l'orgue universel des peuples prosternés
Entonnent l'hosanna des peuples nouveau-nés.

Il reste de cette vaste reconstruction, la tour du Coq, une autre tour, la porte du parc et les murs d'enceinte accolés aux pavillons dorés qui subsistent également. La première de ces tours tire son nom du baron du Coq dont voici l'aventure. En l'année 1217, Robert de Courtenay donna de grandes réjouissances, joutes et tournois, dans son château de Selles, pour fêter son retour d'Angleterre. Un des chevaliers présents but avec excès, comme c'était fréquent à cette époque ; et, sous l'influence du vin, se permit des propos fort insolents envers la comtesse Mahaut de Mehun. Robert de Courtenay le fit saisir sur le champ et ordonna de l'enfermer dans l'une des tours du château. Cet ordre fut exécuté et l'infortuné baron du Coq y mourut de faim quelques jours après. La barbarie de ces âges lointains nous fait préférer à ce galant mais trop irascible seigneur, la figure plus humaine et plus douce des marquis de Béthune qui possédèrent dans la suite cet imposant manoir (1).

En 1372, messire Godemart de Linières fit construire la Tour Neuve formant, avec le donjon et la tour du Coq, un triangle équilatéral. Mais revenons un siècle un quart en arrière, pour recueillir d'intéressants souvenirs.

« Un soir de l'an 1238, alors qu'un clair de lune moirait les douves d'un frisson de nacre, à la porte de ce château, exténué de fatigues et de misères, Beaudoin de Courtenay, empereur de Constantinople, vint implorer un abri sous le toit de son oncle, après avoir traversé l'Europe en mendiant l'appui des princes chrétiens. C'est sous la poterne de ce même château

---

(1) Par un ordre de transmission mal éclairci, la seigneurie de Selles, annexée au grand fief du Berry, apanage du duc Jean, frère du roi Charles V, passa ensuite à plusieurs princes de la maison royale et fut réunie à la couronne en même temps que Mehun-sur-Yèvre. Elle n'en fut distraite que sous Henri IV qui la fit passer entre les mains de Philippe de Béthune.

que, le 6 juin 1376, retentit le cliquetis des armes de Duguesclin. En 1421 et 1423, le pâle roi de Bourges, Charles VII, y reposa sa royauté ébranlée et y tint les Etats généraux de 1424. Deux fois, en 1428 et 1429, les vitraux du castel vibrèrent, dans leur réseau de plomb, sous les cris de joie de la foule en délire, acclamant notre grande héroïne nationale, Sainte Jeanne d'Arc. Enfin, en 1492, Louis XI vint y abriter sa méfiance. Puis, après cette glorieuse période, le château inhabité, s'endormit pour de longues années (1) ».

Sa léthargie durait depuis longtemps, lorsque Philippe de Béthune, frère de l'illustre Sully, entreprit de le restaurer et consacra à cette œuvre des sommes considérables. Ce prince avait le nerf de la guerre, c'est-à-dire une fortune colossale, et ne négligea rien. Toute une aile fut reconstruite, et Philippe fit faire une magnifique galerie à arcades, dallée de marbre et la transforma en musée.

De cette restauration datent les pavillons dorés avec leurs superbes cheminées au monogramme du maître de céans, leurs plafonds divisés en petits parallélogrammes, tous de décorations différentes, leurs peintures à fresque que des mains pieuses mais ignorantes de l'art, ont, de nos jours, recouvertes de papier en l'absence et à l'insu du propriétaire actuel. Partout on retrouve le chiffre P. P. enlacé, initiale de Philippe de Béthune.

Sous Louis XIII « c'était, dit Touchard-Lafosse, un édifice d'une splendeur royale, construit en pierre et en brique, dans le goût de la Place Royale à Paris. La magnificence des appartements était égale à la majesté des dehors : Philippe de Béthune avait réuni dans les salles, dans les galeries, une multitude de tableaux précieux, de statues et de bustes antiques, qu'il avait apportés d'Italie et dont l'ensemble formait une collection inestimable. Le château renfermait aussi près de deux mille volumes manuscrits, dont plus de douze cents sur l'histoire de France. Hippolyte de Béthune fils du précédent,

---

(1) Le Château de Selles-sur-Cher. Article de M. Pierre Chauvallon publié dans la Revue Blois et le Loir-et-Cher, N° 10, p. 11.

légua toutes ces richesses à Louis XIV (1) ». Ces manuscrits, plus nombreux que le supposait l'auteur des lignes précitées, atteignent le chiffre de 2.500 ; on peut encore les parcourir aujourd'hui à la Bibliothèque Nationale, où ils forment le *fonds de Béthune*.

En 1631, Mademoiselle de Montpensier, amie du Comte de Béthune, visite le château de Selles, et le trouve fort à son goût. « C'est, dit-elle, une très belle et très agréable maison au bord de la rivière du Cher. Les appartements y sont beaux, commodes et bien meublés ». Le nom de Béthune se rencontre plusieurs fois dans les mémoires de l'héroïne de la Fronde.

La mort de Philippe laissa le château à son fils Hippolyte, puis il passa dans la famille des Le Bret jusqu'en 1789.

Malheureusement, fait observer à propos M. Maurice Romieu (2), le château a souffert de la main des hommes, plus que de celle du temps. Le *bande noire* a fait son œuvre, et un tiers seulement de l'édifice subsiste actuellement ».

Des réparations bien comprises ont rendu à cette demeure une partie de son ancienne magnificence. Elle appartient de nos jours à M. le Comte et à Mme la comtesse d'Hardemare : le vaste pavillon que le visiteur trouve sur sa droite, après avoir franchi les douves et le portail, sert d'habitation à cette famille distinguée, dont l'un des membres, Christophe de Boisgueret de la Vallière, combattit jadis avec le marquis de Rochambeau.

Comme au château du Moulin et à plusieurs autres, d'aimables invitations m'ont permis de conduire à ce manoir historique des groupes d'officiers américains qui me remercient encore de cette attention. En dînant dans la jolie salle à manger voûtée, à l'âtre gigantesque *fig.* 100 (3), la vie mondaine des principaux seigneurs de Selles se kaléidoscopait dans leur

---

(1) G. Touchard-Lafosse. *Histoire de Blois*, chap. XII, p. 431. Blois 1841.

(2) Hist. de Selles en Berry et de ses Seigneurs, chap. XIV, p. 321. Romorantin 1899.

(3) Cette gravure est la reproduction d'une aquarelle de M. Chauvallon, le sympatique architecte départemental bieu connu dans la région.

imagination, car il avaient toujours soin de me demander préalablement force renseignements sur l'histoire des châteaux où je me faisais un plaisir de les introduire.

La brillante carrière de Philippe de Béthune, le fameux diplomate qui rendit tant de services à la France, dans ses ambassades d'Ecosse, de Rome, de Savoie et d'Allemagne, et qui contribua à l'élection des papes Léon XI et Pie V, se profilait devant leurs yeux. Comme à Marie Stuart, il leur semblait bon de vivre dans la « douce France », et trop fugitives leur paraissaient les heures passées dans cette demeure historique où brilla jadis, à certains jours, l'élégance mondaine d'Hippolyte, fils de Philippe, chevalier d'honneur de la reine Marie-Thérèse, et compagnon de Louis XIII dans ses chevauchées.

L'anecdote suivante, tirée du Journal d'Hérouard, médecin de Louis XIII, montre dans quels termes le dauphin, encore tout jeune, était avec M. de Béthune. C'était le 30 décembre 1607, Hérouard écrivait à M. de Béthune, alors au château de Selles, quand le dauphin vint se mettre à côté de lui, et, avec la curiosité d'un enfant gâté, lui demanda à qui il écrivait. C'est à M. de Béthune, répond le médecin. Le petit prince réfléchit un instant, puis, sautant sur un tabouret pour atteindre l'oreille du docteur, il lui dit tout bas : « Mandez à M. de Béthune que je me recommande à lui, et qu'il vous mande ce qu'il m'apportera pour mes étrennes, mais surtout n'en dites mot ».

La fréquentation de la société des environs, cette étude de nos mœurs, ces conversations souvent imprégnées de ce sel gaulois dont les Français savent assaisonner un dîner ou une soirée d'holiday, tout cet ensemble formait d'excellentes « leçons de choses », tendant à montrer notre pays sous son véritable jour. Nos alliés se rendaient compte que la France n'a pas changé et que l'aimable urbanité des hôtes qui les accueillaient, était digne du renom de courtoisie, d'élégance naturelle et de désintéressement dont jouit l'hospitalité française. Certes, c'était à propos, car la nuée de mercantis qui s'est abattue sur notre région ne tendait point à relever notre prestige aux yeux des étrangers. Leur âpreté au gain était même scandaleuse, et je déplore que tant de soldats américains n'aient guère eu l'occasion d'approcher d'autres catégories de la population, dans les villes et villages français où le hasard de la guerre les a conduits.

❦ ❦ ❦ ❦ ❦

SAINT-AIGNAN

En quittant Selles, et en suivant, dans la direction de Tours, la route nationale, on arrive à Saint-Aignan, très connu des Américains, à cause du camp qu'ils établirent à Noyers, banlieue de cette petite ville. Le nom primitif de cette localité fut peut-être Achan, mot celtique qui vient de Ach, demeure, et de Am, rivière. Mais les établissements celtiques, si tant est qu'ils aient existé, ne nous attarderont pas, et nous arrivons immédiatement à l'origine chrétienne de Saint-Aignan, beaucoup mieux établie.

Vers la fin du IXe siècle, des religieux de l'abbaye de St-Martin de Tours, se fixèrent aux confins de la Touraine et du Berry, où ils bâtirent une modeste chapelle pour y déposer les reliques de St-Aignan qu'ils apportaient avec eux. Un fait établi, c'est qu'au XIIe siècle on connaissait le castrum Anianum (1).

Eudes I, comte de Blois, avait déjà fait bâtir un château sur ces hauteurs qui offraient une excellente position militaire mais devaient bientôt attirer l'attention des irascibles comtes d'Anjou.

Qui ne connaît l'un d'eux, Foulque Nerra, fils de Geoffroy Grise-Gonelle ? Près d'un demi-siècle de combats, douze villes créées et garnies de murailles, huit forteresses édifiées, onze églises ou monastères fondés et dotés, une série de brigandages, de vols et de meurtres, trois pélerinages en Terre Sainte, comme expiation de tant de crimes : telle nous apparaît la vie

---

(1) Chronic. Sigeberti, An. 1170.

de ce seigneur farouche qui sema la terreur autour de lui et vécut sous six rois, puissamment riche, comblé d'honneurs et souillé de crimes. Tour à tour guerrier d'instinct, prince querelleur, stratégiste émérite, meurtrier de ses proches, fourbe et cagot, bâtisseur d'églises, violateur de couvents, pélerin contrit ou se déclarant tel, Foulque Nerra représente une des figures les plus déconcertantes de nos annales.

Dans ses moments de repentir, il se livrait à la pénitence avec la même ardeur qu'il déployait dans le crime. On le vit, à Jérusalem, se faire traîner par les pieds dans les rues, le corps nu et la corde au cou, pendant qu'un soldat le battait de verges et qu'il s'écriait : « Seigneur ayez pitié d'un malheureux parjure et fugitif. »

Sous son règne, les querelles de voisinage prirent de telles proportions, qu'elles amenèrent un état de guerre permanent durant plusieurs générations. Passé maître en stratégie, il encercla toutes ses terres d'un réseau de châteaux forts. Montbazon, Montrésor, Montrichard, la Haie, Mirebeau, Sainte-Maure, Loches, voilà ses lieutenants de pierre, Derrière eux, toujours à l'affût, et en quête d'aventures, il interrogeait l'horizon de son regard d'oiseau de proie comme son nom, car Foulque Nerra signifie le faucon noir.

Après la mort de Thibault qui succéda à Eudes I, un autre fils de ce dernier, Eudes II, devint comte de Blois. Pour se défendre de nouvelles entreprises, il inféoda la terre de Saint-Aignan à Geoffroy, baron de Donzy. Un jour que ce dernier, par méprise, pilla des terres appartenant à son ombrageux voisin, l'oiseau de proie fondit sur lui, battit ses gens, s'empara de sa personne et le fit périr en 1030. Son corps fut déposé à l'orient de l'église de Saint-Aignan, dès lors collégiale, dans une chapelle dédiée à St-Jean, comme le rapporte le moine de Marmoutier, chroniqueur des seigneurs d'Amboise : « tu latere ecclesiæ Sancti Johannis ab orientali. »

« Durant la possession des barons de Donzy, eut lieu à Saint-Aignan, le mariage romanesque d'Etienne, comte de Sancerre, avec la fille de Geoffroi III, qu'il avait enlevée du château de son père, au moment où l'autel se parait pour son union avec le chevalier Ansel, seigneur de Trainel. Celui-ci, en plaideur normand, plutôt qu'en paladin du XIIe Siècle, porta plainte au roi Louis VII, qui vint assiéger Etienne dans le château même de son beau-père, avant l'expiration de la lune de miel. Trainel obtint quelques terres en dédommagement de la main et peut-être du cœur que son rival lui avait enlevés (1). »

Le fief de Saint-Aignan fut possédé par la maison de Donzy, jusqu'en 1222, moment où il échut à Agnès de Donzy, mariée en secondes noces à Gui de Châtillon, prince auquel les habitants de Saint-Aignan durent leur affranchissement. L'un des princes de Châtillon, Gaucher, guerroyant aux côtés de Saint-Louis pendant la septième croisade, émerveilla le bon sire de Joinville par son intrépidité et moult déploya son courage à Mansourah (2).

Au siècle suivant ce fief échut aux comtes de Châlons, alliés des La Trémoïlle et des Tonnerre. A la fin du XIVe siècle, il passa dans la famille de Husson, par le mariage de Marguerite de Châlons, avec Olivier, seigneur de Husson, chambellan de Charles VII. Après Olivier, vinrent Charles, son fils, puis Louise sa petite fille, qui épousa en 1506, Emery de Beauvilliers, bailli et gouverneur de Blois.

Jusqu'à la révolution, la terre de Saint-Aignan ne sortit pas de cette illustre maison. Mentionnons quelques-uns de ses représentants : Claude I, tué à Pavie, en faveur duquel cette terre fut érigée en comté. Claude II, marié à Mademoiselle Babou, dont la fille Marie, religieuse à l'abbaye de Montmartre, fut aperçue, pendant le siège de Paris, par Henri IV qui en devint épris, et la fit sortir de son couvent. Mais le volage Béarnais lui préféra bientôt sa cousine Gabrielle d'Estrées. Délaissée, Marie Babou regagna le monastère de Montmartre dont elle devint abbesse en 1597.

---

(1) La Loire Historique, T. III, p. 102.

(2) Joinville. Hist. de S. Louis, édit. de Wailly, p. 75 et passim.

François Honorat de Beauvilliers fut un des favoris de
Louis XIV qui, pour lui plaire et récompenser ses loyaux
services, éleva le comté de Saint-Aignan à la dignité de
duché-pairie. Homme de lettres, membre de l'Académie
Française et de celle de Padoue, François de Beauvilliers
remporta à Caen, le prix fondé en l'honneur de l'Immaculée-
Conception. Plusieurs de ses poèmes sont mélangés aux
œuvres de Mme Deshoulières et de Scarron.

Paul de Beauvilliers, fils de ce dernier, fut choisi par le
roi comme gouverneur du duc de Bourgogne, puis du jeune
duc d'Anjou qu'il accompagna à Madrid, lorsqu'il devint roi
d'Espagne. Un journal que l'on retrouve dans les archives du
château, relate tous les détails de ce voyage. On ne peut les
lire sans rectifier bien des jugements trop légèrement portés
sur celui de nos souverains qui sut le mieux régner.

Paul de Beauvilliers fut l'ami de Fénelon, qu'il avait élu son
collaborateur dans l'éducation du duc de Bourgogne, et qu'il
n'abandonna pas dans sa disgrâce. C'était un homme austère,
d'une extrême probité ; Saint-Simon n'en parle qu'avec grand
respect.

« Il était, nous dit-il, grand, fort maigre, le visage long et
coloré, un fort grand nez aquilin, la bouche enfoncée, des
yeux d'esprit et perçants, le sourire agréable, l'air fort doux,
mais ordinairement fort sérieux et concentré. Il était né vif,
bouillant, emporté, aimant tous les plaisirs. Beaucoup d'esprit
naturel, le sens extrêmement droit, une grande justesse,
souvent trop de précision ; l'énonciation aisée, agréable,
exacte, naturelle, l'appréhension vive, le discernement bon,
une sagesse singulière, une prévoyance qui s'étendait vaste-
ment, mais sans s'égarer ; une simplicité et une sagacité
extrêmes et qui ne nuisaient point l'une à l'autre » (1). Paul de
Beauvillliers fut ministre et chef du conseil des finances ; en
1671, il avait épousé Henriette-Louise Colbert, fille du célèbre
ministre de ce nom.

---

(1) Saint-Simon. Mémoires, édit. Hachette, t. X, chapitre XVI.

Mais hâtons-nous, et arrivons au dernier duc de Saint-Aignan, Paul Marie de Beauvilliers, marié à Mlle de Bérenger, femme charmante, renommée pour sa beauté. Malgré les qualités morales de son mari qui était en outre spirituel, aimable et enjoué, elle ne parut point à la cour, parce qu'il était contrefait.

Tous les deux vivaient paisiblement sur les bords du Cher quand éclata la révolution. Résigné à la subir, le duc présida lui-même, revêtu de ses insignes, la sociéte populaire de cette ville, siégeant à côté des ouvriers. On vit aussi la duchesse, parée des couleurs nationales, assister à une de ces cérémonies dans lesquelles on promenait à travers les rues, une jeune fille affublée en déesse et « nous croyons entendre encore une femme de la ville lui disant: « Avance donc la Beauvilliers, je vas te marcher sur les talons » (1).

Ces concessions ne les sauvèrent point ; arrêtés dans leur château, ils furent incarcérés à Paris. La pétition que fit en leur faveur la société populaire de Saint-Aignan, ne servit qu'à attirer l'attention sur eux, et l'infortuné Beauvilliers, homme de bien, charitable et doux, dut monter à l'échafaud. Détail horrible, le couperet l'ayant manqué, il fallut le frapper une seconde fois.

La duchesse, incarcérée à Saint-Lazare, était sur le point d'être mère et cette circonstance la sauva. Le 9 thermidor arriva, elle devint libre. Sa petite fille, née dans des circonstances si cruelles et si touchantes, reçut le nom de Sauve-la-vie; malheureusement elle mourut jeune, laissant inconsolable, la belle et douce Mme de Beauvilliers.

L'ancien domaine ducal de Saint-Aignan est échu au prince de Chalais, gendre de l'un des deux fils du dernier duc ; à sa mort, il l'a laissé au comte de la Roche-Aymon, son propriétaire actuel.

Avant de monter au château de Saint-Aignan, faisons notre visite à la belle église paroissiale.

____

(1) La Loire Historique, T. III., p. 102.

Cet édifice remonte au XIe siècle, mais la façade peut être attribuée au XIIe, ainsi que le clocher dont les arcades géminées évoquent l'époque du byzantin fleuri. Sa masse quadrangulaire, m'a remis en mémoire, la première fois que je l'ai vue, le clocher de S. Jouin de Marnes, dont j'ai visité l'église à plusieurs reprises en explorant le Poitou.

L'abside est la partie la plus ancienne ; ses trois chapelles sont couronnées d'un toit de pierre conique à base polygonale. « Le portail du milieu est un vrai chef-d'œuvre d'ornementation ; des entrelacs, des feuillages, des fleurs, des têtes, des animaux étranges, des sculptures variées, symboliques, qui s'inspirent des trois règnes, embellissent avec un goût parfait ces diverses parties ; c'est le style orné du milieu du XIIe siècle dans sa plus exquise pureté (1) ».

La longueur de l'église, de la porte à l'abside, est de 36 mètres ; sa largeur est de 18 mètres. Le chœur est entouré d'un déambulatoire et d'une élégante colonnade. Le long de chaque pilier s'élancent de gracieuses colonnes avec double étage de chapiteaux pseudo-corinthiens. Les trois nefs portent les marques des XIIIe et XIVe siècles.

L'ogive commence à se montrer au transept, mais les fenêtres de ce dernier, bien que romanes, font déjà, par leur élévation, leur ébrasement et l'élégance de l'arcade, penser au style ogival.

La crypte qui s'étend sous une partie de l'église, est ornée de fresques fort curieuses ; sur la voûte de la chapelle principale, on reconnaît les traces d'un christ nimbé du XIIe siècle ; vers la fin du XIVe siècle on a repeint un crucifiement et une descente de croix. Le blason de Louis X de Châlons et de Marie de Parthenay, sa femme, semblent bien indiquer que ces deux personnages sont les promoteurs de cet ouvrage.

Devant l'église se trouve l'escalier monumental qui conduit au château (*fig.* 101). Ce dernier, fièrement assis, porte

____

(1) Les Monuments Historiques. Eglise de Saint-Aignan, p. 3 et 4.

les caractères des XVe, XVIe et XVIIe siècles. Les fines arabesques de François I, s'y marient avec les grâces sévères du temps des Beauvilliers.

Les constructions du XIIIe siècle sont en ruines depuis fort longtemps ; elles forment un frappant contraste avec celles du XVIe délicatement sculptées par les artistes de la Renaissance.

L'aile du côté est a subi peu de remaniements ; celle du côté nord est presque neuve. La chapelle, restaurée avec goût, dans le style du XVIe siècle, mérite d'être citée, avec son autel en bois sculpté : elle a trois travées et la double fenêtre du fond est garnie par des vitraux de provenances diverses.

Pénétrons dans les salles du château, vastes et bien aérées. Les bustes des ducs de Saint-Aignan, décorent la cheminée du salon. La salle de billard forme comme une galerie où sont représentés les Beauvilliers : Claude, Honorat, François et Paul-Louis, figés dans leur dignité, comme le voulait le goût de l'époque. A côté d'eux, Philippe V, roi d'Espagne, semble rassuré sur le sort de son trône et satisfait des victoires d'Almanza et de Villaviciosa.

Parmi les portraits de femmes, signalons la grande toile représentant avec talent la duchesse Marie-Geneviève de Monlezun. Intéressants sont également : le plafond du grand salon, ses boiseries de style Louis XV, trois tableaux figurant 1° le baptême d'un duc de Saint-Aignan ; 2° le duc de Beauvilliers remettant le cordon de l'ordre royal à un ambassadeur italien ; 3° la duchesse de Saint-Aignan vêtue de deuil.

A l'extrémité du bâtiment se trouve la bibliothèque : l'ami de Saint-Simon, le docte Paul de Beauvilliers, dut y passer de longues heures dans la lecture et la méditation, si la destination de cette pièce n'a point varié. Là se trouvent ces feuilles vénérables relatant le voyage de Philippe V en Espagne, dont il a été précédemment parlé.

On y trouve également une ample correspondance originale, adressée aux ducs de Beauvilliers, par Louis XIV, par des princes et princesses de la maison de France, par le roi de Pologne Stanislas Leczinski et par d'autres princes étrangers.

Ne quittons pas cette demeure seigneuriale, peuplée des ombres du grand roi et des princes de sa cour, sans fixer notre attention sur un très curieux sarcophage apporté de Rome par le duc Paul de Beauvilliers. Il mesure environ 2 m. de longueur, 95 cent. de largeur et 1 m. 30 de hauteur. La sculpture, qui décèle l'art grec à son déclin (fin du IIe siècle ou commencement du troisième), représente une jeune fille expirante, sa famille désolée se tient autour de son lit. Voici l'inscription en caractères helléniques, elle devait faire partie du monument, bien qu'elle ne soit pas adhérente :

ΟΥΛ ΚΥΡΙΛΛΗ ΘΥΓΑΤΗ

ΓΛΥΚΥΤΑΤΗ ΜΟΝΟΓΕΝΙ

ΞΤΩΝ ΚΒ ΜΗΝΩΝ Ξ

ΜΗΤΗΡ ΑΤΗΚΤΗ

C'est-à-dire : *A Ulp. Cyrille, sa chère fille unique, âgée de 22 ans 8 mois, une mère inconsolable.*

La scène représentée est tirée d'Euripide, le poète tragique qui excelle à provoquer la compassion.

Le destin a condamné le roi Admète à mourir jeune, mais Apollon, son hôte, obtient que la vie du monarque soit prolongée, s'il trouve quelqu'un qui consente à mourir à sa place. Admète ne rencontre personne, et son épouse, Alceste, se dévoue. Elle se prépare à son sacrifice, lave son corps dans l'eau cristalline d'un fleuve, se couvre de parfums et de bijoux et s'étend sur le lit funèbre.

Sur ces entrefaites, Admète revient des champs, apprend la vérité, et se jette au cou de son épouse en la suppliant de ne pas partir sans lui. Alceste l'écarte doucement. D'une voix tendre et douce elle lui dit : « Je vois sur l'onde épaisse d'un sombre marais, une barque à deux rames, et le nocher des enfers me fait signe d'avancer — Garde mon souvenir, et ne livre pas nos enfants à une marâtre qui ne les aimera pas — Il sera fait comme tu le désires, je te le jure — Pour moi, plus de festins, plus de couronnes, plus de chants sur la lyre ! le charme de ma vie disparaît..... puis il rend les derniers devoirs « à la meilleure des épouses ».

Soudain passe Hercule, se rendant en Thrace où l'appelle Eurysthée. Admète le reçoit sans lui révéler que la morte est sa femme, afin de ne pas l'éloigner par crainte de troubler sa douleur. Le héros des Hellènes répare ses forces par un copieux repas, et finit par connaître la lugubre vérité. Il offre sa médiation pour désarmer la mort, « la seule divinité que n'apaisent pas les sacrifices ».

Le succès répond à ses efforts compatissants et bientôt il a la joie de conduire la revenante à Admète. Celui-ci se refuse d'abord à l'accepter, pour ne pas trahir son serment ; mais bientôt il reconnaît son épouse bien-aimée, et, sacrifiant aux dieux infernaux, s'écrie dans le transport de sa joie : « O Dieux ! quel prodige inespéré !... je suis heureux ! » A cet instant, Hercule s'efface et disparaît, malgré les efforts de son hôte qui voudrait le retenir.

Il est difficile de rencontrer un épisode plus touchant de l'amour conjugal. En écrivant ces lignes, j'ai sous les yeux l'histoire des Romains où V. Duruy nous représente le sarcophage d'Ostie. C'est la même scène, représentée sur un tombeau analogue.

Et maintenant que nous avons étudié les œuvres des hommes, admirons celles de Dieu, car le château de Saint-Aignan est bâti dans un site admirable, dominant la vallée du Cher. « Les coteaux tapissés de vignobles qui encadrent cette rivière aux eaux vives et limpides, les vastes prairies sur lesquelles on voit onduler comme un ruban argenté, les blanches voiles qui glissent à la surface, tout contribue à rendre ce point de vue enchanteur (1) ».

❧ ❧ ❧ ❧ ❧

---

(1) La Loire hist. t. III, p. 103.

CHENONCEAUX

Le château de Chenonceaux a fait les délices des
Américains du camp de Gièvres. Toutefois, mon intention
n'était pas d'en parler, car une assez grande distance le sépare
de notre localité. Mais, plusieurs amis d'outre-atlantique
m'ont fait remarquer que leurs compatriotes seraient déçus,
si je passais sous silence ce bijou d'architecture, que la toile
du 2ᵉ acte des Huguenots a fait connaître de tous ceux qui
fréquentent les théâtres. C'est, en effet, à l'angle nord-est de
la cour d'honneur du château de Chenonceaux que MM. Sechan

CHENONCEAUX

et Déplechein se sont placés pour le peindre. Félicitons-les de
leur choix, car nul autre endroit ne montre ce bel édifice sous
un aspect plus charmant et plus complet à la fois.

Qu'il est joli ce château ! Comme Venise, il mire son front
dans les eaux, unissant les deux rives du Cher, dans une
étreinte enchanteresse. Une royale avenue d'ormeaux et de
platanes conduit à son avant-cour gardée par deux Sphinx.

Le 1er plan du tableau est ravissant. A droite se dresse la haute tour des Marques, accolée d'une élégante tourelle qui la rend moins sévère.

Au 2e plan, le pont, jeté sur la rivière argentée. Ce n'est pas la partie la moins intéressante de la construction. Il a été commencé par Diane de Poitiers sur les plans et sous la direction de Philibert Delorme, pour traverser le Cher et aboutir, sur la rive gauche, à un château semblable à celui de la rive droite, mais qui ne fut jamais exécuté.

Catherine de Médicis fit construire sur ce pont, la double galerie couverte, de 60 mètres dans œuvre, avec une largeur de 5 mètres 85 centimètres et dix-huit fenêtres pour l'éclairer. Les piles sont si puissantes, qu'on y a aménagé quatre pièces voûtées, servant de cuisine, d'offices et de caves.

La façade principale montre ses deux tourelles à toit conique, qui pendent si légèrement aux angles ; ses deux balcons en hémicycle, ses hautes lucarnes dont les pilastres ornés, les frises et les clochetons, masquent habilement la toiture.

Sur la gauche se profile la chapelle gothique, dont les fenêtres, de forme ogivale, sont divisées par des meneaux flamboyants. Puis la façade du levant, qui occupe le centre de la rivière, et dont les détails appartiennent au style François II.

Et tout cet ensemble a pour cadre la rivière, belle comme son nom, les grands arbres des deux rives, les jardins peuplés de vasques de marbre et de girandes semblables à celles qui bordent l'Arno, sous le ciel d'Italie. La nature entoure d'un sourire permanent ce palais d'Armide qui s'élève, comme Vénus, du sein des eaux pour monter vers le ciel.

Faut-il s'étonner que nos souverains François I, Henri II, Henri III, Louis XI, toute une pléiade de reines et de femmes charmantes, l'aient singulièrement aimé. De nos jours encore, en parcourant l'Allée de Sylvie, n'est-on pas tenté de dire avec le poète :

Pénétrons à l'intérieur par la porte de chêne où brille, sur un fond d'azur, cette inscription :

DEUS SPES MEA SALUS.

Une galerie centrale, à voûte ogivale, divise le château en deux parties égales. A gauche, une salle de gardes, transformée en salle à manger, dont la porte de chêne reproduit les deux patrons de cette demeure : St Thomas avec son équerre et Ste Catherine avec sa roue ; puis la devise de Bohier : S'il vient à point m'en souviendra. Le plafond, formé de poutres peintes, divisées par caissons, a conservé sa première décoration.

De cette pièce, on pénètre dans la chapelle dont le style appartient plutôt à l'art gothique qu'à la Renaissance. A la clef de voûte, brillent les armes de Bohier : d'or au lion d'azur, au chef de gueules ; celles de sa femme, du cardinal Bohier et des Briçonnet : d'azur, à la bande composée d'or et de gueules de cinq pièces, chargée sur le premier coupon de gueules d'une étoile d'or, accompagnée d'une autre étoile de même, en chef.

A droite, *la loge* des maîtres du château, et, sous le dallage, un caveau sépulcral. Une niche, masquée dans le mur, et s'ouvrant par deux volets peints, comme les triptyques flamands, forme le confessionnal. L'autel n'est qu'une simple table de pierre que deux groupes de colonnettes soutiennent aux angles.

La salle, contiguë à la chapelle, donne accès au salon de Catherine de Médicis et à l'appartement de la reine Louise de Lorraine. Le premier, tendu de lampas, est remarquable par sa cheminée, attribuée à Germain Pilon. Des angles du manteau brun de cette cheminée, se détachent des renommées en stuc, dont la blancheur contraste avec ce fond de bure sur

lequel brille une salamandre bleu et or, entourée de la couronne royale et de la devise : Nutrisco et Extinguo.

Trois pièces forment l'appartement de Louise de Lorraine : une chambre à coucher, un cabinet et une bibliothèque. La veuve d'Henri III avait fait recouvrir ces pièces de peinture noire, avec des larmes d'argent, des ossements, des devises lugubres et différents attributs funèbres. Les tentures et le mobilier se trouvaient dans la même note : c'était le seul décor que recherchât, dans son veuvage, cette pieuse souveraine, qu'on ne voyait sortir de sa retraite que pour se rendre à l'église de Francueil.

Cet appartement a disparu, et la chambre à coucher, transformée en salon, a été meublée dans le style François I. Un divan de velours noir, placé dans le cabinet, est le seul reste de cette funèbre décoration. A la suite du cabinet, se trouve la bibliothèque, dont le plafond, en chêne sculpté, est très remarquable par le choix des dessins et de la sculpture.

Un bel escalier de pierre, dont la voûte rampante est distribuée en caissons, conduit au premier étage.

Le vestibule est orné de médaillons et de bustes en marbre de différents empereurs romains, provenant de la collection antique que Catherine de Médicis avait ramenée d'Italie. On y voit aussi des peintures en pied des ducs de Beauvilliers, famille à laquelle l'un des derniers propriétaires de Chenonceaux, M. Dupin, se rattachait par les Rochechouart. On sait que le fils de M. Dupin, l'élève de J. J. Rousseau, avait épousé une descendante de cette maison.

Ce vestibule précède la chambre à coucher de Diane de Poitiers. Cette pièce ne rappelle guère les splendeurs d'Anet. Le lit à colonnes semble d'une authenticité douteuse, mais les peintures représentant la favorite d'Henri II en Diane chasseresse sont à noter.

La chambre de Catherine de Médicis est la seule pièce de cet étage qui soit digne d'intérêt. Le plafond en chêne, à caissons peints et dorés, laisse voir les lettres C. et H. entrelacées, ainsi que les initiales des enfants de Catherine. Au bout de la galerie est le petit théâtre où M. Dupin fit jouer les opéras de J.-J. Rousseau.

Le château renferme un tableau de Lesueur, représentant trois muses, un verre à boire de François I, un autre vase ayant appartenu à Henri III, une lettre autographe d'Henri IV, placée dans un cadre, la masse d'armes du grand Condé...

Les connaisseurs admirent les tentures de Chenonceaux, les unes à fond d'or ou d'argent, les autres à fond de couleur. Ce qui fait leur valeur, ce sont les applications de laine entourant les ornements dont elles sont couvertes ; elles donnent à ces toiles une grande ressemblance avec des velours ou des tapisseries. Une planche de bois gravé, trouvée dans le garde-meuble, avait servi pour l'une d'elles, ce qui a permis de supposer qu'elles avaient été faites sur place.

Thomas Bohier, baron de Saint-Cyergue, qui avait suivi Charles VIII en Italie, fut le véritable fondateur de Chenonceaux qu'il avait acheté en 1496 de la famille des Marques. Il ne comprenait alors qu'un moulin, bâti au milieu du Cher. Devenu chambellan de Louis XII, Bohier obtint l'érection de cette terre en châtellenie et commença, en 1515, l'érection de ce « castel blasonné, flanqué de jolies tourelles, ajusté d'arabesques, orné de cariatides et tout contourné de balconnades avec enjolivation dorées jusqu'en hault du faiste ».

Toute une pléiade d'artistes se donnèrent la main pour la création ou l'embellissement de cette merveille où le XVIe siècle a réuni les créations délicieuses de la première Renaissance, figurée par Thomas Bohier avec les audacieuses conceptions de la seconde, représentée par Diane de Poitiers et Catherine de Médicis.

Pierre Nepveu et Coqueau en tracèrent les plans, Philibert Delorme en construisit le pont, la galerie et les dômes, Bernard Palissy en planta les jardins de rocailles, Picard Delf en disposa les petites eaux, Cardin de Valence en construisit les fontaines et les vasques, Messine (1) et le Calabrèse en dessinèrent le parc et les jardins, le Primatice en ordonna les fêtes.

A sa mort, Thomas Bohier légua Chenonceaux à son fils aîné, Antoine, qui garda cette seigneurie jusqu'en 1535, époque à laquelle il fut obligé de l'abandonner à François I. La mort de ce dernier le fit passer entre les mains d'Henri II, dont la belle Diane de Poitiers, duchesse de Valentinois, avait toutes les faveurs.

Cette intrigante reçut de son royal amant : la terre et le château de Limours, la restitution de la châtellenie d'Anet, la grosse part d'un impôt de vingt livres par cloche, ce qui faisait dire au caustique Rabelais, que le monarque avait attaché toutes les cloches de son royaume au col de sa jument ; enfin, le château de Chenonceaux par lettres patentes de juin 1547.

Diane, après sa disgrâce, fut forcée d'abandonner Chenonceaux à Catherine de Médicis, en échange de Chaumont-sur-Loire. Encore, dut-elle s'estimer heureuse de n'avoir point le nez coupé, car Tavannes avait offert à la Florentine d'aller couper le nez de la maîtresse déchue.

Par testament, Catherine de Médicis légua la terre de Chenonceaux à sa bru, la reine Louise de Lorraine, et cette

---

(1) Surnom de Jehan Collo.

Voulant avoir à Chenonceaux un jardin italien, Catherine de Médicis en confia le soin à un maître italien, et fît venir du fond des Calabres Henri le Calabrese, aux gages de deux cents écus par an. En 1586, le Calabrese se faisant vieux, la reine-mère lui donna pour suppléant, un autre italien, Jehan Collo.

C'est en réalité Messire Passelo qui introduisit en France le jardin italien ; Bernard Palissy lui fit subir une modification assez importante et, plus tard, Le Nôtre le transforma en jardin français. Le fameux potier de terre, a retracé lui-même ses idées dans son *Dessein d'un jardin délectable*, composé spécialement pour Chenonceaux. Le style italien lui fournit la division du jardin en parties symétriques, les allées à angle droit, les tonnelles et les chambres de verdure, mais c'est Palissy qui a eu l'idée de marier le jardin avec la nature, avec le cadre qui l'environne, avec les prairies, la rivière et les coteaux. Les grottes rustiques, les ruisseaux aux capricieux méandres, les îlots et les ponts sont ses créations.

dernière, par acte du 15 octobre 1598, en fit donation entre vifs à César de Vendôme, fils d'Henri IV, et à sa nièce Françoise de Lorraine, en considération de leur futur mariage.

Peu après la mort de la reine Louise, Henri IV fit prendre possession de la terre de Chenonceaux, au nom de son fils César, en vertu de la donation précédente. Mais il y avait une foule de créanciers de Catherine de Médicis qui n'avaient point été payés ; ces derniers, sans tenir compte du don fait à César de Vendôme par la reine Louise, exigèrent la vente du château pour rentrer en possession de leur argent.

Marie de Luxembourg, veuve de Philippe-Emmanuel de Lorraine, duc de Mercœur, acheta et paya, argent comptant, cette terre léguée par Catherine à Louise de Lorraine, et donnée par cette dernière à Vendôme. On se tromperait donc en pensant que, sous l'ancien régime, il n'y avait pas de juges à Paris.

Lorsque le fils aîné de Vendôme, Louis, duc de Mercœur, fut marié à Laure-Victoire Mancini, le 4 février 1651, il reçut en dot la terre de Chenonceaux, mais ses enfants, Louis-Joseph qui fut le grand Vendôme, et Philippe, grand prieur de France, mangèrent leur immense fortune, et la châtellenie fut mise sous séquestre.

Fort heureusement, Vendôme, au cours de ses brillantes expéditions en Espagne (1695-1697), put refaire sa fortune et réclamer ses biens séquestrés.

Bien qu'il fût âgé de cinquante-six ans, chauve, sans dents et presque sans nez, avec cela, marqué au visage de traces indélébiles de maladies persistantes, il n'hésita pas à épouser Mlle d'Enghien, âgée de 33 ans, affreusement laide et adonnée à la boisson. C'était un joli couple ; il faut lire ce qu'en dit Saint-Simon : « Malgré cela, tout leur fut bon l'un à l'autre, à elle pour avoir du bien et de la liberté, à l'autre pour la vanité de se montrer encore assez grand, dans l'état de santé et de disgrâce où il était, pour épouser une princesse du sang qu'il acheta de tout son bien qu'il lui donna par contrat de mariage, s'il mourait avant elle sans enfant, comme toutes les apparences y étaient, et comme cela arriva en effet ». C'est le 13 mai 1710 que le contrat fut signé à Marly, et le surlendemain, le mariage fut célébré à Sceaux.

Peu de jours après, Vendôme partit pour l'Espagne, au secours de Philippe V. Après l'avoir conduit à Madrid, ce vaillant capitaine, aussi brave qu'il était laid, fut pris d'une indigestion soudaine. Quand ses serviteurs le virent sérieusement malade, ils s'enfuirent, après l'avoir pillé ; il ne resta près de lui que trois ou quatre valets de bas étage, qui, le jugeant près de passer, tirèrent la couverture et le matelas de dessous le moribond pour s'en emparer.

Ainsi finit, le 10 juin 1714, celui qui venait de sauver la monarchie espagnole.

Sa femme, la duchesse douairière de Vendôme, mourut sans enfant, en 1718, et son héritage passa à sa mère, Anne de Bavière, veuve de Henri-Jules de Bourbon. Elle céda Chenonceaux à son petit-fils Louis-Henri, prince de Condé qui le vendit, le 9 juin 1775 à Claude Dupin, fermier-général, et à son épouse Marie-Françoise-Guillaume Fontaine pour 130.000 livres.

Mme Dupin mourut à la suite de son mari, le 20 novembre 1799, et le château passa aux mains de son arrière-petit-fils René Vallet de Villeneuve. Ce dernier s'éteignit le 12 Février 1863, et, au mois d'avril, ses héritiers cédèrent Chenonceaux à Mme Marguerite Pelouze, veuve du célèbre chimiste. A la suite des agissements et des spéculations de son frère, M. Wilson, gendre de M. Grévy, la propriété fut vendue, par voie judiciaire en 1889.

Faut-il parler des fêtes dont Chenonceaux fut le théâtre ? Un certain Le Plessis nous a conservé le récit « des triomphes faictz à l'entrée de François II et de Marie Stuart au château de Chenonceaux le dimanche dernier jour de mars 1559 ».

Hélie de Odeau, contrôleur général de la maison de la reine, et de Lambert, capitaine du château furent chargés de la partie matérielle et Le Primatice, de la partie artistique et des costumes. Les poëtes de la cour se chargèrent des vers, devises et inscriptions.

Les arcs de triomphe élevés à l'honneur « du divin François, fils du divin Henri, très bon et très heureux prince », les obélisques, les colonnes, les statues étaient couvertes d'inscriptions empruntées aux poëtes modernes de Rome et d'Athènes.

On y voyait des fontaines « composées de deux Termes plus grands que le naturel, assis sur deux bancs rustiques jetant l'eau au-dessus du nombril par une gargoulle d'or façonnée en meuffle de lion ». On lisait sur ces Termes :

> *Au saint bal des Dryades,*
> *A Phœbus, ce grand dieu,*
> *Aux humides Nayades*
> *J'ai consacré ce lieu.*
>
> *De Médici la race*
> *L'honneur et l'ornement,*
> *Pour plus heurer la place*
> *S'y promène souvent.*
>
> *Ne troublez point cette eau,*
> *O passants ! car c'est l'onde*
> *Qui vient à Chenonceau*
> *Pour servir tout le monde.*

Sur un autel antique, surmonté d'une colonne brisée et tout couvert de lis en fleurs on lisait :

MANIBUS DATE LILIA PLENIS

Que dire des feux artificiels « dont tout le monde, les yeux ouverts et les bouches béantes, non seulement fut esbahy, mais estonné de joie et de grande admiration, pour n'avoir esté auparavant ce jour jamais veu chose semblable ».

Le triomphe d'Henri III et de son frère, le duc d'Anjou, dépassa ceux de François II et de Charles IX. La Florentine y donna un festin, dont l'indécente somptuosité nous a été conservée. Un banquet fut servi « à l'entrée de la porte du jardin, au commencement de la grande allée, et au bord d'une fontaine qui sortait d'un rocher ». Henri III s'y trouvait, vêtu, selon son habitude, plutôt en femme qu'en homme, les joues fardées, les lèvres peintes, des perles aux oreilles. Près de lui, prirent place ses mignons : Livarot, Saint-Luc, Joyeuse, Quélus, Saint-Mégrin, Schomberg et Maugiron, tous fardés, frisés au petit fer, la tête enfoncée dans leurs fraises empesées, longues d'un demi-pied, « de façon qu'à voir leurs testes dessus leurs fraises, il semblait que ce fust le chef de Saint Jean en un plat ».

L'Estoile ne dit pas si les singes et les perroquets de la triste divinité, objet de ce triomphe, étaient de la fête. Nous savons seulement que le duc d'Anjou, assis en face de son frère, était également entouré de ses mignons tout aussi fats et ridicules que ceux de son frère. Il n'y avait guère que Bussy, premier gentilhomme de la chambre, dont la mise simple et sévère, contrastât avec le genre efféminé des autres convives. Encore faut-il ajouter que cette correction, toute de façade, n'était qu'un trompe-l'œil.

Les dames de la Cour, habillées en homme, servaient les convives masculins et portaient des vêtements de damas bicolore, en rapport avec les fonctions qu'elles remplissaient. La maréchale de Retz avait l'œil à tout et dirigeait ses auxiliaires. C'était Charlotte de Beaune-Semblançay, dame d'atours de Catherine qui prodiguait en même temps ses faveurs à Guise, au duc d'Anjou et au roi, ne manquant pas de fournir force renseignements au « cauteleux cafard ». C'était encore la belle Châteauneuf mariée au florentin Antinotti qu'elle tua de sa main, peu de temps après, parce qu'elle le surprit en flagrant délit d'infidélité ; Mme de Montsoreau empressée autour de Bussy d'Amboise, etc...

Catherine de Médicis, alors âgée de soixante ans, ne rougit pas d'amener sa fille Marguerite et sa bru Louise de Lorraine à cette fête sur laquelle nous ne nous étendrons pas davantage, car nous n'aurions rien à y gagner. Ajoutons seulement que le soir il y eut bal dans la galerie du château, et que les *Gélosi*, artistes italiens, donnèrent sur le petit théâtre, une de ces farces qui, d'après le chroniqueur déjà cité, n'enseignaient que paillardises.

Pour cette fête, Catherine de Médicis dépensa cent mille francs, plus d'un million de notre monnaie. « On leva cette somme, par forme d'emprunt, sur les plus aisés serviteurs du roi, et même sur quelques Italiens qui surent bien s'en rembourser au double (1) ».

On doit remarquer que si Chenonceaux rappelle des souvenirs voluptueux, il n'évoque pas de scènes sanglantes ou cruelles, comme beaucoup d'autres châteaux. Blois est souillé du sang des Guise, Amboise de celui de La Renaudie et des malheureux conjurés, Loches nous apparaît avec la cage de La Balue et la geôle de Sforza ! A Chenonceaux rien de tout cela : la vision qu'il fait naître est celle d'aimables châtelains et surtout de châtelaines séduisantes.

Et d'abord, sa fondatrice, l'éminente Catherine Briçonnet, puis Diane de Poitiers, cette femme d'une si merveilleuse beauté que, d'après Théodore de Bèze, il fallait des filtres et des charmes pour l'expliquer.

Une autre figure attachante, Marie Stuart, ajoute un charme mélancolique à ce séjour enchanté. C'est dans les appartements de ce « castel blasonné » que François II l'alla bien des fois quérir pour une promenade de « vesprée ».

> *Mignonne, allons voir si la rose*
> *Qui, ce matin, avait déclose*
> *Sa robe de pourpre au soleil,*
> *A tout perdu, cette vesprée,*
> *Les plis de sa robe pourprée*
> *Et son teint au vostre pareil.*

C'est là que, reine de France, elle fut si brillamment fêtée, quand, débordante de jeunesse, de beauté, elle accompagnait son royal époux dans son « triomphe ». Ce souvenir lui traversait probablement l'esprit, quand elle soupirait, dans la « complaincte » de son deuil :

_____

(1) L'Estoile, t. 1, p. 151.

C'est encore à Chenonceaux que pensait sans doute la gracieuse Écossaise quand, appuyée sur la poupe de la galère qui l'emportait vers le pays des brumes, elle figeait au rivage ses beaux yeux pleins de larmes. Cinq heures durant, dit Brantôme, elle demeura dans cette attitude, répétant sans cesse : « Adieu France ! Adieu France ! » Quand la nuit fut venue, elle s'étendit sur un tapis, à la même place, et refusa toute nourriture. Aux premiers feux de l'aurore, elle aperçut encore un point à l'horizon et s'écria : « Adieu, chère France ! je ne vous verrai jamais plus ! »

N'avait-elle pas raison de pleurer, en quittant le pays « où la male fortune l'avait laissée, et la bonne l'avait prise par la main ». Sans doute, elle allait chercher une couronne, mais aussi des chaînes, une captivité de dix-huit ans, et, pour trône, un échafaud ! En face de ces grandes vicissitudes de l'histoire, comme on comprend ce mot profond de l'immortel Bossuet : « Dieu seul est grand ! »

Chenonceaux vit encore la reine Marguerite folâtrer au milieu de « l'escadron volant » dont s'entourait sa mère. C'est là que Marie de Luxembourg et Françoise de Lorraine vinrent chercher le silence et la paix du cloître. Séparées des pages de la reine par un pont-levis, les capucines de Philippe V demandaient aux extases et aux joies mystiques, l'oubli de la politique et de ses déceptions. Les plus douces, les plus charmantes figures féminines des XVIe et XVIIe siècles : Gabrielle d'Estrées, la belle La Vallière, Laure Mancini s'y donnèrent rendez-vous.

La réconciliation de Vendôme et de Mazarin se fit à Chenonceaux, le 14 juillet 1560. Henri IV ; le duc de Beaufort, le célèbre Roi des Halles ; Louis XIII et Louis XIV visitèrent ce séjour enchanté.

Mme Dupin sut y amener avec elle les grâces et l'esprit du XVIIIe siècle, et surtout son protégé Jean-Jacques Rousseau, précepteur de son fils. On s'amusa beaucoup dans ce lieu, on y faisait bonne chère et j'y devins gras comme un moine, nous dit-il, dans un langage de laquais qui trahit l'amant d'une servante d'auberge. Ailleurs, il nous raconte que, pendant tout un été, il donna des leçons de mathématiques à Mme de Chenonceaux, jolie personne qu'il fatiguait de ses chiffres, sans oser lui jeter une œillade. C'est là qu'il écrivit en quinze jours « L'Engagement téméraire » pour le petit théâtre de Mme Dupin, puis « l'Allée de Sylvie »... Le fougueux écrivain, qui allait bientôt déchaîner les tempêtes, ne parla dans cette demeure enchanteresse ni du contrat social, ni des droits de l'homme, mais uniquement d'amour, de musique et de poésie. Georges Sand vint, à son tour, s'inspirer sous les ombrages qui avaient abrité le philosophe de Genève.

Aujourd'hui, le château de Chenonceaux appartient à M. Menier, le propriétaire de la marque des chocolats bien connus. Pendant la guerre. il installa généreusement à ses frais, dans son château, un hôpital pour nos soldats blessés.

SOMMAIRE

CHAPITRE XI

Les Excursions des Américains (fin)

CHABRIS

REVENONS maintenant sur nos pas, pour visiter, au midi de Gièvres, deux localités très fréquentées par les Américains du G. I. S. D. ; je veux parler de Chabris et de Valençay. La première nous intéresse par sa très vieille église et par le mariage du père de notre grand poète Victor-Hugo, dont l'acte est encore conservé dans les archives municipales.

L'église de Chabris appartient à différentes époques : plusieurs parties sont incontestablement antérieures au X⁰ siècle ; les murs latéraux de l'abside et du transept nord, portent les caractères du XV⁰ ; la nef et la partie supérieure de l'abside paraissent avoir été reconstruites au XIII⁰. Les trois chapelles ont été élevées au XV⁰. A l'origine cette église avait la forme d'une croix latine ; plus tard, une chapelle ouvrant dans la nef, fut construite au dessous des transepts.

Les voûtes sont une reconstruction du XVII⁰ siècle, car elles avaient été détruites pendant les guerres de religion. M. Juste Veillot nous rapporte, dans les *Pieuses Légendes du Berry*, que « les huguenots, furieux de la résistance des fidèles réfugiés sur la tour du clocher, mirent le feu aux chapelles de Saint-Jean-Baptiste, de Sainte-Madeleine, et que, sans l'assistance de Dieu et de Saint-Phalier, tout eût été réduit en cendres dans l'église et le *Château de Bourges* (1) ».

Le porche, éclairé par quatre fenêtres superposées deux à deux dans le pignon, est probablement de la fin du XII⁰. Il devait à l'origine communiquer avec le palais des archevêques de Bourges qui lui était adjacent.

Les parties qui méritent de fixer notre attention sont : les murs est et ouest du croisillon nord et le côté nord de l'abside. Ces deux murs ont été construits avec des pierres de petit, de moyen et de grand appareil romain. On y voit, encastrés sans ordre, des fragments de bas-reliefs représentant, très grossièrement sculptés, la Visitation, une scène qui peut se rapporter à la vie de S. Phalier et des animaux : scorpions, taureau, sagittaire, poissons etc. Des antiquaires ont cru y reconnaître des signes du zodiaque, débris antérieurs à l'établissement du christianisme dans cette contrée ; d'autres en font les restes d'une chapelle mérovingienne élevée sur le tombeau de Saint Phalier. Ce ne sont peut-être, dit M. Marcel Aubert, que des fragments d'un zodiaque du IX⁰ ou X⁰ siècle (2).

---

(1) Ce château est le palais que les anciens archevêques de Bourges possédaient à côté de l'église de Chabris.

(2) L'Eglise Abbatiale de Selles-sur-Cher, note de la page 15 et 16.

Un étroit escalier, d'une vingtaine de marches, conduit à une chapelle souterraine très basse et très obscure, où se trouve une statue de Saint-Phalier, d'un très mauvais travail. Elle est placée sur un autel adossé au fond du mur. Un second escalier, de quelques marches seulement, donne accès dans une autre crypte, de dimensions plus petites, que les pélerins ne manquent pas de visiter. L'objet qui les y attire est un sarcophage vide, formé d'une seule pierre évidée qui passe pour avoir servi de tombeau à Saint Phalier, l'antique patron de la paroisse.

Le Mariage du Père de Victor Hugo à Chabris

La famille Hugo descendrait, au dire du poète, d'une vieille famille de Lorraine, les Hugo de Spitzemberg. Du père du général, grand-père du poète, les actes de l'état-civil ne disent rien, si ce n'est qu'ils l'appellent « propriétaire ». Dans une savante étude, M. Edmond Biré, a prouvé que le brave homme était un simple menuisier de Nancy, ce qui d'ailleurs ne le déshonore nullement.

Il eut huit garçons qui tous s'engagèrent dans la carrière militaire. La mort s'abattit sur eux ; cinq furent fauchés dans les lignes de Wissembourg. Trois sortirent vivants des guerres de l'empire : Léopold-Sigisbert-Francis-Juste qui fut major d'infanterie, Louis-Joseph qui devint général de brigade et vécut jusqu'en 1854, enfin le père du poète, Joseph-Léopold-Sigisbert né le 15 novembre 1773.

Il n'avait que quatorze ans, quand il s'engagea comme cadet, en 1788, avec tous ses frères. En 1792, il était secrétaire du général de Beauharnais, et partit ensuite pour la Vendée, où il servit, sous les ordres du général Hoche, en qualité « d'adjudant-major capitaine ».

C'est alors qu'il reçut du farouche Carrier l'ordre de massacrer, au château d'Aux, près de Nantes, sept ou huit cents paysans de Bouguenais, coupables d'attachement à la royauté. Courageusement, et sans craindre pour sa tête, il défendit à ses soldats d'obéir au proconsul, mais ceux-ci, plus timides que leur chef, se disposaient à tuer ces braves gens. Hugo proteste, lutte contre eux, et ne se retire que devant la force en s'écriant : « Vous n'êtes plus mes soldats, vous êtes les soldats de Carrier ! » — Ce fait fut rapporté à ce dernier qui entra dans une grande colère : — « Quand je n'aurai plus de Brigands à étouffer, vociféra-t-il, je fusillerai les patriotes de la façon de ce monsieur-là. Ils sont aussi dangereux que les autres » (1).

C'est à Nantes que le courageux officier fit, en 1796, la connaissance de Mlle Trébuchet à laquelle il s'unit civilement, soit par conviction, soit parce que les prêtres étaient dispersés par suite de la tourmente révolutionnaire, encore en pleine activité dans cette région.

Cette union ne fut pas heureuse et bientôt les deux époux se séparèrent et devinrent à peu près étrangers l'un à l'autre. Il ne fut pas le seul mariage à déplorer dans cette famille ; un autre devint tragique. Eugène, l'un des frères du poète, aimait éperdument la jeune fiancée de ce dernier et tomba subitement fou, le jour de son mariage avec son frère Victor.

Il faut lire le captivant récit des Rayons et des Ombres intitulé « Ce qui se passait aux Feuillantines vers 1813 », pour comprendre toute la tendresse de Victor et de ses frères à l'égard de leur mère.

Ecoutez doux amis, qui voulez tout savoir !
J'eus dans ma blonde enfance, hélas ! trop éphémère,
Trois maîtres : Un jardin, un vieux prêtre et ma mère.
Le jardin était grand, profond, mystérieux,
Fermé par de hauts murs aux regards curieux,
Semé de fleurs s'ouvrant ainsi que des paupières
Et d'insectes vermeils qui couraient sur les pierres ;
Plein de bourdonnements et de confuses voix ;

----

(1) La conduite du général Hugo, au château d'Aux, fut contraire à celle qui lui est prêtée dans un manuel d'Histoire de la Littérature Française, où je lis : « il prit part en cette qualité (de capitaine) aux sanglantes exécutions du château d'Aux.

Quoi qu'en dise ailleurs le grand poète, Madame Hugo ne fut jamais « une brigande de la Vendée, errante à travers le bocage, comme Mme de Bonchamps et Mme de la Rochejaquelein». Cette affirmation d'une âme alors éprise d'enthousiasme pour la cause royaliste, était un poétique mensonge destiné à rehausser cette mère « qui ne les avait gênés en rien, qui les avait élevés en plein air, qui leur avait laissé choisir leur avenir, qui était pour eux la liberté et la poésie ».

Lorsque la liberté du culte catholique fut conquise, et que cessa cette lutte que Napoléon appelait « une guerre de géants » nous retrouvons le père du poète à Paris même, rapporteur du premier conseil de guerre. Il fait ensuite partie de l'armée de « Rhin et Moselle », et se lie pendant cette campagne avec le général Moreau qui le nomme chef de bataillon.

L'autorité militaire l'envoie à Besançon, comme commandant du 4e bataillon de la 20e demi-brigade, en garnison dans cette ville. C'est dans cette place forte, couronnée de citadelles, illustrée déjà par la naissance du poète Mairet, du général Pajol, du littérateur Charles Nodier, etc..., que naquit Victor Hugo, le 27 février 1802. Le commandant Hugo n'avait encore que 28 ans.

Disgracié peu après, il est envoyé à Marseille, puis en Corse et à l'île d'Elbe. Deux ans plus tard, en 1805, il reçoit l'ordre de partir pour Gênes avec son bataillon et de se joindre aux troupes françaises campées sur les bords de l'Adige. C'était le moment où les soldats disaient : « L'empereur ne fait plus la guerre avec nos bras, mais avec nos jambes ».

Madame Hugo revient alors à Paris, tandis que son mari

rejoint précipitamment l'armée d'Italie. Lors du congrès de Lunéville, il avait fait la connaissance de Joseph Bonaparte ; c'était la fortune qui lui souriait. Le frère aîné de Napoléon lui donna, sans tarder, le grade de colonel du Royal-Naples, avec le gouvernement d'Avellino. Se croyant dans une situation stable, il appelle près de lui sa femme et ses enfants.

Joseph Bonaparte préparait une expédition contre la Sicile, où les Anglais n'étaient plus en force, quand il reçut de l'empereur l'injonction d'avoir à abandonner le trône de Naples pour régner en Espagne. Hugo dut le suivre dans son destin et renvoyer en France sa femme et ses enfants qui n'étaient que depuis quelques mois à Avellino.

Le nouveau roi d'Espagne, fidèle à ses amitiés, le prend pour aide de camp, et le nomme successivement majordome du Palais, gouverneur d'Avila, de Ségovie et de Léria, général de brigade avec le titre de comte et un million de réaux en papier-monnaie de la conquête. Ce n'était d'ailleurs pas sans raison, car Hugo avait fait des prouesses en Espagne, et s'était emparé de l'Empecinado, le fameux brigand patriote. Ebloui, et pensant rester longtemps dans la péninsule ensoleillée, il fit venir toute sa famille, mais la mauvaise fortune de Bonaparte allait une seconde fois renverser ses projets.

Jalouses de recouvrer leur indépendance, toutes les provinces se soulevèrent, la nation espagnole tout entière s'insurgea, mettant en singulière posture le nouveau roi. Napoléon, jugeant sa présence nécessaire, bondit en Espagne, y remporte de brillants succès, mais bouleverse en même temps la constitution du pays, sans même avertir ou consulter son frère, dont le rôle se trouvait par là même annulé.

La bataille de Vittoria, gagnée par Wellington, le 21 août 1813, fut le dernier acte de cette tragédie sanglante, et Joseph, débarrassé enfin de sa malheureuse royauté, se retira à Morfontaine. Sans rancune, il n'abandonna pas son frère et prit le commandement de Paris ; mais après la capitulation de cette place et le retour de l'île d'Elbe, il fit ses adieux à Napoléon et passa en Amérique. Là, il prit le nom de comte de Survilliers et acheta la propriété de Pont-Breeze dans le

New-Jersey où ses filles vinrent le retrouver avec son neveu Charles Bonaparte.

Du même coup, la fortune du général Hugo s'écroulait dans tous les sens du mot, car le million de réaux qu'il avait reçu de son roi, lui fut volé dans l'action de Vittoria. Napoléon lui en voulut d'avoir été l'ami du général Moreau qu'il exécrait parce qu'il sentait en lui le seul concurrent possible. Après la débâcle d'Espagne, Hugo se vit refuser, non seulement la division qu'il sollicitait, mais la reconnaissance de son grade de général de brigade. Il dut se contenter d'un emploi de major à l'armée d'Allemagne.

Avec patriotisme, il accepte cette humiliation, parce que la France était menacée, et partit comme simple volontaire. « Les nouvelles levées, dit un ministre de ce temps, n'offrirent ni retard, ni résistance. Napoléon refit une armée de deux cent mille hommes et se trouva prêt avant les coalisés ».

Cependant, les événements s'étaient précipités : deux français, Bernadotte, prince royal de Suède, et Moreau, le vainqueur de Hohenlinden, avaient joué leur rôle de traîtres. Le second avait été tué d'un boulet de la garde, au moment même où il indiquait à Alexandre un bon coup à faire. Le désastre de Leipzig était survenu... L'empire, moins hautain, rétablit le général dans son grade, et le nomma gouverneur de Thionville. Assiégé par les alliés, Hugo défend sa place avec opiniâtreté et ne la rend à l'ennemi qu'à la fin d'avril, sur l'ordre formel du gouvernement français.

Destitué de son commandement et mis en disponibilité, le général Hugo revient à Paris. Surviennent le retour de l'île d'Elbe, Waterloo, la campagne de France, les Cent Jours... De nouveau, c'est l'invasion et la défaite. « Soldats, avait dit Napoléon, pour tout Français qui a du cœur, le moment est venu de vaincre ou de mourir ». — Hugo pensait ainsi, il reprend du service.

L'empire, pour la seconde fois, remet Thionville entre les mains de son héroïque défenseur. Malgré la défection de ses troupes et la démoralisation du peuple, Hugo conserve la place où l'ennemi ne peut pénétrer qu'après la conclusion de la paix.

La seconde abdication de Napoléon termina la belle carrière de ce soldat d'instinct. La royauté ne comprit et ne lui pardonna que fort tard sa fidélité à l'empire. En attendant, il fut interné à Nancy, et réduit à la demi-solde.

Le Général Hugo à Chabris

Quelques années se sont écoulées, et nous trouvons le général Hugo à Chabris, en septembre 1821, à l'occasion du mariage qu'il se prépare à contracter. Sa première femme, Sophie Trébuchet était morte le 27 juin 1821. Son mariage avec Marie Saétoni, veuve d'Almay, fut célébré à la mairie de Chabris, le 6 septembre 1821.

On conçoit l'abstention des enfants Hugo, qui pleuraient leur mère déposée dans la tombe deux mois et dix jours plus tôt. Ils ne parurent point au mariage de leur père, pas plus que celui-ci ne parut au mariage du poète qui eut lieu en novembre de la même année 1821. Depuis 1815, le général Hugo avait rompu avec les siens. Il demeurait à Nancy, ne faisait que de rares voyages à Paris, et ne descendait jamais chez sa femme.

Voici l'acte de mariage reproduit dans sa teneur. Il est inscrit sous le N° 10, au dixième feuillet des actes de mariage de la commune de Chabris pour 1821.

« Aujourd'hui, six septembre mil huit cent vingt et un, à six heures du soir, par devant nous, Louis, marquis de Béthune-Sully, chevalier de l'ordre royal et militaire de Saint-Louis, officier de l'ordre royal de la Légion d'Honneur, maire et officier de l'état-civil de la commune de Chabris, canton de Saint-Christophe, arrondissement d'Issoudun, département de l'Indre, sont comparus Monsieur Joseph-Léopold-Sigisbert Hugo, ancien officier général, domicilié ville de Nancy, département de la Meurthe, né à Nancy, ce quinze novembre mil sept cent soixante treize, fils majeur de feu Joseph Hugo, vivant propriétaire, décédé à Nancy, le quinze messidor an sept et de feu Marguerite Michaud, décédée aussi à Nancy le vingt trois février mil huit cent quatorze d'une part, et de

dame Marie Catherine Tomat y Saétony (*sic*) domiciliée à Chabris,
comtesse de Sel Cano, née à Cervione, le cinq novembre mil sept
cent quatre vingt-quatre, veuve d'Anaclet d'Almay, vivant propriétaire, décédé à la Havane le quinze août mil huit cent dix sept, fille
majeure de feu Nicolas de Ligny Tomat, décédé en Corse, le premier
novembre mil huit cent trois, vivant propriétaire, et de feu sa
femme Lina Saétoni (*sic*) de Campolaro, décédée à Cervione. le
quinze décembre mil sept cent quatre vingt quinze d'autre part.
Lesquels, nous ont requis de procéder à la célébration du mariage
projeté entre eux, dont les publications ont été faites dans cette
commune, les dimanches vingt-deux et vingt-neuf juillet dernier
et dans la ville de Nancy les dimanches vingt-neuf juillet et cinq
août aussi derniers, d'après qu'il résulte du certificat de Monsieur
l'adjoint du dit Nancy à la date du huit août dernier, signé Marville
adjoint. Aucune opposition au dit mariage n'ayant été signifiée,
vu aussi la permission du mariage accordée par le ministre
secrétaire d'Etat au département de la Guerre, en date du vingt-
huit août dernier, faisant droit à leurs réquisitions, après leur
avoir donné lecture de toutes les pièces ci-dessus mentionnées,
ainsi que du chapitre six du Code civil intitulé du mariage, nous
avons demandé aux futurs s'ils voulaient se prendre pour mari et
femme : chacun d'eux nous ayant répondu séparément et affirmativement, nous avons déclaré au nom de la loi, que Joseph-Léopold-
Sigisbert Hugo et Marie-Catherine Tomat y Saétoni (*sic*) unis par
le mariage, dont acte fait à la mairie de Chabris les jour, mois et
an ci-dessus. En présence des sieurs Jacques Rousseau, chevalier
de l'Ordre royal de la Légion d'honneur, âgé de quarante-six ans,
de Jacob Schiesingeyer, cocher de Monsieur le Marquis de Béthune-
Sully, âgé de trente-quatre ans, de Chantreau-Morical, homme
d'affaires de Monsieur de Béthune, âgé de quarante-huit ans et de
Nicolas Kallenboren tailleur d'habits, âgé de trente-cinq ans, tous
demeurant commune de Chabris et ont les dits comparants signé
avec nous après lecture faite.

Signé :

Le général Hugo.

Veuve D'Almay.

Rousseau.

Jacob Schifsingeyer.

Kallenboren.

Le Marquis de Béthune-Sully.

Le marquis de Béthune-Sully, en qualité de maire de
Chabris, présidait la cérémonie. Le choix des témoins absolument obscurs, domestiques pour la plupart ou employés de

leur hôte, traduit clairement la volonté du général et de sa femme de passer inaperçus. On ne trouve dans les archives de l'église de Chabris, aucune trace de mariage religieux. Aucun contrat ne fut passé dans l'étude de Maître Jaupitre, notaire de cette localité en 1821.

Comment et depuis combien de temps les nouveaux époux se trouvaient-ils à Chabris ? A quel titre ? Je l'ignore, je sais seulement que Mme d'Almay est déclarée « domiciliée à Chabris » et qu'elle se trouvait avec le général au château de Beauregard, chez le marquis Armand-Louis de Béthune-Sully, descendant en ligne droite de Philippe de Béthune, comte de Selles, que nous avons déjà rencontré dans notre étude sur le château de Selles.

Colonel de cavalerie dès 1779, le propriétaire de Beauregard avait épousé, en 1793, Richarde-Constantine Scheir, fille de Louis Scheir, capitaine de cavalerie au régiment de Chambovant, et de Madeleine du Bos de Beauval. Ils vivaient l'un et l'autre dans la terre de Beauregard, en assez joyeuse compagnie, car le château abritait en même temps le chevalier Armand-Louis-Jean de Béthune, frère du marquis, ses deux belles-sœurs, le mari de l'une d'elles et quatre adolescents.

Le général et sa femme s'installèrent à Blois, dans une charmante villa que les *Feuilles d'Automne* nous dépeignent « blanche et carrée, épanouie entre deux vergers ». Ils achetèrent également le domaine de la Miltière, sur la commune de Pruniers ; c'est là que fut enterré et que repose le frère aîné du grand poète.

Nous avons vu que Victor Hugo ne vivait pas en bonne intelligence avec son père ; je dois à la vérité d'ajouter qu'un rapprochement se fit petit à petit pour devenir complet par la suite et durer jusqu'à la mort du général le 28 janvier 1828. Le talent et la popularité grandissante du fils, contribuèrent sans doute à la réhabilitation du père qui cessa d'être interné et fut rétabli dans son grade.

« Quand, raconte un témoin, Victor Hugo, la tête inclinée, le regard sombre et soucieux, avait lu quelques strophes d'une ode nouvelle, il se faisait un silence de quelques instants, puis on se levait, on s'approchait avec une émotion visible, on lui prenait la main, et on levait les yeux au ciel ! Un seul mot se faisait d'abord entendre : Cathédrale ! — Ogive ! ajoutait un autre. — Pyramide d'Egypte ! s'écriait un troisième. Puis l'assemblée entière applaudissait et répétait en chœur : Cathédrale ! Ogive ! Pyramide d'Egypte ! »

Cette évolution dans les sentiments de Victor Hugo à l'égard de son père et le culte qu'il lui a voué, dans la suite, transpirent dans les vers suivants par lesquels je terminerai cette esquisse.

> *Toi, mon père, ployant ta tente voyageuse,*
> *Conte-nous les écueils de ta route orageuse,*
> *Le soir, d'un cercle étroit en silence entouré.*
> *Si d'opulents trésors ne sont plus ton partage,*
> *Va, tes fils sont contents de ton noble héritage :*
> *Le plus beau patrimoine est un nom révéré.*

Entre Chabris et Saint-Christophe, proche la voie romaine de Levroux, se dresse le château de Campoix restauré et meublé avec goût. Cette demeure appartenant à Monsieur et Madame Benier, fut largement ouverte aux Américains du camp de Gièvres, et nul doute que ces derniers ne soient heureux d'en retrouver le souvenir dans ces pages.

VALENÇAY

L'exposition de Chicago, en 1893, a permis aux Américains d'admirer l'une des anciennes richesses artistiques du château de Valençay, la superbe toile de Sebastiano del Piombo, représentant Christophe Colomb vêtu d'un costume commencement du XVIe siècle et coiffé d'un chaperon aux bords échancrés et cornés. Au dessus et des deux côtés de la tête, on lit les hexamètres suivants :

Hœc est effigies Liguris miranda Colombi
Antipodum primus rate qui penetravit in orbem (1).

Sur la demande du gouvernement américain, M. le Duc de Valençay avait envoyé ce portrait, véritable document pour l'histoire, à l'Exposition du quatrième centenaire de la découverte de l'Amérique. Aussi, dès leur arrivée à Gièvres, plusieurs officiers m'exprimèrent-ils le désir qu'ils avaient de visiter cette demeure seigneuriale qui dresse, avec fierté, dans l'azur du ciel, ses dômes imposants, ses tours majestueuses et ses tourelles ciselées.

Ce qu'il est difficile de rendre, c'est le caractère de grandeur que donnait à ce château ses immenses dépendances qui lui assuraient le premier rang parmi les propriétés rurales. Ce domaine, presque unique au monde, comprenait sept mille huit cents hectares et s'étendait sur trois départements et vingt-deux communes. On dirait, pour un peu, que l'écrin valait le bijou.

Bâti par les seigneurs d'Etampes, sur les dessins de Philibert Delorme, le château de Valençay est un des plus élégants monuments de la Renaissance (*fig.* 102). Moins original que Chenonceaux, moins fantastique que Chambord, il est, dit la duchesse de Dino, plus imposant que le premier et plus habitable que le second. Sa silhouette se dresse majestueuse, au sommet du roc qui domine la vallée du Nahon, arrosée par la rivière aux capricieux méandres.

Franchissons les grilles écussonnées et suivons l'allée seigneuriale qui traverse les deux cours d'entrée. La première laisse apercevoir les écuries ; la seconde, séparée de la première par les orangeries, de construction moderne, conduit au pied du donjon.

Les constructions actuelles, bâties sur l'emplacement de l'habitation primitive des Châlons-Tonnerre, n'occupent pas moins de quatre hectares. C'est du côté de Selles-sur-Nahon

---

(1) C'est ici l'image, digne d'admiration, du Ligure Colomb, qui, le premier, sur un vaisseau, pénétra dans le monde des Antipodes.

qu'elles se présentent sous l'aspect le plus monumental. Elles se composent de deux grands corps de logis qui affectent la forme d'un équerre et qui, terminés à chaque extrémité par une tour ronde, sont reliés entre eux par une troisième tour plus grosse que les autres. De légers pilastres se profilent du haut en bas de ces tours et des dômes les couronnent avec des lanternes en amortissement. Peut-être faut-il voir dans la forme orientale de ces dômes, un souvenir du séjour, chez les anciens maîtres de céans, du prince de Courtenay, empereur de Constantinople.

La façade nord porte la marque du XVIe siècle, avec ses tours d'angles, ses toits aigus, ses ouvrages de défense et surtout son donjon central, flanqué de quatre tourelles et servant de pavillon d'entrée. Il a conservé sa bordure de mâchicoulis et porte encore le nom des hauts et puissants barons qui s'allièrent à la maison d'Etampes. On ne peut s'empêcher de remarquer ses proportions élevées et gracieuses, ses fenêtres à croisillons, ses mansardes sculptées et blasonnées et surtout ses cheminées d'une grande finesse d'exécution.

La façade ouest a été rehaussée de superbes terrasses à une époque plus moderne.

En passant sous la voûte du donjon, on arrive à la cour intérieure ou cour d'honneur (*fig.* 103), remarquable par les jolis cloîtres en arcades qui lui donnent un aspect de somptuosité monastique et la ferment de deux côtés.

La longue terrasse, couverte de magnifiques orangers, qui s'étend parallèlement au grand corps de logis, est pleine de séduction. C'est là, près de ces arbres embaumés qui leur rappelaient la terre natale, qu'aimaient à se tenir le prince des Asturies et ses compagnons d'exil, pendant les beaux soirs d'été, tandis qu'un guitariste fameux de l'époque leur faisait entendre les airs espagnols pour lesquels ils avaient une prédilection.

Tout le monde sait qu'on doit au prince de Talleyrand l'orangerie et le pavillon de la Garenne, dans lequel le grand homme d'Etat se plaisait à chercher la solitude et la méditation, au milieu de l'éclat des réceptions et des fêtes.

L'intérieur du château de Valençay ne le cède en rien, par
sa beauté, à l'extérieur. Les appartements sont spacieux et
luxueusement décorés. Le rez-de-chaussée du corps de logis
principal, dans lequel on entre par un beau vestibule, renferme,
à droite, une grande salle à manger, puis la chambre à coucher
du prince de Talleyrand, occupée par don Antonio pendant
sa captivité ; une salle de bains, donnant accès, par une porte
en fer, à une petite tourelle, dans laquelle une trappe pourrait
encore faire tomber dans les anciennes prisons, transformées
en caves. A gauche se trouve la salle de billard, un grand
salon, séparé de celle-ci par trois larges baies, donnant sur le
parc par de grandes fenêtres et sur le cloître par des portes,
ornées de glaces. Plus loin se succèdent une petite bibliothèque,
une grande chambre à coucher qui fut celle de Ferdinand VII,
jusqu'au jour où il élut domicile dans la chambre d'honneur du
premier étage, communiquant directement avec celle de son
frère don Carlos. Enfin un salon rond, terminé par un boudoir,
qu'un escalier en fil de fer relie à la terrasse des fleurs.

Un monumental escalier de pierre, avec rampe de fer
forgé, conduit aux étages supérieurs. Chaque palier est orné
d'encoignures en vieille laque, portant des vases de prix. Au
premier étage, on remarque une magnifique galerie de
168 mètres de long conduisant à la chapelle, un cabinet de
curiosités, une vaste bibliothèque.

Cette demeure contenant vingt-cinq appartements de
maître, renfermait, il y a quelque trente-deux ans, une éclec-
tique collection de meubles, tableaux, sculptures et objets
artistiques constituant un musée du plus haut intérêt.

Faut-il mentionner ces fauteuils et canapés Louis XVI, en
bois sculpté et doré, à tores de lauriers, avec dossiers terminés
par des volutes et ornés d'une couronne de fleurs ; ces lits
d'apparat ; cette commode bombée, de style Louis XV, ouvrant
sur le devant, à deux portes, en ancienne laque de Coromandel,
d'un riche décor à personnages, garni de chutes à rocailles,
d'encadrements à branchages et contours entrelacés en bronze
doré, finement ciselé, avec dessus de marbre gris ; ce meuble
d'architecte en bois noir, garni de bronzes dorés formant

bureau aux deux extrémités, et offrant, sur les abattants, des appliques à profils d'Egyptiennes agenouillées ; ce fauteuil historique sur le dossier duquel on lisait : Fauteuil de S. M. Louis XVIII, roi de France et de Navarre, etc., etc...

La galerie des tableaux contenait plusieurs œuvres de maîtres, parmi lesquels il faut citer : une toile du chef de l'école vénitienne, le Titien, représentant le portrait de Gonzalve de Cordoue ; le *Buveur* de Murillo, résumant une des phases du talent du maître espagnol à un moment où celui qui devait signer l'Assomption de la Vierge, cherchait ses sujets dans les scènes triviales de la vie populaire ; Erasme par Holbein ; Colbert par Mignard ; Le Brun par lui-même ; Antoine Arnaud par Philippe de Champaigne ; Hercule d'Este par Moro ; la toile déjà citée de Luciano (dit Sebastiano del Piombo) représentant Christophe Colomb, ainsi que des tableaux de Ribeira, de Carrache, d'Albano, de Poussin, de Nattier et diverses toiles des écoles italienne, française, espagnole, hollandaise, flamande et anglaise. Le XIXᵉ siècle était brillamment représenté par des travaux du baron Gérard : le portrait de Napoléon, merveille de dessin et de coloris, où l'empereur est peint en pied, de grandeur naturelle et revêtu du costume de sacre ; les portraits, grandeur naturelle, des rois Louis XVIII, Charles X et Frédéric-Auguste. Prud'hon est l'auteur des portraits de Charles-Maurice de Talleyrand-Périgord et de la duchesse de Dino. Le premier, représente le prince de Bénévent, de grandeur naturelle, revêtu du costume de Grand Electeur de l'Empire, avec manteau de velours bleu, brodé d'argent, écharpe blanche à la ceinture et portant le grand cordon de l'Ordre de la Légion d'honneur en sautoir. Enfin, le portrait de Ferdinand VII, par Lefebvre.

Plusieurs tapisseries attiraient également l'attention des visiteurs, en particulier une grande tapisserie des Gobelins, représentant l'enlèvement de la belle Europe d'après Boucher ; quatre panneaux en tapisserie de Beauvais du temps de Louis XV, quatre paires de portières au point de Hongrie ; une tenture de six panneaux, à sujets chinois, dans le goût de Leprince, etc...

La séduction de ce « palais-musée », empruntait un lustre particulier à la présence d'œuvres de statuaires fameux, à l'apogée de leurs talents. De Bosio, il faut mentionner le buste, grandeur naturelle, de Charles-Maurice de Talleyrand-Périgord ; de Canova, le buste de Pâris ; de Houdon, les bustes, en marbre blanc, de Napoléon Ier, de Molière (1), de Jean-Jacques Rousseau, de la Fontaine. Ce dernier est une véritable merveille d'exécution et de ressemblance. A noter, encore, Talleyrand par Bosio et Alexandre par Thorwaldsen, ainsi que des antiques et de curieux bas-reliefs de marbre, rapportés de Grèce par M. de Choiseul-Gouffier.

La bibliothèque contenait plus de quinze mille volumes parmi lesquels nombre de livres rares, collectionnés par le prince de Talleyrand lui-même.

Le cabinet de curiosités était doublement intéressant et par les objets d'art qu'il contenait et par les gravures ornant les murailles. Ces dernières représentaient des hommes célèbres aux diverses périodes de l'histoire de France et particulièrement au XVIIIe siècle. Elles étaient le fruit du goût et de la patiente recherche de l'abbé Morellet qui employa une partie de sa vie à former cette collection. Les intervalles, entre chaque tableau, étaient remplis de médailles à l'effigie de personnages historiques.

On remarquait surtout une série de vingt-huit portraits en miniature de différents souverains et du sultan Sélim. Ils avaient été donnés par ces derniers à M. de Talleyrand, en souvenir des traités que ce diplomate émérite avait négociés avec eux. On se souvient du sultan Sélim III, le fidèle allié de Napoléon à partir d'Austerlitz. Sa politique française lui valut une guerre simultanée avec la Russie et l'Angleterre ; il fut dépossédé comme violateur du Coran, enfermé dans le sérail et finalement massacré. C'est lui, qui, mettant de côté les préceptes de Mahomet, se fit peindre en secret pour offrir un témoignage d'estime sans précédent au ministre de Napoléon.

---

(1) Répétition du buste de la Comédie-Française.

Il faudrait un livre entier, pour détailler toutes les richesses artistiques renfermées jadis dans cette demeure princière et tous les portraits de têtes couronnées qui en tapissaient les appartements.

A la mort du prince de Sagan, en 1898, ses héritiers, ne voulant pas rester dans l'indivision, ont été amenés à vendre ces œuvres d'art et de curiosité. Elles furent dispersées de côté et d'autre. La ville de Paris fit l'acquisition d'une curieuse toile : La Procession de la Ligue à Paris, qu'on peut voir au musée Carnavalet (1).

Ceux qui se trouvaient à la Galerie Georges Petit, le jour de la vente, n'ont pas oublié les enchères atteintes par ces objets précieux, notamment par telle pièce de mobilier qui dépassa cent mille francs. Les vendeurs ont fait une abondante recette, mais l'ami du patrimoine artistique de la France, demeure inconsolable de la dispersion de tous ces souvenirs.

L'origine de la terre de Valençay se perd dans les profondeurs du passé ; elle « a été classée parmi celles qui furent démembrées des grands fiefs de la couronne, pendant et après le règne de Louis le Débonnaire » (2). Des chroniqueurs des XIIe et XIIIe nous rapportent que la seigneurie de Valençay était comprise dans l'apanage de Mahaud de Courtenay, fille de Pierre de Courtenay, empereur de Constantinople. A la suite de son mariage avec Henri de Douzy, elle accoucha d'une fille, Agnès, mère d'Iolande de Chastillon-Bourbon. Cette Iolande, à son tour, maria sa fille Mahaud, dame de Saint-Aignan, Monjoy et Valençay, à Eudes, comte de Bourgogne,

---

(1) C'est la revue de cette milice en capuchon qui se déroula le 14 mai 1590, dans les rues de Paris et sur la place de Grève. L'évêque de Senlis, Rose, et les principaux chefs du parti, un hausse-col par-dessus le camail, l'épée au côté et la pertuisane au bras, ouvraient la marche, suivis de treize cents moines : Cordeliers, Jacobins, Feuillants, Carmes et Capucins rangés quatre par quatre, la hache ou l'arquebuse sur l'épaule, dans un burlesque accoutrement moitié religieux et moitié militaire. A droite, devant l'auberge de « l'Arbre vert », stationne un groupe de gentilhommes et de dames dont l'une est masquée. A gauche, des gens du peuple reçoivent une ration de vivres. Les tours de Notre-Dame apparaissent sur l'autre rive de la Seine.

(2) Duchesse de Dino. — Notice sur Valençay, chap. I, p. 1.

et, en 1268, Alix de Bourgogne, née de cette union, porta ses biens, dont Valençay faisait partie, dans l'apanage de la maison de Châlons-Tonnerre, en contractant mariage avec Jean de Châlons, premier du nom.

Dès l'année 1418, la terre de Valençay, portait le titre de châtellenie, preuve manifeste qu'elle était depuis longtemps une terre noble du Berry. Le titre le plus ancien, du chartier du château de Valençay, est un acte du 14 juin 1418, par lequel Hugues de Châlons consent à ce que la donation que lui avait faite le comte de Tonnerre, son père, de la châtellenie de Valençay, évaluée, comme revenu annuel, à 600 livres, soit annulée.

D'après Bernier, l'historien du Blésois, elle relevait, depuis une date fort ancienne du comté de Blois ; ses seigneurs étaient les seigneurs d'Auxerre, de Bourgogne et de Tonnerre. En étudiant l'histoire de ces familles, j'ai constaté moi-même, qu'il y est fait, à différentes reprises, mention de la terre de Valençay. La partie des titres de Valençay, antérieure au XVe siècle, ayant été brûlée en 1789, il est impossible aujourd'hui de puiser à ces sources (1).

Les descendants d'Alix de Bourgogne conservèrent, durant plusieurs siècles, la châtellenie de Valençay, puis ils la vendirent en 1451 à Robert d'Etampes et à ses frères.

Louis, petit-fils de Robert, la reçut en héritage, et forma la souche de la branche d'Etampes-Valençay qui garda cette seigneurie jusqu'en 1745. Deux membres de cette famille se firent remarquer par les hautes positions qu'ils ont occupées. L'un, Jean d'Etampes (2), fut chevalier de l'ordre de Malte, combattit vaillamment contre les infidèles, fut fait prisonnier au siège de Montauban et offrit ensuite ses services à Louis XIII. Au siège de la Rochelle, il commanda les vaisseaux avec le titre de vice-amiral. Le pape Urbain VIII l'appela à

_____

(1) Valençay n'a pas encore son historien. La courte notice de la duchesse de Dino est presque introuvable ; je n'ai pu l'avoir en mains que grâce à d'aimables attentions.

(2) D'autres disent Achille.

Rome pour commander ses armées, et lui donna en récompense le chapeau de cardinal. Il mourut à Rome en 1646, âgé de 62 ans.

Un autre d'Etampes, Henri, neveu du précédent, fut fait ambassadeur de France à Rome, commandeur de l'ordre de Saint Jean de Jérusalem, bailli du même ordre et grand prieur de France 1672. C'est le frère d'Henri-Dominique d'Etampes qui aurait fait construire le château, sous la direction de l'habile Philibert Delorme. Il possédait une fortune immense, et, quand il mourut, sa succession fut pleine de difficultés.

Des procès interminables et ruineux conduisirent les descendants à vendre en 1723 la moitié de cette seigneurie au fameux Law de Lauriston, le banquier véreux, pour un capital de 200.000 livres tournois et 12.000 francs de rente. La culbute de ce dernier amena l'annulation de la vente.

En 1745, le marquis de Valençay vendit la seigneurie de Valençay à Messire Louis Chaumont de la Vrillière, pour le prix de 400.000 francs, et l'un des fils de ce dernier la revendit en 1766 à M. de Villemorien, fermier général qui y joignit la seigneurie de Luçay-le-Mâle, dont il fit prendre le nom à son fils. Enfin M. de Luçay vendit le 17 floréal, an XI de la république, au prince Charles-Maurice de Talleyrand-Périgord, la terre seigneuriale de Valençay qui contenait près de *9.000 hectares*. L'acte fut passé par devant maîtres Raguideau et Chidiou, notaires à Paris.

Napoléon conseilla cet achat et en paya une partie, parce qu'il voulait que son ministre des affaires étrangères pût recevoir brillamment les ambassadeurs et les étrangers de marque (1). C'est lui également qui, comme on le verra plus loin, assigna, en 1808, le château de Valençay pour résidence à

______

(1) De 1803 à 1808 le prince de Talleyrand a fait plusieurs voyages à Valençay ; il s'y est rendu pour y recevoir les princes d'Espagne, à leur arrivée, mais n'y est pas revenu durant leur séjour, sur l'ordre de Napoléon qui trouvait excessives les attentions de son ministre pour ses prisonniers. Ce n'est qu'après le congrès de Vienne et la bataille de Waterloo, que M. de Talleyrand est revenu à Valençay, c'est-à-dire au mois d'avril 1816.

Ferdinand VII, roi d'Espagne, à son frère don Carlos et à leur oncle don Antonio (1808-1814).

Ferdinand VII s'y plaisait énormément et garda, toute sa vie, un souvenir reconnaissant de l'hospitalité qu'il y avait reçue. Un jour qu'on le félicitait de quitter le Berry, pour retourner en Espagne, il répondit : « Priez Dieu que nous n'ayons jamais de motifs de regretter Valençay ». Ce souvenir affectueux lui fit instituer l'ordre de Valençay pour ceux de ses courtisans qui l'y avaient accompagné. Un régiment de la garde et une frégate espagnole, reçurent également de lui le nom de Valençay.

Pendant sa captivité, Don Antonio se livrait à une occupation assez étrange ; il fabriquait des pièges à loup et en remplissait sa chambre. Elle contenait également des rangées de pots de fleurs, dans lesquels le prince prisonnier cultivait les légumes de son pays. Comme tant d'autres, après avoir voyagé, et bien qu'il se plût à Valençay, il songeait encore à son pays et désirait y finir son existence.

> *L'homme actif, inquiet, au matin de ses jours,*
> *Veut chercher le bonheur jusqu'aux bornes du monde,*
> *Mais le soir, détrompé d'une erreur vagabonde,*
> *Il sent d'autres besoins, regagne son hameau,*
> *Et vient marquer sa tombe auprès de son berceau.*

Une ancienne voiture, rouge et or, semblable aux carrosses de Louis XIV, rappelait, avant la vente de 1899, le souvenir des princes d'Espagne ; ce fut elle qui les amena de Bayonne en Berry.

Le dernier possesseur de Valençay mentionné jusqu'ici, Charles-Maurice de Talleyrand Périgord, prince de Bénévent, fils aîné du comte Charles-Daniel de Talleyrand, lieutenant-général, est le Nestor de la diplomatie européenne, le célèbre homme d'Etat mêlé à la plupart des événements politiques qui se déroulèrent jusqu'en 1830, celui dont l'habileté triomphante modifia à son gré la face des royaumes et des empires.

Il embrassa la carrière ecclésiastique et laissa au collège d'Harcourt et au séminaire de Saint-Sulpice, la réputation d'un brillant élève. Dès l'année 1775, il était pourvu de plusieurs bénéfices. Spirituel et aimable, élégant de sa personne, grave dans sa démarche, il avait, bien qu'il fût légèrement boiteux, ce qu'on appelle un grand air. Les salons de Paris et de Versailles lui étaient ouverts, et il y tenait brillamment sa place.

Malgré la légèreté notoire de ses mœurs, il fut nommé agent général du clergé de France en 1780, et noua des relations avec M. de Calonne et avec Mirabeau. Il commença dès lors à s'occuper de finances avec ardeur, et conserva toute sa vie un goût très prononcé pour les spéculations.

Il fut nommé successivement évêque d'Autun (1788), membre de la réunion des notables, novembre de la même année, et député aux Etats Généraux (1789). Dès le début, il adopta les principes de la révolution, fut membre du comité de constitution et collaborateur à la « Déclaration des Droits de l'Homme ». Commencée par tout le monde, dirigée quelque temps par les élèves de Montesquieu, qui ne demandaient pour la France qu'une constitution calquée sur celle de l'Angleterre, la révolution tendit à passer aux mains des tribuns populaires qui entraînaient les masses aux pires excès.

Talleyrand suivit cette déviation et la dirigea même. Le 10 octobre, il proposa, le premier, l'aliénation des biens du clergé. Ce fut en vain que l'archevêque d'Aix observa judicieusement : « Que sont devenues les promesses que vous nous avez faites, que nos propriétés seraient inviolables et sacrées ? »

Les domaines de l'église furent saisis et mis à la disposition de la nation. On sait que le même archevêque d'Aix, en protestant contre l'enlèvement violent des biens ecclésiastiques, offrit, au nom de l'Eglise de France, de combler le déficit du trésor par un emprunt que le clergé ferait lui-même, et mettrait généreusement à la disposition de l'Etat. Que n'a-t-on écouté ses propositions ! Le résultat eut été autrement profitable à la nation, et eût évité un amoncellement de ruines. Mais il est des choses qu'on ne voit qu'avec des yeux qui ont pleuré.

Nous sommes en 1790... Depuis novembre de l'année précédente, dans les villages, les habitants en armes avaient fraternisé avec les habitants des villages voisins : ces fédérations locales se rattachèrent les unes aux autres, et finirent par former une fédération générale qui envoya à Paris, le 14 juillet 1790, cent mille représentants. En plein Champ de Mars, était dressé l'autel de la patrie ; une foule immense et compacte roulait ses flots dans cette vaste plaine.

Parmi tous ces fédérés, il y avait des âmes droites, mais il y avait aussi des esprits retors, et nous sommes autorisés à penser que Talleyrand était de ce nombre. Ce fut lui qui célébra la messe sur l'autel de la patrie. Il ne comprit pas, ou du moins ne voulut pas comprendre, que l'assemblée nationale se mettait en contradiction avec le principe qu'elle avait elle-même proclamé : la liberté des cultes.

La grande faute de cette assemblée fut de s'immiscer dans les questions religieuses. Elle décréta, de sa pleine autorité, une nouvelle répartition des circonscriptions diocésaines, et, ce qui est plus grave, soumit à l'élection la nomination des membres du clergé, rompant ainsi toute dépendance des évêques envers le pape. La hiérarchie catholique était brisée du curé à l'évêque, et de l'évêque au pape. L'église de France devenait presbytérienne ; comme dans cette dernière, c'était le peuple qui choisissait ses ministres. Si l'assemblée contenait, comme à Nîmes, à Montauban et à Metz, un nombre notable de protestants et de juifs, c'était cette masse d'hérétiques et de rénégats qui choisissaient l'évêque et le curé. Enfin, elle exigea de tous les prêtres, qui voulaient exercer leurs fonctions, un serment de fidélité à cette constitution civile du Clergé ; sinon, elle les déclarait *réfractaires*. Avec le clergé, la loi atteignait les laïques : tous les citoyens, officiers municipaux, juges etc..., qui refusaient le serment prescrit, étaient déchus de leur droit de vote, révoqués de leurs fonctions et déclarés incapables de tout office public.

Talleyrand fut un des promoteurs de cette constitution, y prêta serment lui-même et consacra les évêques constitutionnels de l'Aisne et du Finistère, malgré la défense du

ALLEMAND-PERIGORD
101
102
103

pape qui l'excommunia. Le clergé se détourna alors de cette révolution dont il avait, en général, au début, adopté les principes politiques et sociaux. Trois évêques seulement prêtèrent serment : de Brienne, archevêque de Sens, de Savines, évêque de Viviers et de Jarente, évêque d'Orléans.

C'est dans la carrière diplomatique que nous suivrons maintenant le prince de Talleyrand. En février 1792, il fut chargé d'une mission secrète à Londres, pour proposer une alliance, au moment où la France était menacée par la plupart des puissances européennes, mais il ne put rien conclure. Renvoyé en Angleterre, avec l'ambassadeur de Chauvelin, en avril 1792, il fut plus heureux en obtenant des promesses de neutralité que la journée du 10 août rendit nulles.

C'est en Angleterre qu'il se trouvait de nouveau, lorsqu'il fut décrété d'accusation et porté sur la liste des émigrés, 12 décembre. Le ministère britannique lui intima l'ordre de quitter Londres ; le 3 février 1794, il s'embarqua pour les Etats-Unis où il se livra au commerce. La Convention, dans son décret du 4 septembre 1795, rapporta la sentence de bannissement, et le prince de Talleyrand revint à Paris au mois de mars 1796. Grâce à l'influence de Mᵉ de Staël et de Barras, il fut nommé ministre des affaires étrangères, le 15 juillet 1797.

Déjà, Napoléon perçait sous Bonaparte, Talleyrand comprit qu'un astre se levait et chercha dès lors à gagner la confiance du jeune général. Ce dernier venait de proposer une expédition à laquelle il avait beaucoup pensé en Italie : la conquête de l'Egypte. « On ne fait rien de grand, disait-il, que dans l'Orient ». Des bords du Nil, il comptait atteindre l'Angleterre dans l'Inde et la frapper au bon endroit, en ruinant son commerce et son empire. Déjà, en 1672, le grand Leibnitz avait tracé le même plan à Louis XIV. Ce plan, réalisable alors, n'aboutirait pour l'instant, qu'à nous donner une ennemie de plus, la Turquie, notre vieille alliée.

Pour envoyer si loin 40.000 hommes de nos plus vaillants soldats, presque tous combattants d'Arcole et de Rivoli, il eût fallu être maître de l'océan, et les Anglais le couvraient de leur

15

flotte. C'était donc risquer un gros enjeu, mais c'est souvent ainsi qu'on éblouit et maîtrise l'esprit populaire. L'expédition, préparée dans le plus grand secret, fut cachée sous le nom d'aile gauche de l'armée d'Angleterre, et Talleyrand fournit au jeune général en chef de l'armée d'Italie, les documents les plus intimes pour l'expédition d'Egypte.

Accusé de tripotages financiers, de concussions, pris à partie par les Jacobins, Talleyrand se retira du ministère le 20 juillet 1799. Mais l'ambition le tourmentait toujours, il aspirait à remonter au pouvoir et aida puissamment au coup d'Etat du 18 brumaire.

C'était la révolution qui abdiquait entre les mains du pouvoir militaire et le commencement d'une ère de paix et de prospérité. Mais quelles pernicieuses leçons donnaient au peuple ces insurrections perpétuelles de la Commune, de la Convention, du Directoire, des Conseils ! Depuis dix ans, on déchirait la loi avec colère ; comment pouvait-on former des citoyens soucieux de la respecter ou de la modifier avec sagesse !

Grâce à ce nouveau changement, Talleyrand redevint ministre des affaires étrangères, le 22 novembre 1799. Par ses qualités de fin diplomate, il obtint un traité d'alliance avec la Russie, négocia les traités de Lunéville avec l'Empire (9 février 1801), d'Amiens avec l'Angleterre (25 mars), de Badajoz avec l'Espagne (29 septembre).

On était au moment où Bonaparte, étranger aux rancunes des dix dernières années, rappelait les émigrés par une amnistie, relevait les autels, mais donnait en même temps une consécration nouvelle à la vente faite par l'Etat des biens du clergé. Talleyrand collabora avec le cardinal Consalvi, légat de Pie VII, à la rédaction du Concordat du 15 juillet 1801, par lequel il crut fonder la paix religieuse.

Un an après, le 29 juin 1802, il obtint du pape un bref de sécularisation dont on parlera plus loin et contracta un mariage civil avec Mme Grandt, fille du capitaine Worley, attaché au port de Pondichéry, mariée à un Suisse, M. Grandt, avec lequel elle vivait depuis sept ans. Cette femme, plus gracieuse qu'intelligente, eut toujours un rôle effacé.

On peut tenir pour certain que Talleyrand conseilla de vive voix et par écrit, l'arrestation et la mort du duc d'Enghien. Sa manière d'être auprès du Consul et de l'Empereur, en même temps que les signalés services diplomatiques qu'il avait rendus, le firent nommer grand chambellan en 1804. En 1806, il recevait la principauté de Bénévent, et, en 1807, après sa sortie du ministère, la dignité de prince vice-grand-électeur de l'empire avec 500.000 francs et les fonctions d'archi-chancelier de l'Etat (1808).

Napoléon avait voulu se créer des appuis en entourant l'empire de royaumes feudataires. Le royaume de Naples avec Joseph, et celui d'Italie avec Eugène de Beauharnais cou-vraient la France au sud-est ; la confédération Suisse, dont Napoléon était médiateur et celle du Rhin, dont il était protec-teur, garantissaient l'est ; le royaume de Hollande, avec Louis Bonaparte, partageait la défense du Nord-Est, avec le royaume de Westphalie, que l'empereur venait de créer pour Jérôme, son quatrième frère.

Au sud seulement, Napoléon n'avait personne sur qui il pût compter. Un Bourbon dégénéré, Charles IV, règnait à Madrid, sous la protection d'un favori, Godoï, prince de la Paix, détesté des Espagnols, et plus encore de Ferdinand, héritier présomptif de la couronne, qu'il avait brouillé avec le roi, son père, et cherché à priver du trône. Pour se défendre, Ferdinand appela à son aide Napoléon. L'empereur qui con-voitait le trône d'Espagne pour son frère, Joseph Bonaparte, envoya une armée en Espagne, malgré les conseils éclairés de Talleyrand qui valurent une disgrâce à ce dernier et le retrait de sa charge de grand chambellan (20 juin 1809). Murat vint jusqu'à Madrid, sous prétexte de réconcilier Charles IV et son fils Ferdinand, et leur donna le conseil de s'en remettre au jugement de Napoléon. Les deux souverains suivirent impru-demment cet avis et se rendirent à Bayonne. Quand il les eut en son pouvoir, Napoléon força, par ses menaces,

Ferdinand VII à abdiquer (1) et à restituer le trône à son père ;
puis il se fit céder la couronne à lui-même. Un mois plus tard,
un autre décret remettait la couronne d'Espagne à Joseph
Bonaparte et lui donnait Murat pour successeur sur le trône
de Naples. On connait les suites de cette injuste expédition
qui dura plusieurs années, pour aboutir à l'abandon de
l'Espagne et que Napoléon, lui-même, sur son rocher de
Saint-Hélène, considérait comme une véritable plaie.

En même temps l'empereur rompait avec le pape qui
n'accepta pas le blocus continental, entendant bien rester
neutre et refusa de reconnaître Joseph comme roi de Naples.
Napoléon fit occuper Rome, le 2 avril 1808, mais la ville du
pape, prise si facilement, ne pouvait être gardée qu'au prix de
grands embarras.

Cet auguste vieillard, n'ayant ni un soldat, ni un canon,
était plus difficile à vaincre que toutes les armées de l'Autriche.
L'épée de l'orgueilleux monarque allait s'ébrécher contre ce
pouvoir insaisissable qui dirigeait non point les armées, mais
les consciences. « Le clergé est une force, avait-t-il dit, je veux
m'en emparer », mais il ignorait que cette force ne se laisse
jamais prendre. Peu de temps après, elle était tournée contre
lui.

Le perspicace Talleyrand avait compris tout cela, sa demi
disgrâce le jeta dans une opposition qui fut habilement cachée,
mais tenace, et son intervention fut prépondérante, surtout
auprès de l'empereur de Russie, pour le retour des Bourbons.
Ce fut lui qui dicta au Sénat l'acte de déchéance de Napoléon,
auquel il ne réussit jamais de « manger du pape », et qui
refaisait, sous des formes nouvelles, l'ancien régime, tombant
dans l'abîme pour n'avoir pas su mettre un frein à son
ambition et à son génie.

----

(1) Comme on l'a vu précédemment, Ferdinand VII fut relégué par
Napoléon au château de Valençay, depuis 1808 jusqu'au traité de
Valençay 1813, qui lui rendit sa couronne qu'il garda jusqu'en 1833. Ce
prince est entré à Valençay, comme une pauvre dupe, y a vécu en
courtisan de son oppresseur, et en est sorti despote autoritaire et
capricieux.

L'aigle un soir, planait aux voûtes éternelles
Lorsqu'un grand coup de vent lui cassa les deux ailes.

La Justice immanente réservait au conquérant superbe, le châtiment qu'il avait infligé aux autres. A lui aussi, on enleva un fils idolâtré ; l'Autriche captura « l'aiglon » et Schœnbrünn devint l'amère réplique de Valençay.

Pendant que le grand exilé traversait la France sous le mépris ou les insultes, Talleyrand, non moins ambitieux que lui, était en fait le chef du gouvernement provisoire. Il commit l'imprudence de signer, le 23 avril 1814, une convention désastreuse qui réduisit la France à ses frontières du 1er janvier 1792, et livrait aux alliés cinquante-huit places fortes, douze mille bouches à feu, trente vaisseaux et douze frégates.

Le jour même où Napoléon sortait de Fontainebleau, Louis XVIII quittait son château de Hartwell, et débarquait à Calais le 24 avril. Talleyrand sut immédiatement capter ses bonnes grâces et fut nommé ministre des affaires étrangères le 12 mai. Le nouveau monarque s'intitulait « roi par la grâce de Dieu », sans faire mention de la volonté nationale, déchirait le drapeau tricolore pour arborer le drapeau blanc, datait son avénement de la mort de son neveu Louis XVII, et appelait 1814 la dix-neuvième année de son règne... C'était le retour à l'ancien régime. Talleyrand s'entendit avec l'empereur Alexandre pour mâter Louis XVIII (1), et rédigea les propositions constitutionnelles, aidé d'une commission de sénateurs et de députés.

Avant d'entrer à Paris, le roi fut obligé de faire la déclaration de Saint-Ouen (2 mai) qui promettait le maintien des premières conquêtes de la révolution avec un gouvernement représentatif. Cette déclaration fit bientôt place à la Charte constitutionnelle, arrêtée le 27 mai et octroyée le 4 juin. L'empereur Alexandre avait refusé de s'éloigner avant que l'acte constitutionnel fût rédigé et adopté. Alors seulement,

____

(1) On connait la réponse que Louis XVIII avait faite à M. de Talleyrand qui le priait de signer la constitution : « Si je jurais la Constitution, vous seriez assis et je serais debout ».

lui et ses alliés signèrent la paix sur les bases acceptées par Talleyrand le 23 avril, et l'évacuation des troupes ennemies commença.

Talleyrand assista au congrès de Vienne pour le réglement des questions laissées en suspens au traité de Paris. Le royaume de Saxe devait son existence à Napoléon qui, en 1806, avait fait prendre le titre de roi au duc de Saxe, Frédéric-Auguste, et lui avait donné le grand-duché de Varsovie enlevé à la Prusse par le traité de Tilsitt (1807). Frédéric-Auguste était toujours resté l'ami de la France ; aussi, pour l'en punir, la Russie et la Prusse demandèrent-elles au congrès qu'il fût détrôné. M. de Talleyrand défendit énergiquement notre ancien allié ; la discussion fut chaude et finit par une transaction. Le roi de Saxe ne fut pas détrôné, mais la moitié de ses états fût donnée à la Prusse ; le grand-duché de Varsovie fut partagé entre la Russie, la Prusse et l'Autriche.

Pendant les Cent-Jours, Talleyrand résista aux avances de Napoléon, contre lequel il nourrissait de vieilles rancunes. Il reprit, le 9 juillet 1815, son portefeuille qu'il dut abandonner le 28 septembre, et reçut en compensation la place de grand chambellan avec un traitement de 100.000 francs.

L'an 1825 vit s'accomplir le sacre de Charles X et fournit aux observateurs l'occasion de se rendre compte du travail opéré dans les esprits par les excitateurs de la presse révolutionnaire et les débats irritants de la tribune. Le roi voulut être sacré à Reims, comme ses devanciers, mais, pendant que Lamartine et Victor-Hugo célébraient par des Odes enthousiastes, cette auguste cérémonie, Béranger composait des couplets moqueurs que le peuple chantait.

Après plusieurs changements de ministère, s'ouvrit la session de 1830. Pair de France, Talleyrand, prit place à la chambre dans l'opposition et contribua à la révolution de juillet. Nommé ambassadeur à Londres, en septembre 1830, il parvint à réaliser le rêve de toute sa vie : une alliance franco-anglaise. Après avoir signé le traité de la Quadruple-Alliance (1834), et assisté aux conférences qui pacifièrent les Pays-Bas, il abandonna la politique.

Huit ans après les grands événements de 1830, cet homme extraordinaire, qui avait réglé tant d'affaires ici-bas, dut songer à celles de sa conscience, car la maladie venait de le saisir et le conduisait à la mort. C'est le moment de donner quelque éclaircissement sur le bref de sécularisation de Talleyrand, et sur la situation dans laquelle se trouvait, vis-à-vis du droit canonique, cet évêque rentré dans la vie séculière pour y contracter un mariage civil.

Quiconque a reçu le sacrement de l'ordre, a reçu, dit l'Eglise, un caractère indélébile. *Tu es sacerdos in œternum.* Voilà pourquoi, au moment du concordat, Talleyrand usa de tout son pouvoir pour en empêcher la signature. Connaissant l'irrégularité de sa situation, il insistait pour introduire dans le texte du dit Concordat cet article qui lui était si cher : « Sa Sainteté relèvera de la loi du célibat les ecclésiastiques qui, depuis leur ordination, seront entrés dans les liens du mariage, sous la clause qu'ils renonceront à l'exercice de leurs fonctions, et admettra au rang des catholiques séculiers, ceux qui, par d'autres actes, ont notoirement renoncé à leur état ».

Malgré les insistances de Talleyrand, l'article ne fut pas inséré dans le texte du Concordat, dont la signature se fit en l'absence du diplomate qui prenait alors les eaux à Bourbon-l'Archambault, dans l'Allier. L'Évêque d'Autun, vaincu, se contenta de demander simplement au pape de lui concéder la femme qu'il avait prise et dont le mari vivait encore. Pie VII refusa nettement la concession matrimoniale et n'accorda, le 29 juin 1802, qu'un bref de sécularisation qui, moyennant une aumône faite aux pauvres d'Autun, siège de l'ancien évêché de Talleyrand, permettait à l'ancien prélat d'exercer les fonctions civiles et de communier à la manière des laïques.

Talleyrand avait été le fauteur du schisme, avait célébré la messe au Champ de Mars, dans la ville de Paris, alors qu'il n'en était pas l'évêque ni le délégué, avait enfin consacré les premiers évêques de la Constitution civile du Clergé. Pour ces faits, le Pape l'avait excommunié ; il était donc lié par les censures et ne pouvait pas recevoir les sacrements. Le bref ci-dessus le rendait à la vie laïque ordinaire, avec la permission de communier. En a-t-il jamais usé ?

Rome avait exigé de Talleyrand une rétractation des actes sacrilèges dont il s'était rendu coupable, en renonçant à ses fonctions épiscopales, en consacrant des intrus et en se mariant. Ce n'est qu'à sa mort, et après mille instances, qu'il consentit à signer cet acte de rétractation qu'avait préparé l'archevêque de Paris et que lui présenta l'abbé Dupanloup, alors supérieur du petit séminaire de Saint-Nicolas à Paris. Sans cette rétractation, Talleyrand eût été enterré civilement, à la grande honte de sa famille. C'est alors que, se sentant mourir, il signa, deux heures avant son trépas, le papier que lui présenta le futur évêque d'Orléans, dont le tact et la pieuse adresse assurèrent le succès de cette épineuse et délicate mission.

La duchesse de Dino ne fut, sans doute, pas étrangère à cette rétractation. Toujours aux côtés de son oncle, dont elle était si fière et qui l'idolâtrait, elle s'était, dans ses heures de recueillement, intimement pénétrée des beautés de l'*Imitation*. Après avoir recouvré la foi, elle avait tout doucement amené Talleyrand à faire sa paix avec l'Eglise.

Bien qu'il eût beaucoup délaissé Valençay, durant sa vie (1), le prince de Talleyrand voulut être inhumé dans la chapelle de l'hospice de cette localité, où il avait préparé un tombeau de famille qui reçut sa dépouille vers la fin de 1838.

Prêtre et évêque, Talleyrand causa des scandales que les hommes de tous les partis doivent déplorer. Homme politique, il rendit des services signalés à la France, mais fut dégagé de scrupules et mobile dans ses opinions, se rangeant presque toujours du côté des vainqueurs. Eminemment intelligent et sagace, d'un rare bon sens pratique, il possédait à merveille le flair des événements. Il excellait à définir une situation par

____

(1) Un jour que Louis XVIII demandait malicieusement à Talleyrand pourquoi il délaissait sa terre de Valençay, celui-ci répondit non moins malicieusement : « Sire, le château est assez bien, mais le parc a été abîmé par les feux d'artifice que le roi d'Espagne faisait tirer en l'honneur de Napoléon ».

un mot et à terminer un débat par une phrase. D'un tempérament modéré et d'une politesse exquise, il se dégageait de sa personne quelque chose de séduisant, qui enveloppait les personnes qui l'approchaient et facilitaient sa tâche. Calme et impassible, il savait « posséder son âme dans la patience » et demeurait toujours impénétrable. L'ensemble de ses qualités maîtresses en fit l'un des plus habiles diplomates de son temps.

Talleyrand eut un neveu, Alexandre-Edmond de Talleyrand Périgord, marié en 1809, par l'empereur de Russie, sur la demande du prince de Talleyrand à Dorothée, princesse de Courlande (1) et de Sagan. Son fils, Napoléon, duc de

---

(1) Dorothée de Courlande, duchesse de Dino, était la petite fille du slave Jean-Ernest Biren, modeste commis de chancellerie. L'absence d'un secrétaire le mit un jour en présence de la duchesse Anne qui fut séduite par sa beauté. Lorsque la mort de Catherine eut donné la couronne d'impératrice à cette princesse, Biren devint duc de Courlande. Plutôt maître que favori, il imposait sa volonté à l'impératrice et son règne vit les exils succéder aux exécutions capitales. Victime d'une révolution de palais, il fut disgracié et dut prendre le chemin de la Sibérie qu'il avait peuplée. Au bout de vingt ans, grâce à sa persévérante énergie, il fut réintégré dans ses biens et ce fut à Mittau, dans son duché de Courlande, qu'il mourut en 1772. Son fils Pierre, en faveur duquel il avait abdiqué en 1769, fut le père de la future duchesse de Dino.

Née en 1793, Dorothée de Courlande n'avait que sept ans lorsqu'elle perdit son père qui avait cédé son duché à la Russie contre une énorme indemnité et laissait une fortune considérable. Sa première enfance s'écoula dans le haut luxe des palais de Sagan et de Berlin. Sa mère, « l'étoile séduisante du Nord », descendante des comtes de Méden, était superficielle et coquette. uniquement occupée du désir de plaire. Vivant dans le même palais que sa fille, mais à une extrémité opposée, elle ne la voyait pas, si ce n'est une fois par semaine, au moment du repas.

Dorothée eut pour maître un vague précepteur, l'abbé Piattoli et une étrange institutrice passionnée pour l'Emile, Mme Hoffmann. L'abbé, qui n'avait d'ecclésiastique que le nom, déclarait les préceptes de Condillac supérieurs à ceux de l'Evangile, et l'institutrice s'appliquait à former son élève d'après les théories de J.-J. Rousseau.

Vivant dans l'intimité de la famille royale à Berlin, filleule de la princesse Louise de Prusse, Dorothée se trouvait en rapports quotidiens avec le prince Henri et le prince Louis qui périt si tragiquement à Iéna. Dans ce cadre, la précoce enfant s'appliquait à combler les lacunes de son éducation fantasque qui laissera des traces dans son caractère. Très intelligente, elle s'assimilait aisément toutes choses, et se livrait avec passion à l'étude de l'algèbre, de la danse, de l'histoire, du dessin, de la broderie et des mathématiques.

A treize ans, elle tenait avec aisance un salon où fréquentaient les hommes de lettres comme le célèbre écrivain Kantiste, Schiller, l'auteur de Guillaume Tell ; Humboldt, l'admirateur de Gœthe et l'auteur de la

Valençay et de Sagan, fut marié d'abord à Alix de Montmorency
qui lui donna trois enfants : une fille, Caroline-Valentine

philologie comparée. On y voyait également les artistes en renom,
comme Iffland, directeur général de toutes les sciences royales de
Prusse et Unzelmann, le régisseur du théâtre de Berlin. C'est presque
un miracle que cette enfant, vivant au milieu de l'adulation générale, et
privée de guide et de frein, ne se soit pas perdue.

La campagne de 1806 l'éloigna de Berlin pour l'envoyer à Mittau, où
la petite cour d'exil de Louis XVIII était installée au milieu des ruines
de ce Versailles du Nord. C'est là que fut ébauché pour elle, un projet
de mariage avec le duc de Berry. Elle était délicieusement belle avec
de grands yeux noirs, un regard profond et une voix chantante et
preneuse. A la fin de 1807, elle revint en Prusse, se rendit à Berlin, alors
occupé par les Français et de là au château de Lobikau, en Saxe, où sa
mère avait fixée son séjour. Elle y reçut la visite de l'Empereur
Alexandre à son retour d'Erfurt.

Cette entrevue fixa son destin. Sur la demande du prince de
Talleyrand, l'Empereur sollicita sa main pour Edmond de Périgord,
neveu du célèbre diplomate. Eprise du prince Czartoryski, l'héritier
des Jagellons, et touchée des malheurs de la Pologne, la jeune fille avait
avec la complicité de l'abbé Piattoli, noué une idylle sentimentale avec
le dernier souverain de cette nation. Elle n'accepta donc ce nouveau
parti que pour plaire à sa mère ; il fallut même recourir à l'intrigue et
au mensonge pour lui faire abandonner son premier amour. En mettant
sa main dans celle d'Edmond de Périgord, elle lui dit avec franchise :
« Je cède au désir de ma mère, sans répugnance, il est vrai, mais avec
une parfaite indifférence pour vous ». Le jeune homme lui avoua, à son
tour, qu'il ne se mariait que pour condescendre au désir de son oncle.
Aussi, après quelques années de vie commune au cours de laquelle
naquirent trois enfants, ces époux mal assortis se séparèrent. Edmond
de Talleyrand s'installa rue Grange-Batelière et la comtesse de Périgord
continua d'habiter avec son oncle. Le mari et la femme gardèrent
néanmoins des relations courtoises, et lorsque le neveu venait dîner
chez l'oncle, les deux époux se retrouvaient à la même table sans
éprouver la moindre gêne. Dans le magnifique hôtel de l'Infantado, à
Rochecotte ou à Valençay, Dorothée de Courlande développa l'ascen-
dant qu'elle avait pris sur son oncle, et ce fut elle qui l'accompagna au
congrès de Vienne. Les impairs commis par Mme Grandt avaient décidé
le grand diplomate à confier à sa nièce, le soin de tenir son salon,
rendez-vous des ambassadeurs étrangers. Elle excellait dans ce rôle, et
son oncle lui offrit galamment le titre que venait de lui conférer le roi
Ferdinand ; elle s'appela dès lors, duchesse de Dino. En 1830, elle suivit
à Londres le prince qui allait y représenter la France, et si l'on n'approuve pas la cause qu'elle défendait, on doit reconnaître néanmoins,
qu'elle fit, par son adresse, tomber les méfiances à l'égard d'un gouvernement usurpateur, et contribua largement à l'alliance anglaise.

Son oncle disparu, elle revint en Allemagne où elle reconnut
combien elle était devenue « française et catholique ». Son temps se
passait soit à Berlin, soit à Sagan, et c'est dans cette dernière ville que
s'éteignit, en 1862, celle qui s'était elle-même définie : « Une grande dame
indépendante ne sacrifiant ni ses opinions aux uns, ni sa position aux
autres ».

mariée le 25 mars 1852 au comte d'Etchégoyen ; un fils
Charles-Guillaume Boson de Talleyrand, prince de Sagan (1) et
un autre Adalbert, duc de Montmorency. D'une deuxième
femme, née de Castellane (2), il eut une fille Dorothée, mariée
en secondes noces au comte Jean de Castellane (3).

Le comte Boson de Périgord, prince de Sagan et de
Valençay, eut deux fils de la baronne Seillière : l'un Hélie,
marié à Mme Gould, femme divorcée de son cousin Boni de
Castellane et l'autre le duc de Valençay, propriétaire actuel

------

(1) Le duché de Sagan était, autrefois, le duché souverain de
Wallenstein, arrêté par Lobkowicz et mis à mort. Devenu, de ce fait, le
duché de Lobkowicz, il fut au XVIII⁰ siècle, racheté par Jacques Biren,
duc de Courlande. A la mort du dernier duc de Courlande, qui ne
laissait que quatre filles, il y eut un partage des biens, En 1846, une
ordonnance du duc de Silésie, roi de Prusse, reconnut le titre de duc de
Sagan au duc de Valençay, petit-fils du duc de Courlande, et le titre de
prince de Sagan au fils aîné du duc de Valençay. La ville de Sagan,
situé dans la Silésie Prussienne renferme 15.000 âmes, et le duché a
30.000 hectares de terres, la plupart en forêts. C'est un fief prussien,
conférant un siège à la chambre des seigneurs de Prusse.

(2) La duchesse de Talleyrand, Sagan et Valençay, fille du maréchal
de Castellane et de la comtesse, née Greffulhe, avait épousé, vers les
dernières années du règne de Louis-Philippe, le comte de Hatzfeld,
premier secrétaire de l'ambassade d'Allemagne à Paris, qu'elle rendit
favorable au prince Louis-Napoléon qui préparait son coup d'état. Dix
ans après, le comte Hatzfeld s'éteignait en Allemagne, répétant sans
cesse, dans son délire : « Oh ! la guerre ! la guerre ! » Veuve avec cinq
enfants, la fille du maréchal de Castellane épousa, quelques années
après, Napoléon, duc de Valençay et de Sagan, dont elle eut une fille,
mariée d'abord au prince de Fürstenberg, et ensuite à son cousin, le
comte Jean de Castellane. Femme de bien, elle partageait son temps
entre Sagan et Valençay, et entretenait une très affectueuse correspondance avec sa sœur, Mme la comtesse de Beaulaincourt, l'auteur des
Mémoires du maréchal de Castellane, A son service funèbre, célébré à
Valençay, le vénérable curé de la paroisse, a fait d'elle le bel éloge
suivant : « Celle que vous pleurez a eu tous les biens de ce monde ; elle
les répandait autour d'elle, avec une charité si discrète, si profonde et
si cachée, que ceux-là seuls qu'elle secourait, s'apercevaient de son
intarissable bienfaisance. Mais moi, je ne m'y trompais pas ; et, quand
je la rencontrais, avec un visage rayonnant, j'étais sûr qu'elle avait fait
une bonne action ».

(3) Après la mort du prince de Sagan, décédé à Berlin le 21 mars 1898,
le château et le domaine de Valençay, mis en vente, furent adjugés à
Mme la comtesse de Castellane, au prix de deux millions trois cent
quarante mille francs, mais M. le comte Charles-Guillaume Boson de
Talleyrand Périgord ayant mis une surenchère, l'ensemble domanial lui
échut au prix de deux millions sept cent dix-huit mille trois cent trente-
quatre francs.

du château, marié à Mlle Hélène Morton, américaine protestante et divorcée, sans enfants (1).

Comme le château, la ville de Valençay est située dans une position charmante. L'église placée au sommet d'une colline et surmontée d'une flèche élancée produit un effet pittoresque. Elle a été construite, pour le transept, par des religieux bénédictins, relevant de la célèbre abbaye de Pontlevoy, au diocèse de Blois. Le prieuré de Valençay existait avant 1163, et relevait dès lors de Pontlevoy. Après l'incendie qui brûla cette abbaye, pendant les guerres de religion, en 1562, le prieuré relevait de l'évêché de Blois, puis il fut mis en commande.

Le clocher actuel a été construit par le prince de Talleyrand, ainsi que l'hôpital, dont la chapelle, ornée de vitraux, est décorée avec goût. Tout près de la chaire, on remarque un caveau abritant les restes d'une princesse polonaise qui, pendant sa vie, avait Valençay en singulière affection et y avait choisi sa sépulture. Marie-Thérèse Poniatowska, veuve du comte Vincent Tyzskiewicz, était mère du roi de Pologne, Stanislas-Auguste et sœur du célèbre Poniatowski. La princesse de Tyzskiewicz offrit à la chapelle un superbe calice en or, couvert de riches ciselures et incrusté de lapis, dont elle avait hérité d'un autre prince Poniatowski, son oncle, archevêque de Cracovie et primat de Pologne qui le tenait lui-même de l'amitié du pape Pie VI.

La bonneterie représente l'industrie de Valençay qui compte d'illustres clients. Lorsqu'en 1816, Ferdinand VII se maria, en secondes noces, avec l'infante de Portugal, Isabelle-Marie-Françoise, il fit venir de Valençay, les bas que devait porter cette princesse. Sous la restauration, la duchesse de Berry y faisait également fabriquer ceux de ses enfants (2).

---

(1) Voir aux notes, à la fin du volume, la généalogie de la famille de Talleyrand Périgord.

(2) Je tiens à remercier M. l'abbé Gesset, curé-doyen de Valençay, ainsi que M. Chévrier, régisseur retraité du château, qui m'ont fourni des renseignements précieux pour la rédaction de cette esquise.

Pendant la guerre, M. le duc de Valençay mit généreusement son château à la disposition des Américains qui furent ravis d'y établir un club, administré par l'Y. M. C. A., en même temps qu'un lieu de repos et de distraction pour les officiers. Ces appartements somptueux qui reçurent jadis, pour hôtes, les membres de la famille royale, les diplomates et les monarques de l'Europe ; ces cours où retentirent autrefois le son des cors et les joyeux hallalis ; toute cette demeure sortit de son calme habituel et s'anima comme aux grands jours de son histoire. Fréquemment on y donnait des bals élégants, qui attiraient, surtout le samedi et le dimanche, un grand nombre d'officiers séjournant dans la région.

Entre Valençay et Le Blanc se trouve le sanctuaire de Notre-Dame de Pellevoisin, dans la localité du même nom. L'Eglise ne s'est pas prononcée sur les apparitions de Pellevoisin, mais des grâces nombreuses ont été accordées par la T. S. Vierge, invoquée sous ce titre, et des milliers d'ex-voto attestent la reconnaissance des fidèles.

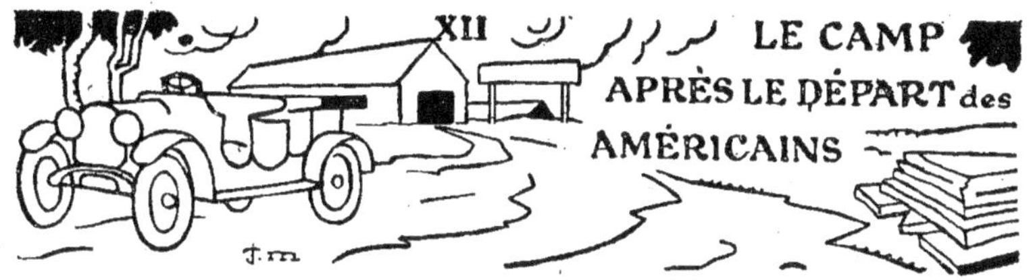

CHAPITRE XII

Le Camp après le Départ des Américains

A plupart des lettres qui m'arrivent d'Amérique, depuis le départ de nos alliés, contiennent les questions suivantes : « Qu'est devenu notre vieux camp ? — Est-il passé entre les mains de l'autorité militaire française ? — A quoi sert maintenant mon ancienne baraque ? — Sont-ce des soldats français qui l'habitent ? »

J'essaierai de répondre à ces différentes questions dans la mesure du possible, car il serait difficile de prendre, l'une après l'autre, chaque baraque pour raconter sa destination actuelle. Commençons par distinguer les deux camps : le G. I. S. D., et le camp de l'aviation.

Dans le premier, les baraques ayant servi au logement

des soldats américains, sont en parties détruites, et les
propriétaires des terrains où elles s'élevaient, commencent à
rentrer en possession de leur domaine. Celles qui subsistent
encore sont presque toutes dans un état lamentable ; le Borée
de la fable a brisé

> «   ..... *en son passage* »
> « *Maint toit qui n'en peut mais* ..... »

« *Aujourd'hui, cette installation immense, hier encore si
pleine de vie, a la mélancolie des choses mortes. Tandis que les
populations des pays libérés manquent d'abris, les milliers de
baraques sont désertes, leurs toitures de cartons bitumés s'en
vont en lambeaux, les châssis, dégarnis de leurs carreaux de
toile huilée, et les portes claquent au gré du vent, le bois
pourrit... C'en est fait de la propreté luisante d'autrefois ; le
sol est jonché de détritus de toutes sortes : vieilles chaussures,
morceaux de ferraille, papiers graisseux, boîtes de conserves
éventrées, chiffons* (1)... »

Sur le panneau extérieur de l'une de ces baraques, on
lisait, il n'y a pas longtemps encore, cette inscription qu'un
Américain, soupirant après son foyer, y avait inscrite après
l'armistice, au moment où la question du départ de nos alliés
s'agitait fort : « When do we go home ? ? ? » (2). Un fait que
plusieurs ont remarqué, c'est que, dans toute l'étendue des
deux camps, on n'a rencontré, au moment du départ des
troupes américaines, aucune inscription d'un caractère
obscène ou ordurier.

Il y a quelques temps, en compagnie de deux français, je
me trouvais dans l'allée de platanes de la Prévostière ; en
longeant les baraques qui s'alignent le long de l'avenue, nous
nous amusâmes à faire revivre le passé, et à nommer quelques uns des bons amis qu'elles abritèrent : les colonels
Brown et Gosman, les capitaines Casey et Manning, les
lieutenants Endicott et Birkel. En suivant la route de Selles, et

---

(1) Article paru dans « *Le Journal* », 25 janvier 1920.
(2) Quand irons-nous chez nous ?

en passant devant les baraques de l' « Intermediate Ordnance Depot », le nom des soldats Mikulik, Dunscomb, Mahoney, O'Neal, Powers, etc..., nous revint à la mémoire. Plus loin, les baraques de la compagnie des bouchers évoquèrent pour nous le nom du lieutenant Reiser, des caporaux Welch, Horan, etc... Au retour de notre promenade, nous passâmes, pour nous rendre au Génie, devant les baraques des M. P. qui abritèrent pendant bien longtemps des Américains fort connus de la population : les officiers Cole (1), Caroll, Flynn, Gendrot, O Neill, etc...; les soldats Roy, Lapointe, etc... Dans le camp du Génie, toute une pléiade de noms se dressa devant notre imagination : officiers Macomb, Ford, O Brien ; sous-officiers et soldats : Obermeier, Gillespie, Mohr, Leuthner, Stockley, Roullier, Forcier, Meinhard, Powel, Driscoll, Fitzgerald, Barnes, Shikley, etc... Ceux même qui appartiennent aux premières recrues envoyées à Gièvres ont encore leur nom vivant dans notre souvenir : Lieutenant Mc Gee ; caporaux Krâmer, Keating ; soldats Hapgood, Scalise, Stack, Gillette, Frenier, Sugar, Finestry, Jordain, Zeiger, Campbell, etc...

Ces noms pris au hasard, parmi des milliers d'autres encore présents dans notre mémoire, prouveront aux Américains que leur souvenir est encore vivant parmi nous. Beaucoup ne figurent pas des cette liste, bien qu'ils soient non moins connus de la population française, mais il serait sans intérêt pour le lecteur de dresser d'interminables listes qui suffiraient, à elles seules, à remplir les pages de ce modeste ouvrage.

Si les baraques affectées au logement des soldats américains ont en partie disparu, il en est autrement des nombreux et vastes magasins en tôle ondulée et galvanisée. Ils existent toujours, et il faudrait un volume pour énumérer les stocks de marchandises de toutes espèces qu'ils ont contenus et contiennent encore, malgré la liquidation en cours. Corne d'abondance pour les uns, boîte de Pandore pour les autres,

---

(1) Colonel Cole, chef de la police américaine.

ces stocks ont fait assez parler d'eux sur les grands quotidiens pour qu'il soit superflu d'y revenir.

Notons toutefois qu'il serait injuste d'appliquer ici la maxime : « *ab uno disce omnes* » (1) et d'englober, dans la même critique, tous ceux qui ont eu la responsabilité de ces stocks et la charge de cette liquidation. — La même remarque s'impose pour les acheteurs et les commerçants — On aurait tort de confondre les industriels qui se sont approvisionnés aux stocks de Gièvres, avec la nuée d'aigrefins, de « combinards » qui s'est abattue sur ces entrepôts. Ces derniers ont réalisé de véritables fortunes aux dépens de la chose publique.

Il est équitable de noter également que ceux qui portent la responsabilité n'ont pas toujours les coudées franches et ne peuvent, pour des raisons ignorées du public, faire ce qu'ils désireraient. Je sais que, maintes fois, les commandants, chargés de la garde du camp, ont soutenu de véritables luttes pour obtenir, unité par unité, un nombre d'hommes bien insuffisant pour l'ampleur de la tâche. On leur donnait quelques centaines de soldats, là où il en eût fallu plusieurs milliers. (2)

De cette insuffisance de garde, « les vols ont été la consé-quence presque fatale. On vole pour cent mille francs par jour à Gièvres », me disait un haut fonctionnaire. Vraisemblable-ment, il n'exagérait pas. Deux cents gardiens là où il en faudrait deux mille ; un personnel, en majeure partie honnête, mais parmi lequel il s'est malheureusement glissé des gens sans aveu ; dans le pays enfin, des bandes d'escarpes attirés par l'appât de bons coups à faire. Ces derniers ne s'avisèrent-ils pas un jour d'attaquer à coups de pierres et à coups de revolver un poste du 82ᵉ d'infanterie qui montait autour des stocks, une garde

---

(1) Par un, jugez des autres.

(2) La liquidation des stocks et la garde du camp sont deux choses totalement distinctes que certains esprits brouillons assimilent dans leurs appréciations. Un sous-intendant militaire préside à la première, tandis que le commandant militaire de la place s'occupe uniquement de la direction des soldats commis à la garde de cette dernière.

à leur gré trop sévère? Les poilus tirèrent, un des assaillants fut tué, et une circulaire est venue depuis enjoindre aux sentinelles de service dans des enceintes, même non militaires, de faire usage de leurs armes contre les maraudeurs ». (1)

Braves soldats français ! Ce ne fut pas sans émotion et sans fierté que nous les vîmes apparaître dans notre localité. Ils sont loin, eux et leurs vaillants chefs, d'avoir la même paye et le même confort que leurs frères d'Amérique ; et pourtant, combien ils sont dignes d'intérêt ! Après tous les services qu'ils nous ont rendus et qu'ils nous rendent encore, n'est-il pas triste d'apprendre que certaines gens abusent d'eux, et leur font des prix incompatibles avec leur modeste bourse. Rien ne me réjouit plus que de voir nos villageois les faire asseoir à leur table, ou leur offrir un verre de ce divin « pinard » dont ils se gardent d'abuser.

Dans leurs rangs j'ai connu des jeunes gens de première valeur, distingués par leur éducation et l'élévation de leurs sentiments. Les qualités désintéressées de la race se retrouvent, grâce à Dieu, même en ce siècle de « la chasse à l'or » sous toutes ses formes. Trois d'entre eux ont offert leur vie à l'Eglise : le premier est entré au noviciat des Pères Blancs d'Afrique, le second au noviciat des Frères de Saint Gabriel, le troisième au Grand Séminaire d'Autun. Ils y donnent toute satisfaction, à en juger par ce que m'ont écrit certains de leurs supérieurs. Périodiquement, ces jeunes gens envoient un fidèle souvenir au « cher presbytère de Gièvres » qu'ils n'oublient point, bien qu'ils soient sous un autre ciel. Ceux de leurs camarades qui les ont imités dans cet échange épistolaire, montrent que, toute proportion gardée, les soldats français sont non moins reconnaissants que leurs devanciers américains, de ce qui a été fait pour eux.

La photographie N° 104 montre un groupe de soldats du génie. C'est un brave caporal français qui a pris ou développé, dans ses heures de liberté, presque toutes les photographies

____

(1) Article précité du « *Journal* », en date du 25 janvier 1920.

qui ont servi à faire les gravures conténues dans cet ouvrage.

La meilleure entente n'a jamais cessé d'exister entre la troupe française et la population de Gièvres, et c'est un fait public que les commandants militaires ont toujours rencontré chez nous la sympathie qu'ils sont en droit d'attendre.

On a donné à l'union qui s'est affirmée entre tous les Français, pendant la guerre, une bien belle épithète, on l'a appelée « l'union sacrée » ; quelle meilleure espérance peut-on nourrir que de la voir persévérer et s'accentuer ?

A l'heure actuelle tous les hommes intelligents comprennent la nécessité de cette union et ne cessent d'y amener tous les Français. « Restons unis, disait M. Barthou dans le discours qu'il a prononcé à Meaux, le 11 septembre 1921, restons unis autour de la France et, d'année en année, nous aurons, avec la joie fervente de l'aimer toujours, des raisons nouvelles de l'aimer avec une piété grandissante ».

L'union fait la force, comme la division engendre la faiblesse. N'est-ce pas sur nos divisions intestines d'avant-guerre que les Allemands s'étaient appuyés pour escompter la victoire ? Ne travaillent-ils pas encore dans l'ombre pour semer la division entre les nations de l'Entente ? Tenons-nous pour avertis ; ce qui nous a donné la victoire d'hier consolidera la paix d'aujourd'hui.

Avant de quitter le G. I. S. D., il n'est pas inutile d'observer que la liquidation des stocks confiée d'abord à une direction militaire, comme je l'ai dit plus haut, est ensuite passée à une direction civile. Depuis le 14 mai 1921, elle a été concédée à une société anonyme, à laquelle il est alloué, pour se rémunérer de tous ses frais, une commission forfaitaire de 6 %, sur le montant des ventes.

Charges. — Les charges de la Société comprennent :

a) Les frais résultant de l'organisation, à Paris et dans certains autres grands centres, de magasins permanents d'échantillons ;

b) Les dépenses du personnel de vente du Camp et celles des agents à la commission ;

c) Les frais de courtage, de trésorerie, de publicité.

Seuls les frais de contrôle, de gardiennage et de conservation sont à la charge de l'Etat.

Montant des Ventes. — Le chiffre des affaires traitées par la Société s'est élevé :

en mai, à la somme de............	1.042.917 fr.
— juin —	....	4.304.893 —
— juillet —	....	1.358.434 —
— août —	....	4.113.882 —
— septembre —	....	10.859.494 —

Commission. — Les commissions versées à la Société, pour ces mêmes mois, s'élèvent au 1er octobre 1921 à la somme de 706.558 fr. 49.

Personnel. — Le personnel, affecté au service du Camp, se décompose comme suit : (1)

Agents et employés au service de garde......	72
Employés de bureaux et comptables	84
Magasiniers................................	37
Chefs d'équipes, ouvriers, manutentionnaires	185

La responsabilité de la garde des marchandises incombe à l'Etat.

Salaires. — Le traitement moyen d'un garde est de 565 fr. par mois. Le traitement moyen des autres employés est de 569 fr. par mois.

Dépenses mensuelles. — Le chiffre des frais mensuels se répartit comme suit :

Pour la garde	174.000 fr.
Pour les autres employés..........	174.000 —

---

(1) Avant la remise du Camp à la Compagnie Fermière, le total des employés de l'Administration, pour les diverses catégories, était de 878.

Surveillance. — L'enlèvement des marchandises est surveillé, dans chaque baraque, par les pointeurs de la liquidation des stocks qui vérifient et pointent toutes les sorties. Un contrôle mobile est exercé par un agent spécialement chargé de ce service. En outre, de fréquents sondages sont opérés, par la police du Camp, au cours des chargements, ou lorsque les wagons sont chargés.

Terme de la Liquidation et Libération des Terrains. — On envisage la fin de la liquidation pour le 31 décembre 1922 et la remise à la culture des derniers terrains, pour le printemps 1923, en ce qui concerne les installations qui ne doivent pas être conservées, par application de la loi du 29 avril 1919 et du décret du 3 avril 1920. (1)

Régime des Baux. — A partir du 24 octobre 1921, le régime des réquisitions ayant cessé, il a été consenti des baux pouvant se continuer par toute reconstruction de 3 mois en 3 mois. La liquidation se réserve de faire, à toute époque, au fur et à mesure de la libération des terrains, des remises partielles de 50 ares et au-dessus. Les prix de location sont alors diminués proportionnellement à la surface rendue.

Laissons maintenant le G. I. S. D. pour nous occuper du camp de l'Aviation. L'existence de ce dernier sera moins éphémère, nous lui souhaitons même une longue et glorieuse prospérité. On sait en effet que l'autorité militaire française a utilisé l'installation américaine de l'Aviation.

Au mois d'octobre 1919, le commandant Mailfert (*fig.* 105), de l'Aviation Militaire Française, fut chargé, par le Ministre de la Guerre, d'étudier la possibilité d'utiliser une partie des vastes installations américaines pour y constituer un établissement de ravitaillement en matériel pour l'Aviation (2). C'est

---

(1) Plusieurs de nos conseillers municipaux et un grand nombre d'autres paroissiéns m'ont prié de me faire ici l'écho de tous les habitants de Gièvres, en demandant que le règlement des indemnités dues aux possesseurs des terrains réquisitionnés, soit enfin effectué.

(2) Tout le monde a remarqué l'ordre qui s'est établi dans cette vaste installation, du jour où le commandant Mailfert en a pris la direction.

ainsi que fut créé, le 1er janvier 1920, le Magasin Général
d'Aviation N° 3 (*fig. 106*).

On ne pouvait songer à occuper le vaste camp qui s'étendait,
du croisement dit « Les Quatre Routes », jusqu'aux portes de
Romorantin, sur une longueur de six kilomètres. Il fallut se
restreindre et limiter l'acquisition aux besoins de l'Aviation
en temps de paix.

Le terrain situé à cheval sur les communes de Pruniers et
de Gièvres fut choisi comme le meilleur pour les avions : il
comprend actuellement 120 hectares environ.

La partie principale de l'établissement est formée par
deux grands hangars de 150 m. $\times$ 160 pouvant abriter de 400 à
500 avions, avec tout le matériel de moteurs et rechanges servant
à leur entretien. Une belle piste de 1.000 mètres de long sur
800 de large donne aux avions toute sécurité pour les départs
et atterrissages.

Le Magasin Général d'Aviation est destiné au ravitaillement
des régiments et des écoles d'aviation du territoire.

Un personnel d'officiers, de pilotes et de mécaniciens veille
à l'entretien et à la conservation des avions en état de vol et
expédie, par trains ou par la voie des airs, le matériel aux
régiments.

C'est ainsi que là encore les Américains ont fait œuvre
utile pour la France, car c'est grâce au magnifique matériel
de hangars qu'ils avaient construit, à leur puissance d'organisation et d'exécution que la France a pu, dès la fin de la
guerre, monter sur des bases solides son aviation de paix, au
cœur même du pays.

Je me reprocherais de ne pas parler du long séjour que fit
au camp de Gièvres et plus tard à celui de Pruniers, la Mission
Polonaise envoyée par le gouvernement de ce pays pour des

C'est avec la plus vive satisfaction que le public a accueilli sa nomination
au grade de chef de bataillon. Le commandant Mailfert était capitaine
quand il a pris la direction du Camp d'Aviation.

achats considérables. Ces fils d'une nation chère à la France ne furent pas considérés comme des étrangers parmi nous, et leur chef, le commandant Justyn de Domejko a laissé un grand souvenir par la supériorité de son intelligence et la surprenante variété de ses connaissances. Le lieutenant-ingénieur Jean Korwin de Kamienski qui l'accompagna pendant quelque temps s'attirait toutes les sympathies, par la distinction de ses manières et de son éducation.

Rarement une semaine se passait sans qu'ils vinssent une ou plusieurs fois à la cure, et, depuis leur départ, ils ont continué ces bonnes relations. C'est par eux que j'ai appris, de source directe, toutes les ruines accumulées par le bolchevisme dans leur malheureux pays. L'oncle de l'un des officiers de la base, maître d'une grosse fortune, est mort de misère au coin d'un bois, dépouillé de tout ce qu'il possédait. En rentrant chez lui, à son retour de France, son malheureux neveu n'a trouvé, de sa fortune et de ses biens, qu'une réserve en or, enfouie par lui dans la terre. Son père est mort de chagrin, l'un de ses frères a été tué, un autre a disparu et sa mère a été emmenée en captivité. « Ma vie vaut-elle la peine d'être vécue, je suis désemparé, me disait-il ». Un autre officier de la Mission Polonaise, le prince Lubormirski est l'auteur d'ouvrages militaires techniques recommandables. On voit que la Pologne dont certains ne connaissent que les danses : la polka, la mazourka, la varsovienne, la cracovienne, la polonaise, etc... est largement ouverte aux idées sérieuses, et que l'élite de la nation y reçoit une éducation et une instruction des plus soignées.

Les Polonais du camp ont été de toutes nos fêtes : à la confirmation du 15 juin 1921, plusieurs d'entre eux furent parrains des enfants, et le commandant de la base fut charmé du bienveillant intérêt que lui témoigna notre évêque vénéré Mgr Mélisson, au cours du déjeuner qui réunit, à la cure, à l'issue de la cérémonie, le clergé des environs et les notables de la paroisse.

Au moment où j'achève ce modeste ouvrage, Gièvres n'a pas encore repris sa physionomie normale. Quelle invasion de

104
105
106

peuples en ces dernières années ! On se tromperait en pensant que le départ de nos alliés a ramené notre pays à son état d'avant-guerre. Ils ont été remplacés par des étrangers de toutes provenances et de tout acabit, attirés, les uns, par des raisons légitimes, comme le souci de leur vie à gagner ; les autres, par des motifs inavouables, comme l'appât de bons coups à faire. Si ce mouvement a favorisé la prospérité matérielle, on ne peut en dire autant de la prospérité morale. Les exemples trop nombreux hélas ! du vol, de l'union libre et de l'indifférence religieuse produisent un fâcheux effet, surtout chez les esprits faibles. Ces dangers sont à signaler à l'attention des chefs de famille ; il est à souhaiter qu'ils les comprennent et que les saines traditions d'honneur et de religion florissent à leurs foyers. La santé morale du pays est à ce prix.

SOMMAIRE

Les Incas et le Culte des Morts — Cérémonial des Sépultures militaires — Les séparations de la Mort — La Mort sur une terre étrangère — Reconnaissance aux Américains morts pour la France — Le Memorial Day 1920 — Autres Témoignages de Reconnaissance — La Fête du 10 Avril 1921 — Le Memorial Day 1921 — L'Accident, la Mort et la Sépulture de M. Chelius — Le Colonel Summer — Les Cimetières — Recollection au pied d'une Tombe — Les Fleurs — La Prière.

CHAPITRE XIII

Un Dépôt Sacré

ORSQUE les Espagnols pénétrèrent dans les catacombes de la famille des Incas, pour y enlever l'or qui s'y trouvait, nous dit le vicomte de Thury, les naturels, trop faibles pour leur résister, les supplièrent de ne point disperser les ossements de leurs ancêtres. Le savant auteur nous rapporte que ces fiers Américains périssaient sur les tombes de leurs aïeux pour ne pas les abandonner. On les entendait s'écrier, avec le plus saint enthousiasme : « Dirons-nous aux ossements de nos pères : Levez-vous et suivez-nous dans des régions étrangères ? »

Ces lignes nous montrent le respect que les Américains avaient, dès ce moment, pour leurs morts, respect qui ne s'est pas démenti, du moins en ce qu'il nous a été donné de voir. Il

n'est personne à Gièvres qui n'ait remarqué l'ordre et la belle
tenue des cimetières américains.

Le cérémonial lui-même de leurs sépultures militaires a
quelque chose d'émouvant. Après les prières liturgiques, un
clairon s'avance, il se pose face à la tombe, et, lentement, très
lentement, il joue les notes d'une sorte d'adieu si expressif et
si mélancolique qu'on se sent remué (1). Ensuite, les huit
soldats du piquet commandé tirent trois coups de fusil vers la
couche éthérée, enveloppant la tombe de son manteau
d'azur.

Je n'ai jamais pu m'agenouiller sur ces tombes, sans me
sentir pénétré d'une tristesse qui me suivait le reste de la
journée. C'était, d'abord, le souvenir des pauvres morts que
j'avais assistés de mon ministère, puis, mes idées se généra-
lisaient, et je m'apitoyais sur le sort de tous ces jeunes gens,
connus ou inconnus, qui sont morts, loin de leur famille, dans
cette paroisse commise à ma garde.

La mort, avec la séparation qu'elle opère, est toujours
profondément triste. Il est cruel de quitter ses parents, ses
amis, ses biens, toutes ses affections. *Siccine separas mors
amara* (2) ? Toutefois, quand on a près de soi un père, une
mère, une épouse auxquels on adresse ses dernières recom-
mandations et son suprême adieu, la séparation semble moins
douloureuse. Un courant de tendresse s'établit entre le regard
voilé du moribond et les yeux mouillés de larmes des parents
qui l'entourent. Des effluves d'un insondable amour viennent
réchauffer ce pauvre cœur à demi glacé. Et, quand l'âme
s'échappe en un dernier soupir, il se trouve un être aimé pour
le recueillir.

Voilà pourquoi mourir sur une terre étrangère, loin de sa
famille, semble un trépas plus angoissant, et, j'ajoute, plus
méritoire en même temps. Aussi, notre reconnaissance est-elle
particulièrement acquise aux enfants de l'Amérique, tombés

_____

(1) Les Américains donnent à l'instrument dont il se sert le nom de
bugle (prononcez bioug-eul).
(2) O mort amère, est-ce ainsi que tu sépares ?

sur les champs de bataille, ainsi qu'à ceux qui sont morts
dans les hôpitaux et dont la dépouille repose dans les
cimetières de notre paroisse.

> *Ah ! reposez, de vous la France est fière ;*
> *Votre martyre empourpre sa beauté.*
> *L'Ange du ciel garde votre poussière,*
> *Et Dieu, pour vous, à fait l'Eternité.* (1)

En même temps que nous avons prié pour nos chers
soldats français, que nous leur avons rendu les solennels
honneurs qui sont encore dans la mémoire de tous, nous avons
eu garde d'oublier les enfants de l'Amérique, morts sur notre
sol, en prêtant main forte à notre patrie. La fête du *Memorial
Day 1920* a été célébrée, à Gièvres, avec un éclat et une sympathie compatissante bien faits pour consoler les familles
américaines dont les fils sont morts dans les hôpitaux du
camp. Je ne saurais mieux faire que de reproduire ici le compte-
rendu du journal l'*Echo de la Sologne*, relatant cette émouvante
cérémonie.

« *La paroisse de Gièvres a célébré dimanche dernier le
Memorial Day d'une façon bien propre à raviver chez tous ceux
qui s'y trouvaient les liens d'amitié qui unissent la France et
l'Amérique. Le temps, un moment douteux, s'était levé, et, bien
avant l'heure, une assistance recueillie garnissait l'église dont
l'autel était orné de drapeaux américains.*

*La messe commence, et tous écoutent avec plaisir les artistes
qui, plusieurs fois déjà, ont aimablement prêté leur concours.
Les soli sont accompagnés à l'harmonium et au violon, sous la
direction de M. l'abbé Gilg, curé de Saint-Julien.*

*Après l'évangile, M. l'abbé Chauveau, curé de Gièvres, monte
en chaire ; il explique la signification du Memorial Day et le
sens de cette cérémonie ; puis il évoque le souvenir de certaines
morts profondément édifiantes, comme celle du jeune sergent
Welch que plusieurs des personnes présentes ont connu.*

---

(1) Le Noël des Braves. J. Bellouard.

L'assistance partage son émotion quand il raconte ses souvenirs de ministère pendant le long temps où il a été seul à remplir les fonctions de curé et d'aumônier militaire. En terminant, il raconte cet épisode de nos livres saints :

« Un soir, le roi des Perses, Artaxerxes, remarqua que son échanson était triste ; cet échanson se nommait Nehémias et appartenait à une famille distinguée de la nation juive. — « Pourquoi es-tu triste, lui dit le roi, car tu ne me parais pas malade ? » — « Et comment ne serais-je pas triste, répondit Néhémias, en songeant aux ruines de Jérusalem, ma patrie ». — « Et qu'y veux-tu faire ? » répliqua le roi. « Ce que je veux faire, poursuivit cet homme de cœur, c'est de rebâtir la cité de mes aïeux ». Puis, se tournant vers ceux de ses compatriotes qui étaient là : « Frères, leur dit-il, mettons nous à l'œuvre et bâtissons ». Vous avez compris l'allusion, poursuit le prédicateur, la France victorieuse est, néanmoins, couverte de ruines... ruines matérielles et ruines morales... Il ne tient qu'à nous de lui rendre son ancienne prospérité ; mettons-nous donc à l'œuvre, chacun dans notre sphère, et, Dieu aidant, notre bien-aimée patrie, reprendra sa place à la tête des nations. Notre courage augmentera l'attachement de nos amis, et forcera l'estime de nos ennemis. Il contribuera à rendre plus étroits et plus indissolubles, les liens qui unissent ces deux grands peuples : la nation de Clovis et celle de Colomb, la France et l'Amérique ».

» A l'issue de la messe, la procession se met en marche dans cet ordre : la Croix et la longue théorie des enfants des écoles, portant des gerbes de fleurs, et conduits par leurs maîtres et maîtresses, le clergé, le maire et ses conseillers, la délégation américaine, l'intendant français, le commandant militaire, les officiers et soldats, les représentants des différentes administrations et la population civile. Un certain nombre de couronnes sont portées par des délégations.

» Arrivée au cimetière, la procession s'arrête d'abord devant la croix, et le célébrant entonne le Libera, puis les enfants, obliquant à droite, viennent se poser face aux tombes, dans l'allée qui les sépare. M. le Curé entouré des diacre, sous-diacre et chapiers se place devant le mât qui porte la grande flamme

américaine. Il asperge les tombes et poursuit les prières liturgiques. Alors, l'Intendant militaire s'avance, d'une allure toute martiale, et, d'un ton non moins énergique, prononce quelques mots émus pour saluer ces nobles victimes et redire la reconnaissance que nous leur gardons.

» Immédiatement après, les enfants déposent les gerbes sur les tombes, pendant qu'un autre groupe se place face au clergé, derrière le drapeau. Ils récitent à l'unisson les jolis vers de Victor-Hugo :

« Ceux qui pieusement sont morts pour la patrie »
« Ont droit qu'à leur tombeau, la foule vienne et prie »,

et entonnent un chant de circonstance. Alors, un délégué de la Croix-Rouge Américaine récite en anglais, dans un langage poétique et relevé, quelques lignes indiquant le sens de cette cérémonie et interprétant les sentiments de tous.

» A ce moment, trois automobiles s'avancent, M. le Curé, l'Intendant, le Commandant, le Maire, les délégués de la Croix-Rouge et quelques autres personnes y prennent place et se rendent à la bénédiction du second cimetière, distant de plusieurs kilomètres. M. le Curé récite les prières liturgiques et ajoute le Pater et l'Ave en anglais. Un délégué de la Croix-Rouge s'avance alors : « Au nom de la Croix-Rouge américaine, dit-il, au nom des officiers et soldats, je remercie tous ceux qui ont bien voulu s'unir à nous, en ce jour du Memorial Day. J'adresse un remerciement tout particulier à M. le Curé de Gièvres et à M. l'Intendant ».

» Ensuite, les délégués de la Croix-Rouge vont se placer à l'entrée du cimetière où chacun leur serre la main avant de se retirer ».

La reconnaissance de la population de Gièvres à l'égard de la nation américaine et de ses fils, morts chez nous, s'est traduite et se traduit encore de bien d'autres façons. Tous les premiers vendredis du mois, à l'issue de la messe et du salut du S. Sacrement, le *Libera* est chanté pour ces derniers. Tous les derniers jeudis du mois, une messe est célébrée à leur intention.

Le dimanche, dix avril de la présente année, fut un jour

mémorable dans les fastes de notre localité. Il s'agissait de bénir le monument élevé à la mémoire des enfants de Gièvres morts aux champs d'honneur *(fig.* 107). Une assistance telle que, de mémoire d'homme, on n'en avait vu de semblable, se pressait dans l'église trop petite pour pareille foule, et se massait sur la place. L'édifice, endeuillé de tentures funèbres, décoré de trophées de drapeaux, l'autel avec son fond de plantes vertes montant presque jusqu'à la voûte, et où scintillaient une multitude de cierges et de bougies, avaient « je ne sais quoi de poignant et d'évocateur ».

Après le magistral discours (1) de M. l'abbé Frouin, aumônier du maréchal Foch, pendant la guerre, et le salut solennel, où des artistes de talent ont chanté le pieux *Jesu Salvator mundi,* l'*Ave Maria de Cherubini* (2), un duo et plusieurs autres morceaux, l'imposant cortège s'est mis en marche pour le cimetière.

Dans un ordre parfait, et suivant un cérémonial tracé d'avance, la foule s'est disposée en carré, autour du monument. Devant la croix qui le couronne, le clergé ; en face, les

----

(1) Le prédicateur avait pris pour texte ces paroles de St Paul : « Bonum certamen certavi, cursum consummavi, fidem servavi. In reliquo reposita est mihi corona justitiœ quam reddet mihi Dominus ». Après un exposé fort apprécié de l'état du monde, avant les hostilités et de la perfidie de l'attaque, l'orateur a établi le droit de notre cause, « bonum certanem ». Barrer la route à la *culture allemande,* délivrer les peuples opprimés, tel a été notre effort. De ce rôle providentiel, nos grands chefs ont eu conscience. Un jour, poursuit-il, je dis au maréchal Foch, près duquel je déjeunais : « Le bon Dieu vous sert bien, maréchal, depuis quelque temps. » — « Eh ! répartit le vaillant chef, est-ce que je ne le sers pas, moi aussi ? » — Il a ensuite exposé le rôle, tantôt conscient, tantôt inconscient de nos soldats, pénétrés, malgré tout, de la foi de nos aïeux, « fidem servavi ». Dans la suite de son discours, et en suivant son texte, l'orateur a parlé de la justice des hommes qui doit se traduire par le souvenir, la prière et la restauration des ruines ; et, enfin, de la justice de Dieu qui rend la vie aux morts et décerne les récompenses. Plusieurs passages ont fortement rémué l'assistance, et l'orateur lui-même, n'a pu se défendre d'un moment d'émotion devant cette foule immense et recueillie où les brillants uniformes militaires et les écharpes tricolores se mêlaient aux blancs surplis du clergé. Son langage a été tout apostolique ; « je parlerai en prêtre catholique, a-t-il déclaré, et si, dans ce vaste auditoire, il en est qui ne pensent pas comme nous, du moins seront-ils forcés de reconnaître que j'ai dit la vérité. »

(2) Chanté par Mme Hardy, femme du directeur du Parc d'Automobiles dont tout le monde à Gièvres connaît la belle voix.

107

111

108

109

110

112

représentants de l'autorité civile, les mutilés et les soldats ;
à droite les commandants et les officiers ; à gauche le public
dont le flot se répandit ensuite un peu partout. Après les
prières liturgiques, dans l'émotion de mon âme, j'adressai
quelques mots (1) de remerciement au donateur du monument
et à l'assistance, en même temps qu'un dernier adieu « aux
nobles victimes qui sont tombées pour notre défense », sans

---

(1) En voici le texte : « Qu'il me soit permis, M. F., d'adresser un
remerciement ému à tous ceux qui ont voulu se joindre à nous dans
cette cérémonie imposante et évocatrice.

Il semble que les âmes de nos héros planent au-dessus de cette foule,
en même temps que le théâtre de leur sacrifice se dessine et se colore
dans notre imagination : Boureuil où plusieurs d'entre vous ont combattu,
et où 37 seulement ont survécu, sur les 261 hommes formant la
compagnie ; Vauquois si laborieusement conquis le 17 février 1915, après
les attaques du 7 décembre 1914, du 27 janvier 1915 et du 7 février 1915 ;
les coteaux de l'Alsace si glorieusement redevenus français. Au soir de
ces grands jours, on pouvait dire, comme à Reischoffen :

> *Plus livide ce soir*
> *Est le ciel de l'Alsace,*
> *Et s'élargit la trace*
> *De ce flot de sang noir...*

Maintenant, la nature recouvre ces plaines et ces coteaux d'un
manteau de verdure, comme pour effacer la trace du sang et des larmes
qu'ils ont bus.

> *Aujourd'hui plus rien ! que des croix*
> *Et la paix sur ces humbles places,*
> *Adieu ! guerriers aux grands exploits,*
> *Un cœur battait sous vos cuirasses.*

C'est pour perpétuer notre reconnaissance, qu'une famille généreuse
a voulu doter notre cimetière d'un monument commémoratif. C'est pour
exalter les nobles victimes qui sont tombées et les glorieux mutilés qui
ont survécu, que les représentants de l'autorité civile et militaire, que
les prêtres des environs sont venus s'associer à la population tout
entière.

En face de ce monument évocateur, au pied de cette croix qui
symbolise tous les sacrifices, nous sommes unis dans le même deuil,
dans la même fierté, dans la même espérance.

Dans le même deuil, pour pleurer ceux qui sont tombés pour la
défense de notre sol et de nos foyers, sans oublier nos amis et défenseurs
américains dont la dépouille mortelle repose sous le sol bénit de nos
deux cimetières.

Dans la même fierté d'appartenir à une nation chevaleresque entre
toutes et dont l'histoire, à travers les âges, est intimement liée à la
défense du droit et de la civilisation.

Dans la même espérance en cette Justice immanente qui sait récompenser les braves et humilier les lâches. A ces héros, M. F., j'adresse,
en notre nom à tous, un reconnaissant et dernier Adieu.

oublier « nos amis et défenseurs américains dont la dépouille mortelle repose sous le sol bénit de nos deux cimetières ».

M. Bougros, maire de Gièvres, prend ensuite la parole. Il excuse d'abord M. le docteur Massacré, maire de Selles et conseiller d'arrondissement, appelé auprès d'un malade dans le cours de la cérémonie, puis il ajoute : « J'accepte, au nom du Conseil municipal, le don que M. Bezard a bien voulu faire à la commune de ce monument, et je joins mes remerciements à ceux de M. le curé ». Ensuite il rappelle brièvement le sens de la cérémonie, exalte nos glorieux mutilés, tous nos héros français et nos alliés *Américains* dont « un certain nombre reposent en ce lieu-même ». M. Goudeau, conseiller général, à son tour, flagelle nos perfides ennemis et célèbre la vaillance de nos admirables soldats.

Le « *Pélerin* » (1) qui a fait le compte-rendu de cette fête, sans me prévenir, a commis une erreur, bien excusable d'ailleurs, chez un étranger à la paroisse. Après avoir adressé un éloge mérité aux petits garçons qui déclamèrent ou chantèrent des morceaux sous l'habile direction de leur maître, M. Boulan, il parle du morceau final. « Enfin, dit-il, pour clôturer cette si imposante cérémonie, l'institutrice récitait avec âme, un chef d'œuvre de poésie et de sentiment : « Debout les morts ! »

La jeune fille en question n'est pas une institutrice, mais la fille du commandaut du G. I. S. D. de Gièvres, Mlle Lecas. D'allure toute martiale, avec l'air inspirée d'une Jeanne d'Arc, elle a brillamment interprété une pièce de vers, composée pour la circonstance.

> « *Debout les morts ! debout ! pour guider les vivants.*
>
> « *Livrez-leur le secret des trépas enivrants ;*
>
> « *Qu'ils apprennent d'un nom, gravé sur une pierre,*
>
> « *A mourir en héros, pour revivre en lumière* ».

Nos gloires nationales défilent dans son épopée. Voici

---

(1) L'article est signé Peregrinus.

Jeanne d'Arc « en sa robe d'airain », tenant au dessus de l'autel la bannière

« *Où fleurit, en lis d'or, la France printanière* ».

Enfin, faisant écho aux discours précités, elle a salué tous nos alliés : *Américains*, Belges, Anglais, Serbes et Polonais,

« *Tous ces peuples debout contre un peuple dément,* »
« *Luttant pour leur honneur et pour son châtiment* ».

Comme le lecteur peut s'en convaincre, tout le long de la cérémonie, mention a été faite du beau geste de nos alliés d'Amérique et du souvenir reconnaissant que nous leur gardons. N'avais-je pas raison de dire que Gièvres conserve toujours à l'Amérique uu fidèle souvenir et une persévérante gratitude.

Le Memorial Day de la présente année 1921, est hélas ! marqué d'une tache de sang qui le rend plus cher encore à nos cœurs. La cérémonie solennelle avait été fixée à dix heures et demie, mais, depuis le matin, une grande inquiétude régnait dans le bourg. La population, imparfaitement renseignée, savait seulement que M. le Curé n'était pas au presbytère, qu'une automobile était venue le chercher en hâte, pour le conduire auprès d'un membre de la Croix-Rouge Américaine qui s'était grièvement blessé et l'avait immédiatement fait demander.

Voici comment l'*Echo de la Sologne* raconte les faits dans son numéro du 5 Juin 1921.

« *Un terrible accident a mis en émoi la population de Gièvres au matin du 30 mai, jour où elle célébrait avec éclat la fête du* « *Memorial Day* ».

L'un des secrétaires de la Croix-Rouge Américaine, M. Chelius (fig. 108), entendant un bruit insolite autour de sa baraque, saisit son revolver automatique, et se mit en devoir de le charger, ce qui est moins aisé que quand il s'agit d'un revolver ordinaire. Par suite du trouble où il se trouvait, et d'un mouvement maladroit, M. Chelius fit partir l'arme qui l'atteignit dans la poitrine.

Avec énormément de courage, il mit en marche son automo-

bile et envoya sa femme prévenir son collègue M. Bellegarde. Quand ce dernier fut arrivé, il le pria de le conduire à l'hôpital de Romorantin et d'aller chercher M. l'abbé Chauveau, curé de Gièvres. Le blessé est depuis ce temps à l'hôpital où son état est très grave. Conservant toute sa connaissance, il a manifesté une grande joie de voir arriver M. le curé de Gièvres avec lequel il s'est entretenu, et auquel il a recommandé sa femme et son bébé ».

Cet accident tragique, arrivé au commencement de la nuit du 29 au 30 mai, m'avait consterné. J'étais sorti en compagnie de M. Chelius les jours précédents. Il était rayonnant de bonheur et de santé, aussi heureux qu'on peut l'être auprès de sa jeune femme qui venait de lui donner un charmant bébé. Il se mit à pleurer, quand il me vit entrer dans sa chambre d'hôpital et m'attira par la manche de ma soutane pour m'embrasser. « Est-ce que cela sera grave ? » me dit-il. — Je m'efforçai de le rassurer, sans lui cacher le danger de son état. — J'entendis sa confession, et, après l'avoir encouragé de mon mieux ainsi que son épouse qui faisait peine à voir, je revins à Gièvres.

La place et les abords de l'église étaient très animés quand j'arrivai, et l'heure fixée pour la cérémonie était passée depuis quelques minutes. Je m'excusai de mon retard auprès de M. le Maire et des commandants militaires qui, dès qu'ils m'aperçurent, vinrent au devant de moi pour avoir des nouvelles plus sûres et plus précises.

L'office solennel et la procession au cimetière se déroulèrent avec l'ordre et le recueillement pieux des années précédentes, au milieu d'une imposante assistance. M. Thomas et Mlle Labbé, accompagnés à l'harmonium par M. l'abbé Ménager, curé de Billy, firent entendre des morceaux de circonstance.

A l'issue de la messe, j'adressai les paroles suivantes à cette foule qui se demandait déjà si personne n'interprèterait ses sentiments dans une circonstance aussi solennelle.

Pour la quatrième fois, M. F., la fête du Memorial Day nous rassemble dans une communion de pensées et de sentiments, et nous associe à nos alliés et amis d'Amérique. Nous avons tellement fait nôtre cette solennité, que son nom, tout anglais qu'il soit, sonne à nos oreilles comme si nous l'avions entendu depuis notre prime enfance. Ah ! c'est qu'il évoque dans nos âmes de pieux et réconfortants souvenirs : la vision d'une nation magnanime qui s'est levée pour notre défense, la pensée des généreuses victimes qui sont tombées au service de la France et dont un certain nombre reposent dans nos deux cimetières.

Chaque dimanche, nous chantons, au credo de la messe, en parlant du Fils de Dieu « propter nos et propter nostram salutem… passus et crucifixus est ». Pour nous et pour notre salut IL a souffert et a été crucifié.

Tout ordre et toute proportion gardés, on peut en dire autant des héros du Memorial Day, des Américains qui sont morts pour notre cause. Sur la croix blanche de leur modeste tombe, à la suite de leur nom, on pourrait ajouter : Il a souffert et il est mort pour notre défense.

Voilà pourquoi, répondant à mon appel que M. Bougros, maire de Gièvres, a bien voulu faire sien, voilà pourquoi, dis-je, vous êtes assemblés dans cette église, remplie pour vous de si chers et si nombreux souvenirs. Voilà pourquoi nous irons, dans un instant, nous agenouiller sur ces tombes pour y déposer nos fleurs et nos prières. Voilà pourquoi le conseil municipal, le clergé des paroisses voisines, les commandants des deux camps, tous ceux qui représentent ici l'autorité civile, religieuse et militaire se sont donné la main. Voilà pourquoi les enfants de cette paroisse, conduits par leurs maîtres et maîtresses ont fait trêve à leurs travaux scolaires.

Et, n'était-il pas juste qu'il en fût ainsi ! Nous serions bien ingrats, si, dans cette « journée mémorable », nous nous abstenions, si notre âme ne s'attendrissait pas et si nos lèvres restaient muettes.

Plus fortunés que bien d'autres, nous avons encore, parmi nous, des fils de la vaillante nation américaine. Nous les chargeons de transmettre à leur lointain pays, l'expression de notre sympathie et de notre reconnaissance. Nous savons que le nouveau gouvernement qui régit la grande république, sœur de la nôtre, joint à une compétence reconnue par tous, les meilleurs sentiments à l'égard de la France.

Un général français que j'ai eu l'honneur d'avoir pour hôte, et d'accompagner dans la visite qu'il fit au camp de Gièvres, pendant la guerre, le général Radiguet m'écrivait ces jours derniers :

« J'ai confiance dans le gouvernement américain actuel, j'ai beaucoup approché M. Hughes, le premier ministre du Président Harding. C'est un très vrai ami de la France... »

Cet aveu, émanant d'un général envoyé par le gouvernement français en Amérique, et connaissant fort bien les hommes et les choses d'outre-Atlantique, cet aveu, n'est-il pas de nature à nous réjouir ? Dieu aidant, l'entente et l'amitié franco-américaines s'accentueront toujours davantage, et ce Memorial Day resserre encore les liens qui déjà nous unissaient à nos vaillants alliés.

Et maintenant, Messieurs, debout ! Saluons nos généreux défenseurs. Saluons le président et les ministres du gouvernement américain. Saluons les chefs et les soldats de son armée. Saluons les morts qui sont tombés pour notre patrie. Saluons les fils de cette grande nation qui sont encore au milieu de nous. Saluons le fier drapeau dont les étoiles et le bleu d'azur nous rappellent le firmament. C'est là, dans ce ciel étoilé, dans cette paix éternelle que nous demandons à Dieu de rassembler tous ceux qu'il a si glorieusement unis pour le triomphe de la justice, du droit et de la civilisation.

A. S. T.

Ensuite, je mis l'assistance au courant du terrible accident arrivé à M. Chelius, et le recommandai aux prières de tous, annonçant que le lendemain la messe de 8 heures serait dite à son intention. De l'église, le nombreux cortège se dirigea vers le cimetière paroissial où M. Bougros, maire de Gièvres prit la parole en ces termes :

« O soldats de la Grande Amérique, vous qui avez, pour la cause de la Justice et du Droit, abandonné pays et famille, qui *avez donné votre vie à l'âge où on a le droit de tant y tenir, nous venons vous saluer et vous apporter l'offrande de notre reconnaissant souvenir.*

Le destin cruel voulut que, pour la plupart, vous ne voyiez pas le feu et que vous tombiez ici obscurément, alors que vous aviez rêvé un autre sacrifice.

Mais vous êtes pour nous les égaux de vos frères qui périrent au combat et dont nous honorons en vous la mémoire.

Cette journée du Memorial Day nous permet de manifester les sentiments que nous n'avons cessé et ne cesserons d'avoir pour votre nation, la Grande République sœur.

Notre gratitude va à tous, à votre gouvernement, à vos chefs, aux soldats qui ont combattu à nos côtés et ont fait, pour le salut de la France, le sacrifice de leur vie,

A tous ceux qui, la guerre finie, n'ont pas cru la tâche terminée et sont venus apporter leur aide à la reconstitution de nos provinces dévastées, ou soutenir de leurs dons généreux les orphelins trop nombreux laissés par la guerre.

Soldats, je vous salue.

Ensuite les représentants de l'autorité civile et militaire et des différentes administrations m'accompagnèrent à la bénédiction du second cimetière où nous nous rendîmes en automobile.

Quelques jours après, M. Bellegarde, collègue de l'infortuné M. Chelius, fit insérer dans *L'Écho de la Sologne* la lettre suivante :

Croix-Rouge Américaine   *Gièvres, 2 Juin 1921.*

—

Monsieur le Directeur,

Permettez-moi de recourir à la publicité de votre journal pour remercier la population de Gièvres de la façon si grandiose et si touchante avec laquelle elle vient de célébrer la fête américaine du Memorial Day.

Nous, Américains, nous avons été très émus, en voyant la foule se lever lorsque M. l'abbé Chauveau, curé de Gièvres, s'est écrié vers la fin de son beau discours : « Et maintenant, Messieurs, debout ! Saluons nos vaillants défenseurs ! Saluons le président et les ministres du gouvernement américain. Saluons les chefs et les soldats de son armée. Saluons les morts qui sont tombés pour nôtre patrie. Saluons les fils de cette grande nation qui sont encore au milieu de nous. Saluons ceux qui reposent dans nos cimetières locaux. Saluons le fier drapeau dont les étoiles et le bleu d'azur nous rappellent le firmament ». Ce discours, je désirais le conserver, et je remercie la personne qui m'en a procuré le texte.

Quand on n'est plus un enfant, on attache de l'importance aux choses et non pas aux mots. Ces paroles nous ont impressionnés, parce qu'elles sont sincères et vraies. Je sais que notre gouvernement a remercié officiellement, pendant la guerre, M. le Curé de Gièvres de son dévouement patriotique et très laborieux ; à ces remerciements, nous avons voulu joindre les nôtres, parce que personne, en France, ne nous a mieux reçus et n'a manifesté plus de sympathie pour notre nation. La fête de lundi nous en est une nouvelle preuve.

La décoration de l'Église, les chants, les cérémonies font honneur au talent d'organisation de M. le Curé, et le discours qu'il a prononcé est tout imprégné de ses sentiments à l'égard de notre pays. La présence de M. Bougros, maire de Gièvres et de son conseil, du clergé des environs, des commandants des différentes sections du camp : le G. I. S. D., l'aviation, la gendarmerie, le groupement chinois, la mission polonaise ; la délégation envoyée par M. Moussion, directeur civil de la vente des stocks, la présence de M. Vasseux, chef de gare et de ses employés, celle du personnel enseignant, le sympathique discours prononcé par M. le Maire, les morceaux chantés par les enfants des écoles, tout cela nous a bien touchés.

La part prise par la population à l'accident survenu à M. Chelius pendant la nuit qui précéda la fête, et l'empressement apporté par M. le curé pour se rendre auprès de lui, nous ont été non moins sensibles.

*Nous nous ferons un devoir de rapporter à nos concitoyens
la façon dont les Français de Gièvres se sont unis à nous dans
cette belle journée du 30 mai 1921.*

*En vous remerciant de cette insertion, je vous prie de me
croire, Monsieur le Directeur,*

Bien sincèrement vôtre.

Louis BELLEGARDE.

Le lendemain du Memorial Day, nous nous étions proposés,
M. Bellegarde et moi, de nous rendre auprès du cher blessé,
mais l'automobile qui devait nous conduire avait besoin d'être
réparée et ne put faire le trajet. Le jour suivant, mercredi
1er juin, dans la matinée, je retournai à l'hôpital où je trouvai
Mme Chelius entourée de sa mère et de son frère, de M. et
Mme Bellegarde, de M. Kutcher et d'un autre Américain. L'état du
malade s'était bien aggravé, une péritonite s'était déclarée et
des vomissements de caillots de sang noir survenaient de
temps à autre.

Dans la nuit du jeudi 2 au vendredi 3, le pauvre malade
présenta les symptômes de la fin ; à midi, on nous téléphona
qu'il était mort et que Mme Chelius désirait me parler. Quand
j'arrivai à l'hôpital, la Supérieure des religieuses me dit :
« Le pauvre M. Chelius n'a cessé de vous réclamer toute la
nuit, mais nous étions malheureusement sans moyen de vous
envoyer chercher ou de vous prévenir. Nous lui expliquâmes
notre impuissance et il consentit à recevoir le prêtre pension-
naire que nous avons dans la maison. Ce dernier lui donna les
derniers sacrements qu'il reçut avec une grande piété ».

Le surlendemain, dimanche, à quatre heures de l'après-
midi, la cérémonie de sépulture avait lieu dans l'église de
Gièvres. « On remarquait dans l'assistance, dit le journal
précité, M. Hureau, adjoint, représentant M. le Maire de Gièvres
empêché ; le commandant du G. I. S. D. ; un capitaine représentant le commandant de l'Aviation, de nombreux officiers et
soldats, une délégation de la Mission Polonaise et de la direction
civile du camp, M. Vasseux, chef de gare, entouré de ses
employés.

» L'église avait revêtu sa décoration funèbre des grandes circonstances et les prêtres des environs avaient répondu à l'invitation de M. le Curé, ainsi qu'un chanteur bien connu dans la paroisse, et dont la belle voix a interprété plusieurs morceaux de circonstance.

» M. Packer, l'un des secrétaires de la Croix-Rouge américaine pour la France, était venu de Paris pour assister aux obsèques ».

Après avoir donné l'absoute, j'adressai les paroles qu'on va lire :

« *Profondément ému, M. F., par la fin si triste de celui dont nous entourons en ce moment la dépouille mortelle, j'aurais préféré garder le silence dans cette lugubre cérémonie.*

Le premier mot qui s'est échappé de la bouche de M. Chelius, après sa blessure, les appels émouvants qu'il m'adressait durant la nuit qui a précédé sa mort, m'ont douloureusement impressionné. Je préférerais donc mêler mes larmes à celles de son épouse inconsolable, de ses collègues et de ses amis, mais mon devoir et mes fonctions demandent davantage.

Je me reprocherais de ne pas me faire l'interprète de tous ici pour exprimer publiquement à Madame Chelius, à sa vénérée mère et à son frère qui l'accompagnent, aux représentants de la Croix-Rouge, aux Américains présents dans cette enceinte la très large part que la population prend à leur deuil et à leurs regrets.

La présence à cette cérémonie de M. Packer, secrétaire de la Croix-Rouge américaine, me fournit une occasion bien opportune de rappeler, en face de ce cercueil, l'estime dans laquelle nous tenons ici cette généreuse association. Dieu seul connaît le nombre incalculable de secours de toutes espèces qu'elle a fait rayonner, de ses entrepôts de Gièvres, dans toutes les directions. Chacun sait que M. Chelius appartenait à cette puissante organisation,

Il disparaît en pleine jeunesse, à 24 ans, laissant derrière lui une épouse tendrement aimée et un enfant nouveau-né. Plein de force, de cette confiance en soi-même et de cette gaîté qu'engendre une constitution saine et robuste, il entrevoyait l'avenir sous les couleurs les plus riantes et formait de nombreux projets.

La mort est venue le saisir au moment où il y pensait le moins. Quand, pour calmer son épouse apeurée, il a chargé l'arme fatale, il était loin de songer qu'elle devait l'atteindre. Avec un sang-froid et un courage admirables, il a mis lui-même en marche son automobile, priant, en même temps, son dévoué collègue M. Bellegarde de venir me chercher.

Les sentiments dans lesquels il s'est éteint sont ceux d'une foi vive, faisant l'admiration des religieuses et des personnes de son entourage.

Et maintenant, cher ami trop tôt disparu, je m'adresse à vous, pour vous dire un dernier adieu. Témoin de vos angoisses et dépositaire de vos confidences, je garderai précieusement votre souvenir. Je demande à mes confrères qui m'entourent, aux âmes pieuses de cette paroisse, à toutes les personnes qui sont dans cette église, d'unir leurs prières aux miennes pour votre repos éternel.

Vendredi prochain, ajoutai-je, une messe sera célébrée dans cette église, à 9 heures précises, pour le repos de l'âme de M. Chelius. Ses parents et ses amis sont invités à y assister ».

Trois jours après cette messe, le dimanche 12 juin, l'enfant de M. Chelius était apporté aux fonts du baptème, dans cette église où son père avait reçu quelques jours auparavant les honneurs funèbres. C'est avec émotion que je baptisai ce petit garçon, objet de tant de rêves si malheureusement brisés !

Dans le nombre, trop grand hélas ! des Américains qui sont morts au milieu de nous, je me reprocherais de ne pas saluer, avant de terminer cet ouvrage, le colonel Summer, commandant de l'Aviation, l'ami de la France, l'hôte périodique des réunions du presbytère, mort si tristement d'un accident de side-car.

La gravure N° 109 représente son cercueil et la veillée en armes dont fut entourée sa dépouille, déposée devant sa tente, et couverte de l'étendard étoilé en guise de draperie mortuaire.

Par un usage touchant, le cheval de ce vaillant officier, portant les bottes de son maître, figurait dans le cortège funèbre (*fig.* 110).

Le cimetière du G. I. S. D. est également réprésenté (*fig.* 111), ainsi que plusieurs tombes, prises au hasard dans celui de l'Aviation. Quelques uns de ces tertres sont décorés de fleurs fraîchement écloses, mais que peuvent, pour des morts, nos fleurs et leur parfum ?

> *On parle de fleurs à la tombe,*
> *Et si vite hélas ! l'oubli tombe*
> *Sur le cadavre ensanglanté !*
> *Tout passe et s'effrite en poussière,*
> *Malgré les discours superflus :*
> *Pour l'humble soldat qui n'est plus,*
> *Rien ne reste que la prière* (1).

Aussi, nos Saintes Lettres nous recommandent-elles « de prier pour les morts, afin qu'ils soient délivrés de leurs péchés » (2). Près de l'une de ces tombes se tient un officier en prières (*fig.* 112) : je me joins à lui pour recueillir mes souvenirs, et dire, en songeant à tous ceux que j'ai personnellement assistés et à tous ceux dont je ne connais que le dévouement, la douce et consolante prière de la liturgie catholique :

> *Requiem œternam dona eis Domine*
> *Et lux perpetua luceat eis !*

---

(1) J. Bellouard. La prière du soldat.
(2) II. Mac. XII. 46.

LISTE DES SOLDATS AMÉRICAINS

inhumés dans les deux Cimetières de Gièvres

Attendant l'heure du Réveil,
Qu'ils dorment en paix leur sommeil
Jusqu'au matin radieux. (1)

I. — CIMETIÈRE COMMUNAL

B
Barron Arthur J.
Boyon Joseph L.
Broas Raymond Cr.

C
Chaney Jesse
Corsentino Charles

D
Dalcour Albert
Danielski Edmond, Sgt.
Desimpolarse Alphonse
Dixon William

E
Emelein Louis

F
Frierson Jim, Pvt. 1 cl.
Fullwood Stephen H.

G
Gammon Douglas, Cpl.
Gandy John

Garrett Henry
Gray Edwin N.

H
Harris John
Harris Saddie
Harris Willie
Honn John

J
Jackson James
Jenkins Johnnie

L
Lien Emil

M
Mangrum Will
Manthey Bernard J.
Meball John J.
Miller Philip Edward
Moors Ira. M.
Murrell Luther

O
O'Brien Nicholas E.

---

(1) J. Bellouard.

⁂⁂⁂⁂⁂⁂⁂⁂⁂⁂⁂⁂⁂⁂⁂⁂⁂⁂⁂⁂⁂⁂⁂⁂⁂⁂⁂

R

Read Arthur
Robinson Georges
Rock Octave
Ross Dock
Ross Woody

S

Skanklin Carl
Shearman Raydon L., Sgt. 1 cl.
Simpson Reginald H., Sgt.
Smith Jacks, Pvt. 1 cl.

Springer Robert, Pvt. 1 cl.
Stevens Jos.
Sullivan William W.

T

Thompson George

W

Wemke William A.
Wells Ralph P.
Whitfield Philip
Williams George N.
Wright Charles C.

❦ ❦ ❦ ❦ ❦

II. — CIMETIÈRE AMÉRICAIN N° 331

A

Adams Robert T.
Anderson Alfred I.
Andrews Cecil E.
Andrews Howard
Asbell Farell J.
Ashford Frederick
Anckerman Clarence A.
Ansmer Perry

B

Baillargeon Joseph, G. 1.587
Baker Donald D.
Barnes Shade
Batiste Ed.
Beckwitch Paul O., Cpl.
Beissel Earl.
Bergman Albert H.
Bezedek Lawrence
Bingham Arnold A.
Birch Ed.
Blan Edward
Blake Nelson

Blanchette Harmon
Blankenship George W., sgt.
Blonk Burg
Bly Henry
Braddix John
Bradley Edward
Brazil George
Brezel Lee
Broadnox Allen
Brown Archie
Brown Vernon S.
Brussard Henry
Buhl William I.
Burney Ira
Burt Ethan

C

Callvin Edgar G.
Carstens Willis
Chaffin Ernest
Channell Lovette L.
Cheslock Peter
Cinfo Salvatore
Cizek Joseph I.

Clark Loyd
Clouse Frank E.
Cockfield Charlie
Cook Thomas
Cornett Curtis
Cosleham Samuel
Cotton Vandee
Cox Isiam

D

Darley George
Daniel Luther
Davis Boise
Davis Paul
Dennis Fred
De Vriès Gustave
Dodson Leslie, cpl.
Donahue Peter
Doran Thomas, Sgt.
Doubley Robert
Dowell Loranzy
Dudko Nick
Duncan George M.
Duval G. B., 1st Lieut.

E

Easterling Floyd
Edwards Ernest
Engle Ray
Erickson Jonas M.
Eyck Frank H.

F

Fansler Claude
Fears Julius
Felton James
Ferguson Cleasant W.
Fink Charles A.
Fiorino Joseph
Fish Joseph
Floyd John W.

Ford George
Ford John
Ford Louis, Sgt.
Fortier Victor
Franklin Aaron
Frasella Antony D.

G

Garrett Taylor P.
George Willie
Gibson Judson
Gillispie Alonzo
Gilmour George
Giordano Baptist
Glenn Elza, Sgt.
Gleen Rube
Golley George Fr.
Gordon Jimmie
Gorton William A.
Gray Thomas
Gresham Uskin
Gressmire Alva
Guardenier George C.
Guidetti Basilio A.

H

Hall Joseph C., Sgt.
Hall Rufus
Hamm Burgess S., Sgt.
Harris Charles
Harris Leroy
Hartman Lambert T.
Hauser Earl W.
Hay Percy
Hern Orville
Hexum Gustave
Heyer William
Howe Edward W.
Hoy Christian
Hunter Richard

J

Jackson George
James Revenue
Jeffcoat Cecil. S.
Jenson Julius H.
Johnson Arnett
Johnson George
Johnson Gordon W.
Johnson Lee
Johnson Olen, Sgt.
Johnson Samuel
Jones Londsay
Jung Alfred

K

Kam Charles E., Fr.
Kay George, Sgt.
Kendriek Albert J.
Kester Jesse W.
Kimble Arie
Klepp Nels
Knight Alice civilian, Y. M. C. A.
Knox John
Kube William Walter
Kurtz Levi

L

Lambrecht Herbert, Sgt.
Lane James J.
Lauver Samuel O
Lawson Lemuel
Lecompte Lester C.
Ledden Claire Agnes, Nurse.
Little George L.
Loper Arthur C.
Lubbers William, Cpl.
Lumas Joseph B.

M

Mac Donald L. Lloyd P.
Mackie Willie
Madrey Henry

Malloy John J., Sgt.
Mann Russell G.
Mantz Judson
Mares Louis E.
Mather William H.
Mathews Willie
Mathews James
Mc Borrows Charlie
Mc Cabe Andrew
Mc Call Henry
Mc Dade Ellis
Mc Dowell Guy
Mc Elrath John
Mc Guinness Alexander
Mc Hugh James J.
Mc Intire Joseph
Mc Laughlin Frank, Cpl.
Mc Lewis Lewis
Mc Neir Cleveland
Miles Joseph W.
Miller Charles, Cpl.
Miller Joseph, 1st Lieut.
Moore Jack
Moore Singleton
Morris Jake
Moss Charlie
Myers Robert F., Cpl.

N

Nelson Develon
Newman Ralph
Norman George
Norton George S., 1st Lieut.
Nygreen Peter, Cpl.

O

Overfield Henry
Owens Johnnie

P

Pankow Rudolph
Pears Edgar

Peterson Ernest R.
Peterson Millard, Cpl.
Powers Peter J.

Q

Quinn Homer

R

Ranson Lorraine Woman Wor-
 ker Y. M. C. A.
Raymond Lewis
Reece Myron
Reese Thomas
Reid Walker P.
Reynolds Grover C., Sgt.
Ridley Sun
Riggs Charles
Riley Calvin H.
Riley Isaac
Robinson Earley, Cpl.
Roth William L.
Rowland Oscar
Rowlett George B., Cpl.
Ruddling Herbert E.

S

Sano Joseph
Scott Edmond
Scott Gerold, Cpl.
Shaffer Wilbur F.
Sharkey Robert S. Jr
Shearouse Reginald N.
Sinegal Lorance
Singleton John
Slator Roxey W., Sgt.
Smelser Thomas F.
Smith Walter
Smith William E.
Smell Lonnie
Spearman Ike
Spencer Charlie, Cpl.

Stanford Henry
Stepan Albert J.
Sterling Franck C.
Stevens Willie
Stinson Joe
Stokes Howard, Cpl.
Stone Thomas C.
Stoner Joseph H.
Strachen Alberta
Sullivan John M.
Sullivan Mayce
Sutton Vernon W.
Sweeney Roy P.

T

Taylor Joe
Teague David
Thompson Braxton
Tolson Duncan
Toutodonato Paolo
Touchstone James
Traenkle Joseph M.
Triche Albert, Sgt.

U

V

Vaughan James
Vaughn Robert
Volk Raymond W., Sgt.

W

Ward Lawrence L.
Watson Arthur H.
Webster John
Welch Henry J., Sgt.
White Mathew
White Morgan
White Raymond
White Robert
Whitley James

Williams George

Williams Jacob

Williams Louis

Witham Charles

Wolf Edwin A.

Wright Joseph D.

X

Y

Young Blood Alvin P. (1)

---

(1) Au moment ou nous mettons cette liste sous presse, la plupart des corps ont été exhumés et transportés en Amérique. Il n'en reste qu'un petit nombre, dans le cimetière communal.

NOTES EXPLICATIVES

NOTE I

SUR L'ASTROLOGIE

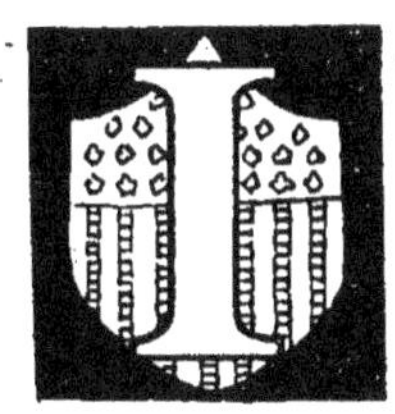 L est fort souvent question d'astrologie dans l'histoire des rois et des princes du Moyen-âge et de la Renaissance. Charles V avait fondé un collège où cette science était enseignée publiquement. Catherine de Médicis avait fait graver ces mots sur la porte du château de Blois : Uraniœ Sacrum. A Chaumont, sa chambre à coucher communiquait avec une tour, élevée sur le sommet d'un rocher au milieu des grands bois, et, sur les créneaux de cette tour, on peut voir encore les trois O enlacés et traversés du triangle égalitaire, emblème de cette science.

« C'est, dit Bailly, la maladie la plus longue qui ait affligé la raison humaine, car on lui connaît une durée de cinquante siècles ». Cette science en effet, remonte à la plus haute antiquité ; Agrippa attribuait à certains esprits une espèce de domination sur les planètes, et ces dernières à leur tour dominaient le sort des hommes. Cela revenait à dire que la destinée de ceux-ci est entre les mains de certains esprits.

L'ami de Catherine de Médicis, Cosme Ruggieri, fut impliqué dans le procès de la Mole et de Coconas pour avoir envoûté Charles IX.

Faire modeler à la ressemblance d'une personne une figurine de cire et piquer au cœur cette statuette, avec certaines invocations, dans l'espoir que la personne ainsi représentée mourra d'une pareille blessure, c'est ce qu'on appelait envoûter, du latin in vultum. L'envoûté était censé subir les mêmes maux qu'on infligeait à la personne qui le représentait.

A la différence de la magie qui enseignait à faire des choses surnaturelles par l'influence des esprits, l'astrologie demandait ses enseignements à l'observation des astres. Le magicien formait des cercles, y faisait différentes postures, dirigeait une baguette vers les quatres points cardinaux et accomplissait, en un mot, toutes les bizarres cérémonies magiques décrites par Cyrano de Bergerac dans sa douzième lettre. L'astrologue, au contraire, tirait sa science de la position respective des planètes et des nombres.

Le point de départ de l'astrologie est que les astres, ayant une influence sur notre planète, en ont une aussi sur les êtres vivants qui sont à la surface, et que cette influence se fait sentir plus spécialement sur telle personne et non sur telle autre, et règle son état de santé ou de maladie.

L'astrologie se lie donc intimement à l'astronomie. En effet, les astres, et particulièrement le soleil et la lune, ont une influence si directe, si incontestable sur les saisons, la température et la fécondité de la terre, qu'il était naturel de penser que tous les astres avaient été créés seulement par rapport aux hommes et au globe qu'ils habitent et que, puisqu'ils avaient de l'influence sur la terre, ils devaient également en avoir sur les mœurs des hommes en général et des individus en particulier.

Les règles de l'astrologie qu'on prétendait tirées de la nature des choses, étaient, au fond, absolument arbitraires. Chacun des membres du corps humain fut gouverné par une planète. Le monde

et les empires furent également sous l'influence des constellations.
Saturne domine sur la vie, les sciences... Jupiter sur l'honneur,
les richesses, les souhaits... Les astrologues regardaient comme
un des principaux mystères de leur science, la vertu des maisons
du soleil.

L'horoscope ou « figure de nativité » était dressé d'après des
règles très compliquées. On établissait d'abord l'état du ciel au
moment précis où la personne était née ; on dessinait ensuite deux
cercles concentriques ou deux carrés, et, entre ces deux cercles ou
carrés, douze triangles ; on appelait ces derniers les maisons du
soleil. Chacune des sept planètes avait aussi la sienne. De ces
maisons, les unes étaient consacrées à la vie, à la richesse ; les
autres à la mort, à l'emprisonnement, etc... C'était en appliquant
sur ces maisons la figure de chaque planète auprès de la constella-
tion avec laquelle elle se trouvait en conjonction au moment de la
naissance, qu'on tirait de cette application les prophéties cherchées.
Les conséquences variaient suivant que la planète se trouvait, par
rapport à la maison dont elle dépendait, en conjonction ou en
opposition, à la distance de quatre signes ou d'un trine, de trois
signes ou d'un quadrat, de deux signes ou d'un sextile, suivant
qu'elle était au dessus ou au dessous du zodiaque, en exaltation ou
en décadence. L'horoscope de Wallenstein est conservé à la bibliothèque de Weimar ; le capitaine portait cet horoscope sur le cœur au
moment où il fut assassiné à Eger, sur l'ordre de l'Empereur
Ferdinand II (1).

Lorsque Catherine de Médicis voulut, au moment de la maladie
mystérieuse du jeune François II et des querelles de religion,
demander à l'astrologie la révélation d'un avenir si menaçant, elle
se rendit à Chaumont où l'attendait Cosme Ruggieri.

Elle trouva l'astrologue dans une salle de la tour mystérieuse,
environné d'animaux suspendus, de plantes desséchées, de minéraux,
d'instruments bizarres. Les tables étaient couvertes de cadrans, de
planisphères, de figures de géométrie et de parchemins mêlés aux
horoscopes, aux figurines envoûtées, aux miroirs magiques, aux
baguettes de coudrier et à tout l'arsenal de la sorcellerie.

---

(1) On rapporte que le soir même de sa mort, il eut avec son astrologue Seni, une discussion très animée : Wallenstein soutenant qu'un
grand péril qui le menaçait était passé, tandis que Seni prétendait le
contraire.

Ruggieri montra à Catherine les quatres figures de nativité, dressées d'après ses ordres, et qui étaient celles de ses quatre fils.

Tous devaient mourir jeunes, et, chose surprenante, devaient porter la couronne royale ! « Sont-ils donc destinés à se succéder sur le trône de France, fit Catherine avec un profond soupir ! »

L'astrologue ne fut pas, dit-on, en état de répondre à une question aussi précise. Il fit même erreur en ce qui concerne le duc d'Alençon qui mourut sans avoir porté de couronne, mais Brantôme qui relate les faits, fait observer que s'il ne fut pas roi, autant valait « estant, dit-il, seigneur absolu des Pays-Bas, s'il n'eût fait la feste Saint-Antoine à Anvers » (1).

Le duc d'Alençon mourut en effet avant Henri III, après avoir perdu, par sa faute et ses débauches, le Brabant qui venait à lui.

Catherine voulut alors savoir si la magie ratifierait et préciserait le langage des astres.

Ruggieri la plaça devant un miroir magique faisant face à la cheminée, en sorte que la lumière, une lumière palote d'un soir d'automne, tamisée en outre par les vitraux peints, ne parvenait au miroir, par suite de l'épaisseur des murailles, que d'une manière bien affaiblie. Dans ce miroir enchanté, la reine vit une salle, et le magicien l'avertit que ceux qu'elle allait voir passer dans cette salle, règneraient autant d'années qu'ils feraient de tours.

Le premier fut le roi régnant, qui passa si vite, que Catherine eut à peine le temps de l'apercevoir.

Retenant son souffle et pâle de terreur, elle comprit qu'il mourrait dans l'année.

Le second fut le futur Charles IX, qui fit treize tours et disparut, laissant un nuage sanglant.

Le troisième, Henri, achevait son quinzième tour, quand le feu roi Henri IV, arrive l'air guilleret, fait vingt tours entiers et voulant achever le vingt-et-unième, disparaît.

« A la suite, vint un petit prince de l'âge de huit à neuf ans, « qui fit trente sept ou trente huit tours, et, après cela, toutes choses « se rendirent invisibles parce que la reine n'en voulut voir « davantage » (2).

---

(1) Vie des Hommes Illustres, t. III., p. 234, édit. Petitot.

(2) Lettres de Nicolas Pasquier, fils d'Etienne, à la suite de celles de son père.

Catherine de Médicis, habituée à ruser avec ses ennemis, crut pouvoir en faire autant avec le sort, et s'imagina qu'il serait satisfait, pourvu que ses enfants portassent une couronne quelle qu'elle fût. Aussi la vit-on, dès que Charles IX eut succédé à son frère, chercher des couronnes étrangères pour les deux fils qui lui restaient à pourvoir.

« C'est dans cette vue, dit de Thou (1), qu'elle fit agir auprès des ministres de la Porte, François de Noailles, ambassadeur de Constantinople, pour procurer le royaume d'Alger à Henri, duc d'Anjou. Peu s'en fallut même que ce projet ne réussît. S'il échoua, elle s'en dédommagea en le faisant élire roi de Pologne. Ce fut dans le même dessein qu'elle travailla à mettre la couronne d'Angleterre sur la tête de François, duc d'Alençon, en lui faisant épouser la reine Elisabeth ».

L'auteur de cette fantasmagorie, Cosme Ruggierri, était certainement un homme de génie. Il profita de l'ignorance de ses contemporains et de l'attrait que le merveilleux et le surnaturel offrent à toutes les époques, pour se faire un levier de l'astrologie et élever cette science à la hauteur d'un moyen de gouvernement.

Les papes Urbain VIII et Sixte Quint condamnèrent l'astrologie, et cette science, déjà en discrédit au XVIIe siècle, tomba définitivement sous les armes du ridicule au XVIIIe siècle.

NOTE II

SUR LE DISTIQUE

« Souvent femme varie, »
« Mal habile qui s'y fie. »

Ce distique, sur la foi de Bernier, le vieil historien de Blois, est reproduit depuis deux siècles dans tous les livres qui parlent de Chambord.

---

(1) Livre XCIV, note de la page 366.

« L'on y voit, *dans un cabinet joignant la chapelle*, cette rime
« écrite sur un carreau de vitre avec un diamant de la propre
« main de ce prince :

> « *Souvent femme varie,* »
> « *Mal habile qui s'y fie.* »
>
> BERNIER (Histoire de Blois, p. 85).

Mais, en dépit du texte de Bernier, on ne connaît personne qui
ait vu la vitre où aurait été inscrit le fameux distique. Certains
prétendent qu'elle a été vendue à un anglais, d'autres, que Louis XIV
l'a brisée, sur la demande de Mlle de La Vallière.

Lorsque François I visita Chambord pour la dernière fois, au
commencement de mai 1545, il avait près de lui sa sœur bien-
aimée, la Marguerite des Marguerites qui avait quitté sa petite cour
de Pau pour « le conforter ». Vieux avant l'âge, tourmenté par une
fièvre lente, le monarque n'était plus le galant homme dépeint par
Brantôme. Dans ses chères landes de Sologne, aux âcres parfums
de bruyère, il n'arrivait pas à chasser l'ennui qui le dévorait, et
s'en prenait tantôt à Dieu, tantôt à lui-même, tantôt aux médecins
qui, suivant une remarque judicieuse, le traitaient plutôt d'après
sa qualité que d'après son mal.

Pour distraire le royal malade, sa sœur l'avait entouré d'une
pléiade d'artistes et de poètes. Amyot, qui lui donna probablement
les prémices de sa traduction de Plutarque, qu'allait bientôt
imprimer Vascosan. Mellin de Saint-Gelais qui dut lui lire sa tragédie
de Sophonisbe. Ce dernier remplaçait Marot à la Cour, et le roi,
poète à ses heures, aimait sa compagnie et ses réparties spirituelles
et vives. Un jour, tout en caressant un cheval que Soliman lui
avait offert, François I se mit à improviser un quatrain :

> « *Joli, gentil petit cheval,* »
> « *Doux à monter, doux à descendre...* »

mais, après le 2e vers, il se trouva embarrassé et son regard se
porta sur Saint-Gelais qui poursuivit immédiatement :

> « *Pour n'être pas un Bucéphal,* »
> « *Tu portes plus grand qu'Alexandre.* »

Mais les saillies du poète n'arrivaient pas à distraire pour
longtemps le sombre malade. On l'entendait fréquemment médire
des femmes qu'il avait tant aimées, particulièrement quand il
s'entretenait avec la reine de Navarre.

Au cours d'un entretien où Marguerite avait défendu son sexe, le roi, sans rien dire, s'approcha de la fenêtre, et écrivit sur une vitre, avec la pointe d'une émeraude, la boutade connue.

Mais ce distique est un problème. Voici ce que dit Brantôme de cette inscription.

« Il me souvient qu'une fois, m'estant allé promener à Chambord, un vieux concierge qui estoit céans et avait esté valet de chambre du roy François I, m'y reçut fort honnestement, car il avait dès ce temps-là connu les miens à la cour et aux guerres, et luy-même me voulut montrer tout ; et m'ayant mené à la chambre du roy, il me montra un escrit au côté de la fenêtre : « Tenez, dit-il, lisez cela Monsieur ; si vous n'avez jamais veu de l'escriture du roy, mon maistre, en voilà ». Et l'ayant leu, en grandes lettres, il y avait ce mot :

« Toute femme varie. »

Il en résulte que la boutade ne consistait pas en deux vers, mais en trois mots, et qu'elle se lisait, non pas dans un cabinet joignant la chapelle, mais dans la chambre du roi, et qu'elle était écrite au côté de la fenêtre et non sur une vitre.

NOTE III

TEXTE ORIGINAL DES LETTRES

dont la Traduction est donnée au Chapitre VIII

T. 1. — This is just a last little note to tell you how greatly I appreciate all that you have done to make my stay here pleasant and happy. Through your kindness I have met many people who have taught me to love your France, and who have given me a clever and better understanding of your ideal...

T. 2. — I wish to thank you again, dear Father, for all your kindnesses to me during my stay in Gièvres. I am very sorry that I did not get down to see you, but it was impossible to get the necessary permission. I hope some day to return to France and

will certainly visit my first and best friend in France, le curé de
Gièvres.

T. 3. — ...I shall always remember your kindness, not only
to me, but to all the soldiers. May God bless you, you were truly
a friend, the boys often speak of you with praise...

T. 4. — ... Permit me to express my sincerest appreciation for
your kindness to sg^t Welch whom I hold in highest esteem and
whom I pray the Blessed Virgin will soon restore to full health
and vigour...

T. 5. — ... I want to thank you again for your generosity and
kindness and hospitality which you displayed in such noble fashion
during my stay at Gièvres...

T. 6. — ... I always remember you for your kindness. Not
only this must I be thankful for, but also the many times I partook
of dinner at your house and the kindness you and your mother and
sister bestowed on me.

T. 7. — I must thank your very sincerely for all you have
done for me while I was over in your country, and under your
care. All of the boys who have known you certainly had a good
friend...

T. 8. — I wish to thank you very very much for your kind
invitation to spend my leave at your home. I shall remember this...
Your unceasing activity and your great kindness to the American
boys is quite wonderful and I am sure greatly appreciated. I have
written to my mother telling her of the great work being done by
the curé of Gièvres and his and his Mother's kindness to me...

T. 9. — Both you and France are in my thoughts often and the
scene of the village of Gièvres with your little church I believe
will always be with me.

T. 10. — Your letter of the 9th of May was received and read
with the greatest pleasure. It made me feel lonesome for Gièvres
where I spent many pleasant days with you; it was read several
times over.

T. 11. — You have done a big noble work splendidly, my
good friend, and I am both proud and thankful to be numbered
among your many thousands of American admirers.

T. 12. — The President asks me to acknowledge receipt of your letter of January 16th and to thank you for the very interesting account which you have given him of the services rendered by the curé of Gièvres It is delightful to hear of such unselfish and devoted services. Will you not be kind enough to convey to Abbé Chauveau the President's cordial greeting and good wishes.

❦ ❦ ❦ ❦ ❦

NOTE IV

PIÈCE JUSTIFICATIVE
Extraite du Chartier du Moulin

10 octobre 1490.

Sur le pli : A mons^r Dumolin. Lectre de permission à luy faicte de monseigneur le conte d'Angoulesme de la fortificacion de sa maison du Molin.

Charles, conte d'Angolesme, Seigneur d'Esparnay et de Remourantin, Per de France. A tous ceulx qui ces pntes lectres verront, salut. La requeste et supplicacion de nre amé et féal Phelippes du Molin, escuyer, seignr dud. lieu, avons receue, contenant que dix ans a, ou environ, il a tousiours continué de faire bastir et ediffier en son lieu du Molin qui est tenu de nous en fief a cause de nre chastel de Remourantin, fait de jour en jour à grans coustz et despens et est délibéré d'y employer encores beaucop du sien pour y faire logeis et entre autres choses, desireroit icellui lieu et logeis fortiffier de tours, barbequannes, canonnieres, arbalestrieres, creneaux, archieres, pontleuys, foussez alentour et autres choses nectessaires pour la fortifficacon et deffence de sond. lieu et logeis, affin qu'en temps de guerres et hostillitez sur sa famille et biens feussent et demourassent en bonne seureté. Mais il ne vouldroit ne oseroit faire lesd. fortifficacons et deffences sans auoir de nous noz congé et licence. Humblement requerant surce lui impartir nre grace. Sauoir faisons que : nous inclinans à sa priere et requeste, eu regard et consideracion adce q̄ led. lieu du Molin est tenu et

mouuant de nous en foy fief et hommaige. Aussi que desirons led.
Phelippes du Molin fauorablement traicter, tant pour considéracion
des bons et aggréables seruices qu'il fait chun jour à Monseigneur
le Roy et à nous et encores espérons q̄ plus face cy après. A icellui,
pour ces caͤs et autres considéracions adce nous mouuans, auons
. donné et octroyé congié, licence, pouoir et faculté aud. du Molin
de pouoir fortiffier, emparer et faire forte et deffensable son lieu,
logeis et maison du Molin. Et en icellui lieu faire faire pond leuyz,
tours, barbaquannes, arbalestrieres, canonnieres, archieres, creneaux, foussez alentour et autres fortifficacions et emparemens
nectessaires et appartenans au fait de fortifficacion que bon lui
semblera. Pourueu toutesuoies que les hommes et subgectz estans
en et audedans de la justice et jurisdicion dud. lieu du Molin ne
des ennuirons et qui seront cy après ne seront poinct tenuz de faire
guet, garde et repparacion aud. lieu et place du Molin ainsi fortiffiée
comme dit est. Mais le feront à n̄re chastel de Remourantin, comme
ilz ont acoustumé et sont tenuz le faire. Si donnons en mandement
au chastellain de n̄re terre et seigneurie dud. Remourantin ou à
lieutenant, à noz procureur et receͤur illec et à tous noz autres
justissiers, officiers et subgectz et à chūn d'eulx, si comme à lui
appartiendra. Que de n̄re p̄nte grace, congé, octroy et licence facent,
seuffrent et laissent joyr et user led. Phelippes du Molin plainement
et paisiblement sans lui faire ou donner ne souffrir lui estre fait,
mis ou donné ores ne p̄o le temps aduenir aucun arrest, destourbier,
ou empeschement en quelque maniere q. ce soit. Et quant adce
auons imposé scilence à n̄re procureur p̄nt et aduenir. Car ainsi
nous plaist il estre fait. En tesmoing de ce, nous auons signé ces
p̄ntes de n̄re main et fait seeller de n̄re seel. Donné à Angolesme,
le dix^{me} jour d'octobre, l'an de grace mil cccc quatre vingts et dix.

Signé : CHARLES, (autographe).

Sur le pli :

Par monseigneur le conte : les Srs de Maumont, de Mursay,
de Fléac, maistre Drouyn Galus, trésorier d'Angoulmois, et
autres p̄nts.

L. GONTARD.

n.

Le sceau de cire rouge est brisé. On distingue encore, au bas de
l'écu, deux des quatre quartiers d'Orléans et de Milan.

✻ ✻ ✻ ✻ ✻

NOTE V

GÉNÉALOGIE

de la

Quatrième Branche de la Famille de Talleyrand Périgord

Les renseignements donnés, au cours de l'ouvrage, sur plusieurs membres de la famille de Talleyrand, seront complétés par la généalogie suivante, de la quatrième branche des Talleyrand Périgord, propriétaire du château de Valençay depuis plus d'un siècle.

Charles-Daniel de Talleyrand Périgord (16 juin 1734 - 4 novembre 1788) marié à Alexandrine de Damas-d'Antigny, fut le père de l'illustre diplomate. Ils eurent quatre enfants, entre autres :

Charles-Maurice (2 février 1754 - 17 mai 1838), prince de Talleyrand, évêque d'Autun, duc de Dino, prince de Bénévent. Il fut le propriétaire, en 1803, du château de Valençay, qu'il avait acheté, avec le concours financier de Napoléon I, du Comte de Luçay.

Archambaud-Joseph, duc de Talleyrand (1er septembre 1762-28 avril 1838) marié en 1779 à Madeleine Olivier de Sénozan de Viriville, morte sur l'échafaud en 1793. Il eut d'elle trois enfants, entre autres :

Alexandre-Edmond de Talleyrand, duc de Dino (1787-1875) marié à Francfort-sur-Main, le 22 avril 1809, à Dorothée, princesse de Courlande (21 août 1793-19 septembre 1862), fille du duc de Courlande, Senisgall et Sagan. Ils eurent quatre enfants, entre autres :

Napoléon-Louis de Talleyrand, duc de Valençay et Sagan, né à Paris le 12 mars 1811, décédé à Berlin le 21 mars 1898 et enterré le 25 à Sagan. Il fut marié deux fois et eut des enfants des deux lits. De son premier mariage, célébré le 25 février 1829, avec la princesse Alix de Montmorency (13 octobre 1808-13 septembre 1858), il eut quatre enfants Talleyrand Montmorency, savoir :

1) Caroline-Valentine de Talleyrand Périgord, née le 12 septembre 1830.

2) Charles-Guillaume Boson de Talleyrand Périgord, prince de Sagan, né le 7 mai 1832.

3) Marie-Pauline-Yolande de Talleyrand Périgord, née le 29 juin 1833.

4) Nicolas-Raoul-Adalbert de Talleyrand Périgord, né le 20 mars 1837.

Il s'est remarié, le 4 avril 1861, à Rachel-Pauline de Castellane (7 juillet 1828-13 mars 1895), fille de feu le comte de Castellane, maréchal de France (et veuve, le 9 janvier 1859, de Maximilien, comte de Hatzfeld-Trachenberg). Il eut d'elle une fille, Marie Dorothée de Talleyrand Périgord, dite Dolie, née à Valençay le 17 novembre 1862.

*
* *

Revenons aux enfants du premier lit.

Caroline-Valentine de Talleyrand fut mariée, le 25 mars 1852, à Vincent-Charles-Henri, vicomte d'Etchegoyen et eut trois enfants.

Charles-Guillaume Boson de Périgord, duc de Valençay, prince de Sagan, marié le 2 septembre 1858, à Anne-Alexandrine-Jeanne-Marguerite, fille du Baron Seillières dont il eut deux enfants :

1) Marie-Pierre-Camille-Hélie de Talleyrand Périgord, né le 23 août 1859, marié à Mme Goulde, femme divorcée de son cousin Boni de Castellane.

2) Paul-Louis-Marie Archambaud Boson, comte de Talleyrand Périgord, duc de Valençay, né en 1867, marié à Londres, le 5 octobre 1901, à Hélène Morton, née en 1876, fille de Levi Parsons Morton, ancien vice-président des Etats-Unis d'Amérique, sans enfant.

Nicolas-Adalbert de Talleyrand, duc de Montmorency, en vertu d'un décret, en date du 14 mai 1864, en qualité de neveu du dernier duc de Montmorency, marié le 4 juin 1866 à Ida-Marie-Carmen Aguado, fille du marquis de Las Marismas del Guadalquivir, décédé le 24 mars 1880. Il eut d'elle un fils, Louis, comte de Périgord, ancien maire de Veuil, marié à Marie-Joséphine-Anne de Rohan-Chabot, née le 10 avril 1873 et décédée le 10 avril 1903, à Paris, sans enfant.

* * *

Enfant du deuxième lit.

Du deuxième mariage de Napoléon de Talleyrand, duc de Valençay avec Rachel-Pauline de Castellane, est née une fille : Marie-Dorothée-Louise Valençay de Talleyrand, mariée en premières noces à Egon, prince héréditaire de Fürstenberg (25 août 1852 - 22 novembre 1896), sans enfant ; et, en secondes noces, en 1899, à Jean, comte de Castellane, son cousin, sans enfant.

Les armoiries des Talleyrand sont : de gueules à trois lions d'or lampassés, armés et couronnés d'azur ; couronne antique de prince sur l'écu et couronne ducale sur le manteau ;

Support : deux aigles ;

Cimier : un lion assis entre deux cornes de bœuf ;

Devise : RE QUE DIOU.

DU PROLOGUE A L'ÉPILOGUE

Comme je l'ai fait remarquer, les différents chapitres composant cet ouvrage, ont été écrits dans mes heures de loisir, c'est-à-dire à huit ou dix mois d'intervalle pour certains. Les événements survenus après leur composition et leur impression, nécessitent quelques lignes complémentaires.

Parmi ces événements de date récente, le vote du Sénat Américain, concernant le règlement des dettes alliées, est certainement le plus important. Il a péniblement impressionné les Français et choqué ceux qui, comme moi, nourrissent, à l'égard de l'Amérique, des sentiments de vive sympathie et de profonde gratitude. Il faut reconnaître, en effet, que, depuis quelques mois, notre sentimentalisme français est mis à la plus dure épreuve.

Nous avions pensé, jusque là, que le sacrifice du sang et les autres sacrifices de tous ordres, consentis par nous pour la défense du droit et de la civilisation, nous attireraient la considération et la gratitude non seulement de nos alliés, mais même des neutres. Malheureusement il n'en est rien, et il nous faut descendre des rêves à la réalité. Expliquons-nous :

Actuellement personne ne proteste en France contre l'obligation dans laquelle on nous met de payer ce que nous devons. Nous ne nous insurgeons pas contre le fait du règlement de nos dettes, mais contre les conditions qui nous sont faites.

Nous avons vingt-cinq ans pour payer nos dettes à l'Amérique avec un intérêt de 4,25 %

Raisonnablement, pouvons-nous couvrir, en un aussi bref délai, pareille dette, étant donné : 1° Que nous avons à reconstituer nos régions dévastées en faveur desquelles nous avons avancé, pour le compte de l'Allemagne, quarante-cinq milliards de nos francs-papier ; 2º que les Allemands prétendent ne pas être en mesure de nous payer.

C'est 2.750 millions de dollars que l'Amérique nous a avancés dans les circonstances et sous la forme que tout le monde connaît ; et, comme le dollar était alors estimé 5 francs environ, cela représentait la somme de 13 milliards 750 millions de francs. Or, aujourd'hui, c'est 33 milliards que nous devons rembourser, puisque le dollar est à 12 francs. Est-ce équitable ? Nous demandons à nos alliés de répondre. Ce n'est pas de l'abnégation que nous réclamons de leur part, mais simplement du bon sens.

Qui ne voit que si nous versons les annuités demandées, ce n'est pas 33 milliards de francs que nous aurons à débourser, mais beaucoup plus, car il est clair que la valeur de notre franc baissera encore devant cet énorme fardeau, s'ajoutant à notre budget déjà si lourdement obéré.

Sans entrer dans le détail technique des intérêts composés, on peut avancer, en toute prudence, que les sénateurs américains viennent de grever les contribuables français d'une formidable charge qui, d'ici 1947, les écrasera de 70, voire même de 80 milliards de francs d'impôts supplémentaires, en tenant compte de l'avilissement croissant de notre change.

Quel esprit impartial ne partagerait notre étonnement en voyant de quelle manière nos associés d'hier se proposent de contribuer désormais à notre relèvement économique ?

Et, pendant que les choses se passent ainsi, il ne manque pas de gens, en Amérique comme en Angleterre, pour nous reprocher d'être, à l'égard des Allemands, des Shylocks sans entrailles. Ils sont également légion, ceux qui nous blâment de maintenir nos soldats sur le Rhin. Croient-ils naïvement que sans cette armée d'huissiers, nous toucherions un pfennig de nos déloyaux adversaires ?

On comprend sans peine le cri d'indignation que le vote des législateurs de Washington a soulevé dans toute la presse française. Voici ce qu'écrivait dans l' « Eclair », M. Lémery, sénateur de la Martinique :

« Nos amis d'Amérique sont d'un idéalisme pratique parfois singulier. Ils ne détestent sans doute pas les beaux gestes, mais ils aiment, en même temps les bonnes affaires. Peut-être est-il temps de les avertir amicalement que leur tendance à tout estimer en dollars — marchandises, bêtes, gens, amitié, indépendance, reconnaissance — heurte profondément le sentiment français.

» Qu'il soit très généreux de leur part de nous réclamer le montant d'une créance au moment où notre situation financière est critique, où notre débiteur principal réclame une transaction et se dérobe à ses payements que nous pouvions à bon droit escompter, — où la France fait un vigoureux effort pour opérer un redressement par ses propres forces — c'est ce que je ne veux pas examiner. Les Américains sont gens d'affaire... et le souvenir de la grande guerre, des immenses sacrifices faits par la France pour donner du temps au monde, lui permettre de s'armer et assurer la victoire de la civilisation, est déjà prêt de s'effacer... »

« Mais les Etats-Unis poussent la sollicitude un peu trop loin lorsque — s'inquiétant de la manière dont nous pourrons payer — ils nous suggèrent des modalités de payement. Les accomodements qu'ils nous proposent ressemblent assez à des exécutions. Avec une bonhomie légèrement suspecte, certains Américains nous disent : « Eh ! oui, vous ne pouvez pas payer en argent, nous le savons bien. Nous ne voulons pas votre ruine ; en doutez-vous ? Nous nous contenterions de peu de chose, d'un morceau de pain... de quelques îles. Tenez : les Antilles... » Tel est à peu près le langage de nos créanciers d'outre-Atlantique. La *Washington Post* écrit : « Si la France ne peut rien payer de sa dette aux Etats-Unis, pourquoi ne cèderait-elle pas un peu de territoire qu'elle a pris à l'Allemagne ? S'il est difficile de céder celui-là, il y en a dans cet hémisphère auquel elle pourrait renoncer. *Les possessions françaises des Antilles sont sans valeur pour la France*, alors qu'elles seraient très utiles aux Etats-Unis pour la protection du canal de Panama ».

» Ce n'est pas la première fois que nous entendons cette invitation à faire des populations des Antilles l'objet d'un troc. Il faut que les Américains en prennent leur parti une fois pour toutes : les Antilles françaises peuvent être arrachées à la mère-patrie par la violence, comme l'Alsace-Lorraine nous a été ravie en 1870 par les soudards d'outre-Rhin, mais elles ne seront pas cédées volontairement. Elles ne sont pas à vendre ».

A son tour, M. Maurice Geneste écrit dans l' « *Avenir* » ces lignes judicieuses :

« Bien entendu — et aucune équivoque ne doit règner à cet égard — nulle protestation ne sera formulée, en France, contre l'obligation où l'on nous met de payer ce que nous devons. Nous avons emprunté, on nous demande de rembourser : rien à objecter à cela. La signature de la République ne sera jamais protestée dans une affaire de gros sous, ni d'ailleurs dans aucune autre affaire. Non seulement nous payerons rubis sur l'ongle ce qu'il est juste que nous payions, mais encore, nous payerons sans rechigner, à la Française, quand même ce payement devrait être fait, comme dans le drame shakespearien, avec un lambeau de notre cœur. Je connais mon pays. Je suis tranquille : dans le quart de siècle qui lui est imparti, il ne devra plus un dollar à ses prêteurs Américains.

» Seulement — et nous pouvons le dire très haut — il ne faudra pas s'étonner, ni à Washington ni ailleurs, si nous mettons à obtenir le règlement de la dette allemande, la même énergie que les Etats-Unis semblent mettre à obtenir le règlement de la dette française. Nous avons maintenant une raison de plus d'être inflexibles et intraitables en ce qui concerne les réparations, à la fois parce que cela est juste et parce que nous ne pourrions faire autrement. Vous souvient-il de ce « problème du robinet » de notre enfance, où il s'agissait de savoir si un tonneau perd autant qu'il reçoit. Point n'est besoin d'être un grand mathématicien pour se rendre compte que le robinet de nos finances ne pourra arroser Wall Street si notre tonneau national ne reçoit rien de l'Allemagne.

» Songeons à ceci, que les payements germaniques, tels qu'ils résultent de l'ultimatum de Londres, doivent s'échelonner sur une durée beaucoup plus longue que ceux qu'on exige de nous ; que, d'autre part, la France sera surtout payée en nature, alors que ce mode de libération n'est nullement envisagé en ce qui concerne notre dette envers les Etats-Unis. Et ne laissons ignorer ni à nos « associés », ni à nos alliés, que nous trouverions paradoxal d'être astreints comme débiteurs à des devoirs qui ne correspondraient pas à la reconnaissance expresse de nos droits comme créanciers. »

La pénible constatation que je viens de faire ne détruit pas, dans mon esprit et dans celui de mes compatriotes, les sentiments de reconnaissance que nous avons pour nos alliés d'Amérique — sentiments que les représentants de notre gouvernement ont maintes fois exprimés au nom de tous.

Tout récemment encore, M. Erio a résumé, en ces termes, les impressions de M. Sarrault, à son retour de Washington :

« .... Laissez-moi vous marquer le sentiment d'optimisme réel où se condensent les impressions d'ensemble que je rapporte de mon séjour aux Etats-Unis. Ce n'est pas là une déclaration de commande, ce n'est pas là une précaution politique, c'est l'expression d'un jugement sincère et réfléchi. J'ai respiré pendant trois mois ce sentiment de confiance dans l'ambiance salubre de l'atmosphère américaine. J'aimais le peuple américain avant de connaître ce pays. Je l'aime beaucoup plus encore après le contact prolongé où j'ai pu à loisir l'observer, le comprendre et l'apprécier. Il est profondément idéaliste et généreux. Sa probité morale n'a d'égale que sa bonté. Ses défauts ne sont que la forme extrême de ses qualités. S'il a des gestes parfois brusques, c'est par excès de franchise. Il peut se tromper, mais l'erreur reconnue, il reviendra de lui-même, avec toute la spontanéité des êtres droits et honnêtes, vers ceux qu'il aura un moment méconnus. C'est là toute l'histoire de notre dissentiment avec lui dans ce débat naval qui n'a pas créé entre nous et l'âme américaine la cruelle et terrible discorde que d'aucuns s'imaginent et que d'autres sans doute souhaiteraient. L'opinion profonde d'un grand peuple ne se reflète pas tout entière dans la polémique de certains journaux qui eux-mêmes, d'ailleurs, ont eu leur bonne foi surprise par une documentation insuffisante ou tendancieuse.

» A cet égard, il y a eu un témoignage que je n'oublierai pas de citer : c'est, à la fin de la conférence de la séance publique et solennelle où furent signés les projets de traités, le spectacle émouvant d'une salle immense applaudissant à tout rompre la délégation française et lui réservant, à elle, la plus belle part des ovations décernées aux divers pays. En effaçant pour nous le souvenir de quelques journées assez dures, cette manifestation a marqué la force des espoirs que nous pouvons continuer à fonder sur l'amitié d'un pays qui sait combien nous l'aimons ».

Ces sentiments correspondent bien à ceux qu'ont fait naître en moi les relations que j'ai entretenues avec les officiers et les soldats du camp américain. Ils sont également ceux de tous les Français qui ont fréquenté nos alliés.

Je me plais à le redire, notre reconnaissance à l'égard de l'Amérique subsiste toujours. Nous ne saurions oublier l'aide matérielle et morale que les Etats-Unis nous ont prêtée. Toutes les œuvres de bienfaisance établies par eux en faveur des régions dévastées et signalées dans le cours du chap. VII de cet ouvrage, sont encore présentes à la mémoire et aux cœurs de tous les Français. Nous n'oublions rien de ces grandes choses, mais nous constatons avec tristesse que les calomnies répandues, partout, à profusion, contre la France et les Français, ont modifié les sentiments dont les membres du gouvernement américain étaient animés à notre égard.

« Aux yeux de nos amis, écrit la « *Croix* », on a faussé l'image de la France du lendemain de la guerre, restée cependant aujourd'hui ce qu'elle était hier, calme, pacifique, ouverte à toutes les idées généreuses qui peuvent assurer à jamais l'avenir des peuples. On y a substitué celle d'une France casquée, bottée, éperonnée, prête à partir nous ne savons pour quelles conquêtes, image qui stupéfie le peuple français tout entier quand il en voit le reflet dans la presse étrangère...

» Mais n'avons-nous point nous même une part dans la création de cette injustice ? Avons-nous suffisamment, par cette propagande qui est aujourd'hui la grande arme morale des nations, projeté la lumière sur les intentions véritables de la France ? Qui oserait l'affirmer ? Qui oserait dire notamment, que les incidents si douloureux aux cœurs français qui ont eu lieu, lors de la mission Fayolle en Italie, auraient pris ce développement et cette intensité, si l'on avait suffisamment combattu, à l'avance, la perfide propagande allemande qui s'accélère tous les jours chez notre sœur latine ? Et quel enseignement que l'histoire de cette sorte de révolution dans les esprits qui s'est faite en Amérique depuis le commencement de la conférence de Washington ! La France s'y rendait entourée d'une espèce d'auréole. Est-ce que les rayons en sont toujours aussi brillants ? C'est là, peut-être plus qu'ailleurs, qu'est apparue la puissance d'une propagande adroite, habile à se saisir des incidents et à les retourner à son profit. Mais, hélas ! est-ce du côté français que s'est trouvée cette habileté ?

» Comment n'est-il pas apparu dans la question des sous-marins qu'il était nécessaire de l'expliquer entièrement et complètement au peuple américain qui, comme toutes les démocraties, n'ouvre les oreilles et n'écoute que lorsque l'on frappe fort et à coups répétés.

» Un membre d'une délégation étrangère accuse — car c'était une accusation — une revue officieuse maritime française d'avoir dit que les sous-marins sont un moyen de mettre « une martingale à la puissance anglaise ». Et cette affirmation est inexacte ! Et il se trouve que ces mots ont bien été prononcés, mais par une bouche allemande ! L'officier français ne faisait que rapporter les divagations haineuses des marins allemands contre la puissance anglaise. Le lendemain, un prétendu gouvernement sibérien répand dans toute l'Amérique le plan d'une alliance franco-japonaise. Cela aussi était faux ! Les représentants de la France, tant à Washington qu'à Paris, ont protesté, sans doute, du fond de leur conscience, mais est-ce que ces incidents, où apparaissaient si bien la méthode et la fausseté des campagnes dirigées contre nous, ont été exploités comme il le convenait par la propagande française ? On voudrait le croire, mais on doit en douter. Qu'on veuille bien réfléchir un instant à ce qu'eût fait la propagande de nos ennemis, si jamais elle avait eu, si l'on peut dire, l'aubaine d'une pareille injustice ?

Notre conclusion sera que dès maintenant, immédiatement, car ce sont des tâches qu'il faut faire à l'aurore d'un ministère, on doit organiser sur de nouvelles bases la propagande française ».

« Nous n'avons pas pris la peine de fournir à une opinion américaine qui ne demande qu'à les accueillir, les éléments de démonstration méthodique de la mauvaise foi et de la duplicité des campagnes dont nous sommes l'objet. Il n'est pas trop tard pour revenir sur nos négligences à cet égard, mais il est temps de s'y employer. Les bons et fidèles amis que nous gardons de l'autre côté de l'Atlantique, nous sauront toujours gré de ce que nous ferons pour rétablir, en toute circonstance, les droits de la vérité, que le noble génie de leur race, a toujours aimée et servie passionnément (1) ».

C'est pour contribuer à cette propagande, selon mes modestes moyens que j'ai ajouté à mon ouvrage le Post Scriptum qu'on vient de lire.

Il me reste à signaler un autre événement récent, d'un ordre moins général, mais d'un intérêt particulier pour la population de Gièvres et des environs. L'usine frigorifique et électrique du camp américain de notre localité, vient d'être achetée, il y a quelque six ou huit semaines, par M. Pognon, pour la somme de 1.400.000 francs. Son sort est donc fixé ; elle ne restera pas sur place

---

(1) Article de M. Paul Erio, publié dans « *Le Journal* » du 21 Février 1922.

et on travaille, en ce moment, à la démonter, pour utiliser les machines, compresseurs et autres pièces qu'elle renferme.

Il est vrai que cette usine avait été créée pour la production du froid et que, présentement, c'est de chaleur que nous manquons, de cette chaleur morale que nos intentions mieux comprises suffiraient à engendrer autour de nous.

> *Fove quod est frigidum,*
> *Rege quod est devium,* (1)
>
> *Réchauffez toute froideur*
> *Et réduisez toute erreur.*

dirons-nous, en terminant, à Celui qui est la « lumière des cœurs » (2) et la Vérité incréée contre laquelle tous les artifices du mensonge ne sauraient prévaloir.

Gièvres, le 31 Mars 1922.

------

(1) Prose : Veni, Sancte Spiritus
(2) Lumen Cordium Ibid.

TABLE DES MATIÈRES

EN PRÉPARATION

A VINGT SIÈCLES DE DISTANCE

GABRIS

OU

GIÈVRES GALLO-ROMAIN

PAR

M. l'Abbé Ch.-E. CHAUVEAU

Curé de Gièvres

Cette Étude laborieuse, fruit de patientes recherches, fournit sur le nom de Gièvres (étymologie, phonétique) — les Voies Romaines — les Découvertes faites dans les Fouilles — la Topographie de l'antique Gabris et des environs — la Numismatique — le Langage — le Caractère — les Mœurs — le Commerce — la Civilisation — l'Établissement du Christianisme — les Premiers Diocèses de Sologne — la Mutilation de cette antique « Mansio », lors de l'Invasion des Barbares — des renseignements fort nombreux, puisés à des sources sûres et exposés avec une admirable clarté.

(Note des Éditeurs)

═══ ON SOUSCRIT CHEZ L'AUTEUR ═══
MÊME PRIX QUE LE PRÉSENT VOLUME

———— NANTES ————
IMPRIMERIE "UNIC"
5, RUE DE STRASBOURG, 5

www.ingramcontent.com/pod-product-compliance
Lightning Source LLC
LaVergne TN
LVHW011859180726
843502LV00003B/522